本书系 2019 年度
教育部高校示范马克思主义学院和优秀教学科研团队建设项目
重点选题研究成果

提升西部高校思政课教学质量和水平研究

RESEARCH ON
IMPROVING THE QUALITY AND LEVEL OF
IDEOLOGICAL AND POLITICAL EDUCATION
IN UNIVERSITIES OF WESTERN CHINA

杨建毅　著

社会科学文献出版社
SOCIAL SCIENCES ACADEMIC PRESS (CHINA)

目　录

第二编　确保教学执行力度

第三编　提高教师素质和能力

第四编　加强教学针对性

第五编　改进教学方法

第六编 推进一体化建设

绪　论

本书为 2019 年度教育部高校示范马克思主义学院和优秀教学科研团队建设项目重点选题"提升西部高校思想政治理论课教学质量和水平研究"（19JDSZK045）最终成果。通过理论与实践研究，本书旨在为提升西部高校思想政治理论课教学质量和水平提供理论参考与实践借鉴。具体而言，本书从理论层面上为西部高校按照党和国家文件要求，提升思想政治理论课（简称"思政课"）教学质量和水平提供一定的理论依据；从实践层面上为推动西部高校思政课教学更好发挥思政课育人作用提供可借鉴、可操作、易执行的有效实践方法；从建设和管理层面上为西部高校思政课教学管理以及马克思主义学院建设提供一定的有益经验。

一　思政课发展简述

为达到本书研究目的，首先需要梳理和回顾思政课的发展历程。

思想政治教育作为一种社会认识向个体认识转化的过程，是不以人的意志为转移的客观产生和存在的社会实践活动，① 其目的就是使个体乃至社会群体"形成符合一定社会或社会群体之需的价值观念或思想政治品

---

① 参见骆郁廷.思想政治教育引论[M].北京：中国人民大学出版社，2018：1-9.

德"①，而其中的思想政治理论课又是学校思想政治教育的主渠道、主阵地，教学作为学校思想政治教育的基本过程，其完成状况和效果直接决定着学校思想政治教育的完成状况和效果，因此，党历来都十分重视思政课建设。如在新民主主义革命时期，党在红军大学、苏维埃大学、抗日军政大学、陕北公学等高校开设了"马列主义"等课程，毛泽东同志还多次到陕北公学授课，教导学员用马克思主义立场、观点和方法分析中国革命的问题。新中国成立以后，党和国家就把思政课建设列为意识形态重要工作。如新中国成立初期，思政课的主要任务是宣传马克思主义和新民主主义思想。1951年，将"辩证唯物论与历史唯物论""新民主主义论""政治经济学"三门课程列为基本课程。1956年颁布的《关于高等学校政治理论课程的规定（试行方案）》规定开设"马列主义基础""中国革命史""政治经济学""辩证唯物主义和历史唯物主义"四门课程，并规定了学时、顺序以及讲授与讨论的学时比例等，② 旨在培养人们的社会主义意识，巩固新生政权和社会主义制度，消除旧思想的影响，让人们接受并理解社会主义制度，在思想和行动上开始自觉与社会主义制度要求以及党的路线、方针、政策保持一致。改革开放后，随着1984年思想政治教育学学科和思想政治教育专业的设立，我国思政课进入了一个新的发展阶段，并形成了马克思主义理论课和思想品德课"两课"课程体系，既坚持对理论知识体系的学习成绩进行考核，又坚持结合学生的思想与行为表现以及对理论的实践运用能力进行综合考核。例如，"85方案"规定"既要严格执行考试制度，又要和学生的实际政治思想情况和日常表现结合起来，着重考查学生对所学内容的理解、接受程度和实际运用能力以及思想、政治和品德方面的表现"③。此后，为加强思想政治教育，各高校逐渐将马列教研室和德育教研室合并，成立了"两课"教学部。但由于受世界社会主义运动处于低潮、苏东演变以及国内资产阶级自由化思潮等国内外因素影响，我国思政课受到了一定冲击。虽然这时思政课设置和教学机构

① 刘建军.寻找思想政治教育的独特视角 [M].北京：中国人民大学出版社，2016：120.
② 参见张耀灿.思想政治教育学科建设研究 [M].北京：中国人民大学出版社，2017：298.
③ 张耀灿.思想政治教育学科建设研究 [M].北京：中国人民大学出版社，2017：302.

在不断完善，但是从整体上讲，我国高校思政课的发展充满曲折，在学校以及社会上的影响力相对有限，思政课教学质量和水平也都不高。20 世纪 80 年代末邓小平同志曾指出，改革开放头十年最大的失误在教育方面，对青年的政治思想教育抓得不够。①1992 年，邓小平同志的南方谈话和党的十四大开启了改革开放与社会主义现代化建设的新阶段，提出了一系列党的新思想和新观点，推动了全社会的思想解放，丰富了马克思主义中国化时代化的成果。

1996 年，党的十四届六中全会通过的《中共中央关于加强社会主义精神文明建设若干重要问题的决议》明确指出，加强青少年思想道德教育，是关系国家命运的大事。各级各类学校都要全面贯彻党的教育方针，坚持社会主义办学方向，加强德育工作，帮助青少年树立远大理想，培育优良品德，努力培养德智体等方面全面发展的社会主义建设者和接班人。根据大中小学的不同特点，切实改进思想品德课程、政治理论课程。积极组织学生参加生产劳动和社会实践，帮助他们认识社会，了解国情，增强建设祖国、振兴中华的责任感。全党全社会都要关心青少年思想道德建设，学校、家庭、社会要密切配合，为青少年健康成长创造良好环境。1998 年，为贯彻党的十五大精神开始实施新"两课"课程体系，发布了《关于普通高等学校"两课"课程设置的规定及其实施工作的意见》，简称"98 方案"，其为高校思政课建设提供了指导，并在一定程度上加快了思政课建设步伐，其中"毛泽东思想概论""邓小平理论概论"两门课体现了马克思主义理论发展的时代性特征。为在高校思政课教学中贯彻"三个代表"重要思想，2003 年，教育部发布了《关于普通高等学校"两课"教学基本要求修订说明》，将"98 方案"中的"邓小平理论概论"改为"邓小平理论和'三个代表'重要思想概论"。2005 年，中宣部、教育部联合印发了《中共中央宣传部 教育部关于进一步加强和改进高等学校思想政治理论课的意见》，并提出了相关具体实施方案，即"05 方案"。该方案提出必须要充分认识新形势下加强和改进高校思

---

① 参见邓小平文选（第 3 卷）[M].北京：人民出版社，1993：287.

政课的重要性，必须要全面把握加强和改进高校思政课的指导思想与总体要求，大力推动学科建设，不断完善课程体系，组织编写教材，改进教学方式方法，打造高素质教师队伍，切实加强和改进党对思政课的领导等。有学者认为，"05方案"是一项创新性工程，"必须确立创新的理念，把教学观念的创新、教学内容的创新、教学方法的创新作为加强各门课程建设的基本着力点"①。随后，国务院学位委员会、教育部下发了《关于调整增设马克思主义理论一级学科及所属二级学科的通知》，设马克思主义理论为一级学科，其目的就是"适应加强和改进大学生思想政治教育及高校思想政治理论课建设需要，为其提供根本的学科支撑和人才支持"②。党的十七大后，又将"毛泽东思想、邓小平理论和'三个代表'重要思想概论"课程调整为"毛泽东思想和中国特色社会主义理论体系概论"。"历史实践证明，及时变革或完善建设方案，不断创新内容和方法，是高校思想政治理论课永葆生机的动力之源，也是高校思想政治理论课建设的根本遵循。"③从2008年起，全国各高校纷纷成立马克思主义学院。④同年，中宣部、教育部颁布了《关于进一步加强高等学校思想政治理论课教师队伍建设的意见》，开始进一步加强思政课教师队伍建设。这些举措极大促进了高校思政课建设与发展。

"高度重视高校思想政治理论课的建设，是我们党的优良传统，也是中国特色社会主义大学的重要特征。党的十八大以来，我们党坚持这一优良传统，因应时代的呼唤，守正创新、持续用力，推动高校思想政治理论课建设进入了朝气蓬勃的新阶段。"⑤习近平总书记特别关心思政课，说思政课建设

---

① 顾海良，佘双好.高校思想政治理论课程教学改革研究 [M].武汉：武汉大学出版社，2006：310.

② 黄蓉生，白显良，王华敏等.改革开放30年大学生思想政治教育论 [M].北京：中国社会科学出版社，2012：81.

③ 吴潜涛.思想政治教育教学与研究 [M].北京：中国人民大学出版社，2018：106.

④ 李辽宁.新中国成立70年来思想政治教育的发展历程、成就与经验 [J].思想理论教育导刊，2019（8）：118-123.

⑤ 沈壮海.学习习近平总书记关于思想政治理论课建设的重要论述 [J].马克思主义研究，2022（6）：1.

是自己"非常关心的一件事",是自己"必须更多强调"的工作。习近平总书记指出,思政课要教育青少年树立起正确的世界观、人生观和价值观,积极培育和弘扬社会主义核心价值观,要帮助学生扣好人生的第一粒扣子,培养社会主义建设者和接班人。[①] 为落实习近平总书记指示,满足新时代大学生培育需要,党和国家出台了一系列关于高校思政课的文件。2015 年,中宣部、教育部印发了《普通高校思想政治理论课建设体系创新计划》。该文件指出,思政课是巩固马克思主义在高校意识形态领域指导地位,坚持社会主义办学方向的重要阵地,是全面贯彻落实党的教育方针,培养中国特色社会主义事业合格建设者和可靠接班人,落实立德树人根本任务的主干渠道,是进行社会主义核心价值观教育,帮助大学生树立正确世界观、人生观、价值观的核心课程。要充分认识到办好高校思政课的重要性、艰巨性。办好思政课,事关意识形态工作大局、中国特色社会主义事业后继有人以及实现中华民族伟大复兴的中国梦,所以,必须要始终将其摆在突出位置,持之以恒、常抓不懈。为深入贯彻落实习近平总书记重要批示精神,充分认识思政课建设的重要性、长期性、艰巨性、复杂性,以执着的信念、坚定的信心,攻坚克难,勇于创新,切实把思政课办好,有效克服和弥补思政课建设自身存在的困难和不足,该文件明确提出了高校思政课建设体系创新计划的指导思想、基本原则、目标任务以及教材体系、教学人才体系、课堂教学体系、第二课堂教学体系、学科支撑体系、综合评价体系、条件保障体系等的重点建设内容。

党的十九大以来,我国高校思政课建设又迈上了一个新的台阶,组织体系、课程体系等都得到了进一步完善。为深入贯彻落实全国高校思想政治工作会议和中共中央、国务院《关于加强和改进新形势下高校思想政治工作的意见》精神,进一步建强建好马克思主义学院,打造马克思主义理论教学、研究、宣传、人才培养的坚强阵地和办好思政课的坚强战斗堡垒,2017 年,教育部印发了《高等学校马克思主义学院建设标准(2017 年本)》。这份标

---

① 习近平. 思政课是落实立德树人根本任务的关键课程 [J]. 求是,2020(17):5-6.

准对马克思主义学院的建设基于组织领导与管理、思政课教学、马克思主义理论学科建设、社会服务与社会影响、党的建设与思想政治工作 5 个一级指标做出了规定和要求，其中对思政课教学方面更是从教学组织、教学实施、教学改革、教学考评、师资配备 5 个二级指标出发提出了 20 条具体要求，做出了十分明确的规定，这为提升思政课教学质量和水平提供了有力保障。2019 年，根据新的形势和需要，教育部又印发了《普通高等学校马克思主义学院建设标准（2019 年本）》。新标准还是基于组织领导与管理等 5 个一级指标做出了规定和要求，但是相比 2017 年本更加细致和具体，如在思政课教学方面增加了系统组织教师开展教学改革创新，坚持政治性和学理性相统一、坚持价值性和知识性相统一、坚持建设性和批判性相统一、坚持理论性和实践性相统一、坚持统一性和多样性相统一、坚持主导性和主体性相统一、坚持灌输性和启发性相统一、坚持显性教育和隐性教育相统一等具体要求。2023 年，教育部又再次印发了《普通高等学校马克思主义学院建设标准（2023 年版）》。该版在 2019 年版的实践基础上，做了较大修订，更加科学合理、准确完善，其指导作用和意义也更大。

2018 年，为深入贯彻落实习近平新时代中国特色社会主义思想和党的十九大精神，进一步巩固马克思主义在高校意识形态领域的指导地位，加强新时代高校思政课建设，全面推动习近平新时代中国特色社会主义思想进教材、进课堂、进学生头脑，培养担当民族复兴大任的时代新人，教育部研究制定了《新时代高校思想政治理论课教学工作基本要求》。这份文件要求把高校思政课教学工作摆在更加突出的位置，更加重视加强和改进教学管理，更加重视提升教学质量，不断提升思政课的亲和力和针对性，全面推动习近平新时代中国特色社会主义思想进教材、进课堂、进学生头脑，牢固树立"四个意识"，坚定"四个自信"，培养德智体美全面发展的中国特色社会主义合格建设者和可靠接班人，培养担当民族复兴大任的时代新人。它立足规范流程，抓住思政课教学关键环节，进一步明确工作要求，在严格落实学分、合理安排教务、规范建设教研室（组）、统一实行集体备课、创新集体备课形式、严肃课堂教学纪律、科学运用教学方法、改进完善考核方式、强化科研支撑教学、健全听课指导制度、综合评价教学质量、落实高校主体责任、强化地方统筹管理、加强全国宏观指导等方面做出了规定。可以说,《新时代高校思想政治理论课教学工作基本要求》对思政课教学质量和水平提升起到了直接的推动和促进作用。

2019年,中共中央办公厅、国务院办公厅印发了《关于深化新时代学校思想政治理论课改革创新的若干意见》。这份文件是为深入贯彻落实习近平新时代中国特色社会主义思想和党的十九大精神,贯彻落实习近平总书记关于教育的重要论述,特别是在学校思想政治理论课教师座谈会上的重要讲话精神,全面贯彻党的教育方针,解决好培养什么人、怎样培养人、为谁培养人这个根本问题,坚持不懈用习近平新时代中国特色社会主义思想铸魂育人,专门就深化新时代学校思政课改革创新而发布的。《关于深化新时代学校思想政治理论课改革创新的若干意见》指出,思政课是落实立德树人根本任务的关键课程,发挥着不可替代的作用。党的十八大以来,以习近平同志为核心的党中央高度重视思政课建设,并做出一系列重大决策部署,各地区各部门和各级各类学校采取有力措施认真贯彻落实,取得了显著成效。但是,面对新形势、新任务、新挑战,有的地方和学校存在对思政课重要性认识仍不够到位、课堂教学效果仍需提升、教材内容仍不够鲜活、大中小学思政课一体化建设仍需深化等问题。党和国家要从坚持与发展中国特色社会主义、建设社会主义现代化国家、实现中华民族伟大复兴的高度来对待办好思政课及全面提升其教学质量和水平的任务。为此,《关于深化新时代学校思想政治理论课改革创新的若干意见》特别就加强党对思政课建设的领导提出了严格落实地方党委对思政课建设主体责任,推动建立高校党委书记、校长带头抓思政课机制,积极拓展思政课建设格局等具体举措。2020年,教育部发出《关于深入学习贯彻习近平总书记重要文章〈思政课是落实立德树人根本任务的关键课程〉的通知》(教社科〔2020〕2号),要求深入贯彻落实习近平新时代中国特色社会主义思想和党的十九大精神,贯彻落实习近平总书记关于教育的重要论述,特别是在学校思想政治理论课教师座谈会上的重要讲话精神,全面贯彻党的教育方针。

综上所述，"思政课在我国的建设发展从来不是无源之水、无本之木。中国共产党保持着高度重视思想政治工作的优良传统，中国特色社会主义理论与实践创造了举世瞩目的成就，中国特色社会主义文化蕴含着深厚力量，思政课的长期发展也总结出系列规律性认识和成功经验，这些都是推进高校思政课改革创新的底气和信心"①。回顾新中国成立以来思政课的发展过程，特别是改革开放以来，"从 1982 年各高校逐步开设共产主义思想品德课，到'85 方案''98 方案''05 方案'的分别确立和实施，高校思想政治理论课逐步实现了功能互补的综合化调整，再到党的十九大以来全国高校立体式推进习近平新时代中国特色社会主义思想进教材、进课堂、进头脑，高校德育课程建设日趋科学、规范和完善，日益符合时代发展特色并贴近学生实际需求"②。由此我们可以清楚地看到党和国家对高校思政课十分重视，并随着党和国家事业的发展与需要的变化对思政课不断提出新的更高要求。同时，党和国家对高校思政课也寄予厚望，相信高校思政课不会辜负党和国家，相信思政课教师队伍是一支可信、可敬、可靠，乐为、敢为、有为的队伍，能给学生心灵埋下真善美的种子，能引导学生扣好人生第一粒扣子，有能力把思政课办得越来越好。

二 思政课教学现状

党的十八大以来，以习近平同志为核心的党中央高度重视高校思政课建设，高校思政课教学工作也进入了新时代，整体而言，呈现出令人喜悦的发展态势，教师教学改革热情高涨，成绩效果不断显现，围绕先进经验进行交流互鉴，开展了不少富有成效的探索，如高校思政课教学改革始终是在遵循以立德树人为根本任务、以强化实践为重要支撑、以协同各方为

---

① 王易.高校思想政治理论课改革创新的多维解读 [J].马克思主义理论学科研究,2020（5）:144.

② 卢黎歌，岳潇.改革开放 40 年高校德育建设的基本经验 [N].中国社会科学报,2018-12-03（8）.

平台依托的基本原则的前提下稳步推进的。^① 同时，也探索出了一些有效的教学改革路径，如实施"主体化"教学策略，创立"立体化"教学模式，打造"团队化"教学队伍，构建"协同化"教学机制等。^② 这些都对进一步落实习近平总书记关于思政课改革的要求，提升思政课质量和水平具有重要意义。

关于如何上思政课，习近平总书记曾就此问题专门做出重要批示。他指出，高校思想政治理论课必须办好，关键是把教材编好，把教师队伍建设好，把课讲好。^③ 围绕这三个方面，教育主管部门和广大思政课教师付出了大量的努力，取得了一定成绩。一是编写出了高标准高水平高质量的统编教材。现在，高校思政课使用的教材都是马克思主义理论研究和建设工程重点规划的教材，由高等教育出版社统一出版。该教材由中宣部会同教育部牵头并组织编写，参加编写的是我国马克思主义理论界知名专家和学者，并设中央马克思主义理论研究和建设工程首席专家具体负责内容设计和编写工作，同时还设立中央马克思主义理论研究和建设工程咨询委员会指导教材编写工作以及帮助教育主管部门审核教材。该教材最后经中央有关部门审定通过后在全国统一发行，统一使用。总之，该教材扎实有力地推进了习近平新时代中国特色社会主义理论进教材、进课堂、进头脑，为提升思政课教学质量和水平提供了必要保障，是具有理论性、实践性、可读性的高标准、高水平、高质量教材。二是大力加强了思政课教师队伍建设。在思政课教师队伍建设上，国家和地方各级教育行政管理部门以及学校都采取了不少措施和办法。如国家层面的中宣部、教育部举办的全国高校思政课骨干教师培训项目，部属院校的高校思政课骨干教师研修培训，省属院校的高校思政课教师培训，

---

① 参见黄蓉生，崔健，唐斌.党的十八大以来思想政治理论课教学改革的实践探索与经验启示 [J].中国大学教学，2018（8）：14.

② 参见黄蓉生，崔健，唐斌.党的十八大以来思想政治理论课教学改革的实践探索与经验启示 [J].中国大学教学，2018（8）：14-15.

③ 参见逄锦聚.关于讲好高校思想政治理论课的几点建议 [J].思想理论教育导刊,2014(10)：86-90.

各高校自己的马克思主义学院教师集中培训或网络培训，等等。持续开展的各级各类思政课教师培训确实取得了实际效果，思政课教师的理论水平提高了，视野开阔了，境界提升了，从事和投身于思政课的意愿和信心更强了，为提升思政课教学质量和水平奠定了坚实基础。此外，国家还以设立思政课教学改革专项、科学研究专项、名师示范教学、择优资助计划、示范优秀教学科研团队建设等项目的形式提升队伍的整体水平。三是着重推进思政课教学改革。党的十八大以来，高校思政课教学围绕教学模式、教学内容、教学方法和教学机制等方面做了一系列积极探索与改革，拓展和摸索出许多有效路径和办法。例如立体化教学模式。不少高校在教学改革的实践探索中，推出立体化教学模式，即以课堂教学为主体，以网络教学、课外教学、实践研修等为补充，实现教学资源多层次、全方位的优化与整合，形成一种立体化的教学模式。这种教学模式，既需要老师起主导作用，积极引导学生学，又需要尊重学生主体地位，积极激发学生的学习兴趣与热情以使他们主动学，让他们把所学到的理论和实践紧密结合起来，真正体会到思政课的魅力和价值。这种教学模式对老师和学生的要求都较高，教学效果也是很显著的。再如协同化教学机制。实践证明，思想政治理论教学要能够取得好的教学效果离不开协同化教学，即通过多种教学形式的协同，形成思政课合力育人的教学机制。具体讲，就是思政课要实现校内与校外实践教学基地协同、线下与线上教学互动协同、课堂教学与文化育人协同、显性教学与隐性教育协同，从而构建起各部分相互联动并富有创新意义的协同化教学机制，使思政课在教学运行中，既以高校为主导，又加强与地方政府、企业、社会的合作。此外，还需要与网络技术公司协作研发在线教学平台，形成网上网下互动的网络智慧教学模式。这些改革都抓住了思政课的问题所在，确实贯彻了"三全育人"的基本原则。

进入新时代以来，高校思政课建设发展是显著的，成绩也是突出的，但是确实也存在一些问题，与党和国家对思政课的要求、人民群众对教育的期望有一定差距。概括而言，这些问题主要体现在以下几方面。一是少数高校个别领导还没有真正从党和国家之大计，从建设社会主义现代化国家和实现中华民族伟大复兴中国梦的高度来认识思政课极其重要的地位与作用。二是对思政课教学投入不够，教学办法不多，思政课教学存在一定"边缘化"倾向。三是部分思政课教师对思政课教学性质、作用及定位等还存在认识上的不足，将思政课教学当作专业课看待，过多重视或强调理论性、知识性，而忽略其本身所要求的教育性以及对世界观、人生观、价值观的培养。四是受传统教育理念的影响和制约，思政课教师在课堂教学中强调教师主导作用有余，而对培养对象的个体化需求考虑不足，课堂教学以"一言堂"为主，忽视或轻视学生的主动性、创造性学习意愿以及对问题的疑惑与个人理解。五是思政课教学内容与教学话语体系合理性、时代性不够，也缺乏生活化气息。教材内容创造性不足，审美性缺乏，而且内容较为庞杂，外延边界略显模糊。六是教师缺少教育家、理论家的情怀，把思政课教学看成一种熟练操作的"技术活"，总认为自己是一名教书匠，一再重复教学，不重视整合最新教育资源，也不接受新鲜话语内容，固守各种传统教学内容，沿袭固有的学术话语和教学话语，不推动教材体系向教学体系的转化，致使思政课对学生缺乏足够的吸引力和感染力。七是思政课教师队伍建设与目标还存在差距，团队建设也显乏力，一些学校真正的专任思政课教师数量仍不足，虽然补充了一定数量的兼职思政课教师，总体上达到了 1 : 350 的师生比要求，但真正发挥作用和能投入教学的并不多，不解决根本问题，其中也有人只是为评职称而做一点思政课教师工作，有的甚至还不做。八是有些思政课教师马克思主义理论功底薄弱，党性修养不够（有的还是非中共党员），政治素养欠缺，"四个意识"淡薄，不能将党的路线方针政策、马克思主义理论的最新成果讲清、说透、说明，存在政治导向不鲜明、价值引领偏颇，甚至不仅不能帮助学生扣好人生第一粒扣子，反而给学生的成人成才带来负面影响和作用。九是一些思政课教师教学方式方法创新不够或趋于形式化。有的思政课教师过多地使用填鸭式的灌输教学方法，忽视了学生的主体性，教学效果甚微；有的教师过多地依赖于现代教学技术与手段，各种各样的有声无声影视、动画和图片、文字资料等多管齐下，令人目不暇接，不考虑学生的接受情况，如是否有时间思考、是否理解内容及其逻辑性；有的教师过多地注重课堂教学的互动，使得课堂教学看似活跃但缺乏深层次的理论思考和正确的价值引领，把课堂当成了教师和学生的"表演舞台"；有的教师完全"唱独角戏"，只顾进行一种强烈的个性化表演，把学生完全当成了台下"观众"。十是相当多的高校思政课都采取大班教学的模式，再加上教学设备跟不上等原因，教师授课吃力，也难以组织教学，个别学生上课不专心，甚至还有不自觉遵守课堂纪律等现象存在，很难保证好的课堂教学效果。十一是部分学校将思政课完全视为一门纯粹的理论课，并按一般的理论课进行考核，包括考试试卷的制定，最后该课程的成绩也基本取决于卷面分数，出现了思政课的考试成绩与个人的道德水准完全是两码事的尴尬状况。十二是思政课与其他课程的配合度不高，还没有形成同行同向、同频共振的发展，思政课程改革火热，课程思政跟不上，专业思政和学科思政更是明显落后。十三是思政课与思想政治教育结合度不够，虽然思政课是思想政治教育的主渠道、主阵地，但不能一枝独秀，必须要通过"三全育人"形成满园春色，在整个校园、在每个家庭、在全社会形成思想政治教育的合力。十四是思政课的连贯性不够，虽然现已认识到大中小学思政课一体化建设的重要性，但是此项工作还处在起步阶段，还需要大力深化和积极推进，这是提升思政课教学质量的重要一环。

总之，回顾思政课的发展，特别是全面总结党的十八大以来高校思政课建设所取得的成绩以及存在的问题，必将为思政课的改革与发展提供帮助。

三　研究意义

党的十八大以来，以习近平同志为核心的党中央高度重视思政课建设，做出一系列重大决策部署，各地区各部门和各级各类学校采取有力措施认真贯彻落实，思政课建设取得显著成效。但是，从上述存在的问题中我们也要看到，面对新形势、新任务、新挑战，有的地方和学校对思政课重要性认识还不够到位，课堂教学效果还需提升，教材内容不够鲜活，教师选配和培养工作存在短板，体制机制亟须完善，评价和支持体系有待健全，各类课程与思政课建设的协同效应仍需增强，学校、家庭、社会协同推动思政课建设的合力没有完全形成，全党全社会关心支持思政课建设的氛围不够浓厚。现在，要把办好思政课放在世界百年未有之大变局、党和国家事业发展全局中来看待，要从坚持和发展中国特色社会主义、建设社会主义现代化国家、实现中华民族伟大复兴的高度来对待它。总之，思政课作为"具有更为明显的意识形态性和价值性、多重教育过程特性、实践指向性、鲜明导向性等特征"的"以显性方式直接设立的落实立德树人根本任务的关键课程"[①]，其建设只能加强，不能削弱，必须切实增强办好思政课的信心，全面提升思政课质量和水平。

关于提升高校思政课教学质量和水平的研究具有重要意义，对西部高校而言更有其特殊意义。第一，有助于提高对思政课地位与作用的认识。高校思政课直接关系到能否全面贯彻党的教育方针，关系到培养什么人、怎样培养人、为谁培养人的根本问题，是落实立德树人根本任务的关键课程，发挥着不可替代的作用，思政课的地位与作用非同一般。第二，有助于提高对思政课教学质量重要性的认识。由于思政课是思想政治教育的主渠道、主阵地，思政课教学质量显得尤为重要，它的高低直接决定着思政课的作用与效果。第三，有助于思政课教师素质的提高。思想政治理论课教师是影响思政课教学质量高低的关键因素。由于教师本身的因素以及种种外在原因，决定和制约教师教学质量高度的因素非常复杂，需要一一分析。第四，有助于思政课教师队伍建设。教师队伍需要不断与时俱进。虽然思政课教师个体教学能力和水平有差异，但是思政课的教育成果绝不是由一个教师的教学所决定的，它是各门课程任课教师共同作用的结果，故此，组织共同探讨如何提升教学质量可以使教师共同成长、共同进步。第五，有助于提高学生的马克思主义理论素质和思想道德水平。学生是受教育者，他们的理论知识、品德修养以及各种是非判断和价值取向追求最直

---

① 余双好，张琪如.高校思想政治理论课课程评价的特点及改革路径[J].思想理论教育，2021（3）：18.

接地受到教师的教学影响，教师要成为学生成长过程中锤炼品格的引路人、学习知识的引路人、创新思维的引路人、奉献祖国的引路人。第六，有助于西部高校思政课教学质量和水平的提升。这是本书研究的直接目的。西部高校的思政课既需要满足对思政课的一般要求，又有其特殊性。本书研究了一系列特殊问题，如怎样在西部高校思政课中加强学生对伟大祖国的认同、对中华民族的认同、对中华民族文化的认同、对中国特色社会主义道路的认同，"四个认同"教育对西部高校学生具有特别的重要意义；再如怎样坚定西部高校学生扎根西部、建设西部的决心，并引导他们尽快提升服务西部地方经济社会发展的能力。

四　研究思路

对照党和国家文件要求，进一步解放思想、凝聚共识，做到在观念上改变、认识上到位、方法上对路、工作上落实，以培养扎根西部的有共产主义理想的社会主义建设者和接班人为目的，探讨如何提升西部高校思政课教学质量和水平。本书研究的具体思路如下。

第一，立足西部，研究思政课教学现状与存在的问题，找准方向，凸显特色，确定改进路径和有效措施，着力提升西部高校思政课教学质量和水平，探索西部高校思政课持续发展道路，实现教学精品化，为西部高校思政课教学质量和水平的提升寻求有效途径和办法，即不仅要严格遵守教学规范，保质保量完成各项教学任务，而且要有精品意识，真正找到适合西部高校思政课建设的发展道路，努力把思政课建设成为学生真心喜爱、终身受益、毕生难忘的优秀课程。

第二，立足西部，研究思政课教学创新问题，通过科研务实化，力求让思政课释放出巨大活力与魅力。高校思政课教学质量和水平的提升同科研能力和水平的提高紧密联系，并通过结合地方经济社会发展的实际需要，确定切实可行的科研发展方向和路径，同时也要逐渐形成学术带头人、科研骨干和青年教师三结合的相对稳定的科研团队。

第三，立足西部，研究西部高校马克思主义学院如何按照党和国家文件要求进行建设，特别是如何按照文件要求，以需求为导向，按照社会对人才的要求和期望进行有针对性的思政课教学研究。只有把思政课教学研究与时代要求相结合，把国家战略和区域发展相结合，把一般教学与特殊要求相结合，才能达到教学目的，获得更好的教学效果，努力通过研究提升思政课教学质量和水平，为西部高校思政课教学提供有益借鉴。

五　研究方法

本书的研究方法如下。

第一，调查研究。本书既立足实践，又对综合院校、民族院校、行业院校等不同类型学校做了调查分析，从而对西部高校思政课教学质量和水平的提升问题做了一定思考和研究。

第二，文献研读。本书通过查阅相关文献，特别是党的十八大以来的党和国家相关文件、规定等，认真整理，深入研读，深刻领会，力求吃准文件精神和要求，并以此为指导来研究和解决问题。

第三，比较分析。本书研究的对象是西部高校，但是我们也对东部高校做了适当调研，比较分析之后认为东西部高校之间需要有一定的交流与合作，这十分有利于促进西部高校的发展。

第四，归纳综合。本书对所收集和研究的各种材料根据研究内容进行必要分类，同时又对各归纳材料和研究结果进行综合判断，得出相关结论和基本认识。

第五，理论联系实际。本书既有理论研究，又有实际分析，尽可能做到理论与实际相联系。在坚持以习近平新时代中国特色社会主义思想为铸魂育人指导思想的前提下，结合西部地区及高校实际，特别是结合本书作者所在地区、学校和名师工作室的实际情况，围绕研究主题进行深入研究。

六　研究内容

进入新时代，党对高校明确提出走内涵式发展道路，对思政课教学也提出了更高要求，在此背景下，本书的主要研究内容如下。

第一，依据习近平总书记在学校思想政治理论课教师座谈会上的重要讲话，深入学习和理解思政课的重要性以及提升西部高校思政课教学质量和水平的指导思想。

第二，依据《普通高校思想政治理论课建设体系创新计划》《关于深化新时代学校思想政治理论课改革创新的若干意见》《关于深入学习贯彻习近平总书记重要文章〈思政课是落实立德树人根本任务的关键课程〉的通知》，从理论逻辑、实践逻辑上明确提升西部高校思政课教学质量和水平的基本路径。

第三，依据《普通高等学校马克思主义学院建设标准（2023 年版）》《新时代高校思想政治理论课教学工作基本要求》，对教学过程进行深入研究，研究如何进行思政课教学管理；如何通过完善教学制度、组织好"三集三提"等教研活动促使思政课教学达到原则性、规范性、科学性和系统性等方面的要求，从而更好保证思政课教学质量。

第四，依据课程目标对教学内容、目的和方法进行深入研究，研究如何将习近平新时代中国特色社会主义思想贯彻在思政课教学当中；如何通过优化调整人才培养目标，在创新创业教育和职业引导上主动作为；如何加强西部高校学生的铸牢中华民族共同体意识教育，切实做好西部高校思政课建设，实现立德树人；如何增强对西部大学生思想政治教育的针对性和实效性，进一步完善思想政治教育质量提升工程；如何将地方红色资源融入思政课教学；如何改进教学方法，使课堂教学具有吸引力，提高到课率和抬头率，让思政课成为学生毕生难忘、终身受益的课程；等等。

第五，依据研究结果进一步加强马克思主义学院自身建设，增强马克思主义理论学科的引领作用，强化教师思想政治工作和师德师风建设，加强思政课教师队伍建设，发挥思政课名师带动作用，为提升西部高校思政课教学质量和水平助力。

第六，依据大中小学思政课一体化建设的有关要求，研究思政课的连续性、阶段性、系统性以及培养目标的一致性等问题，探索如何进行大中小学思政课一体化建设，有了中小学思政课的良好基础，才会真正有高校思政课的良好效果。

第七，推动高校思政课的建设和发展最根本的就是要加强党的领导，思政课首先要站在党的立场上，宣传党的理论、主张、路线、方针和政策，为党育人，为国育才，为社会主义现代化建设培养社会主义建设者和接班人。因此，需要重点加强马克思主义学院党建工作。

七 研究重点、难点与创新

本书的研究重点如下。

第一，怎样在认真领会党和国家文件精神的基础上，对思政课教学进行经验性总结，发现问题，突破瓶颈，探索出符合西部高校实际的、有利于提高思政课教学质量和水平的新路？

第二，怎样对照党和国家文件要求与标准，推进马克思主义学院建设，特别是其中的思政课教学管理如何做，如何让学校和学院教学管理者都明确思政课教学管理与其他课程教学管理的异同，尤其是前者的特殊性？

第三，怎样把党和国家文件对思政课教学的一般规定与要求同各高校，特别是同西部高校的具体实际结合起来，在让思政课教学在西部高校出成果、见实效的同时凸显出西部特色和优势，更好更多地培养出愿意扎根西部、能够切实为西部发展做出贡献的社会主义建设者和接班人？

本书的研究难点如下。

西部高校如何通过加强和改进思政课教学培养出具有共产主义理想、能够扎根西部奉献智慧和力量的社会主义建设者和接班人？这既是本书研究的重点之一，同时也是难点，因为它涉及的问题不仅多，而且复杂，既有政策层面的，又有管理层面的；既有理论层面的，又有实践层面的；既有与其相关的一般规定，又有特殊要求；等等。所有这些都需要在理论和实践中深入探索。

本书的研究创新如下。

第一，按照党和国家文件对思政课教学进行全方位思考与研究，探索如何进行有益于西部高校思政课教学质量和水平提升的四维管理，即质量管理、人才管理、特色管理和制度管理。质量管理包括教学质量、科研质量、管理质量以及教师和学生素质状况的管理，进行质量管理是思政课教学质量和水平提升的基本前提。人才管理包括把好政治关、师德关、业务关和学术品行关，思政课要靠思政课教师来建设和完成，做好人才管理工作是思政课教学质量和水平提升的根本保障。特色管理是指一所高校、一个学院，特别是西部高校要取得良好教学效果，不仅要保证完成基本的教学工作，而且一定要有自己的特色，为提升思政课教学质量和水平提供鲜活要素。制度管理是思政课教学质量和水平走上稳步提升之路的必要保障，而制度的形成和确立必须有广大教师和学生的参与和认可，要让广大教师和学生成为制度的制定者、维护者和遵守者，制度管理是提升思政课教学质量和水平的内在要求。

第二，提升西部高校思政课教学质量和水平需要在课程思政、专业思政、学科思政等方面实现"三全育人"，在学科建设、学院建设、教师队伍建设等等多方面共同发力；需要凝聚共识，凝聚力量，群策群力，同频共振；需要发挥思政课名师带动作用、示范效应以尽快帮助更多思政课教师提升能力和水平；需要通过大中小学思政课一体化建设增强思政课的连续性、阶段性、系统性，保持和增强培养目标的一致性。所以，提升西部高校思政课教学质量和水平是一项复杂的系统工程，需要以习近平新时代中国特色社会主义思想为指导，运用贯穿其中的立场、观点和方法进行认真、全面、系统的研究。

第三，推动高校思政课的建设和发展最根本的就是要加强党的领导，思政课首先要站在党的立场上，宣传党的理论、主张、路线、方针和政策，为党育人，为国育才，为社会主义现代化建设培养社会主义建设者和接班人。因此，需要重点加强马克思主义学院党建工作，在组织建设上要高配置，在工作要求上要高质量，在经费投入上要高标准，在人员构成上要高素质，探索马克思主义学院党建工作新模式。

深化教学思想认识 / 第一编

第一章

领会讲话要义为提升西部高校思政课教学质量和水平确立指导思想

2019 年 3 月 18 日，习近平总书记主持召开学校思想政治理论课教师座谈会并发表了重要讲话，指出、强调和回答了关于思政课的一系列根本问题，为思政课改革发展提出了根本遵循。2022 年 4 月 25 日，习近平总书记来到中国人民大学考察调研，专门观摩了思政课现场教学，深入思政课堂与师生交流，对思政课又做出了进一步强调、指示和要求。这些都表明党中央对思政课极其重视，并给予了殷切希望。

一　习近平总书记"3·18"重要讲话

习近平总书记在学校思想政治理论课教师座谈会上发表的重要讲话内容涉及面广泛且十分深刻，只有通过深入学习，我们才能更加明确理解和深入贯彻讲话精神。

（一）"3·18"重要讲话内容

1.关于思政课的重要性

习近平总书记强调，"思政课是落实立德树人根本任务的关键课程"[①]。

---

① 习近平.论党的青年工作 [M].北京：中央文献出版社，2022：181.

"青少年阶段是人生的'拔节孕穗期'，这一时期心智逐渐健全，思维进入最活跃状态，最需要精心引导和栽培。"① "我们办中国特色社会主义教育，就是要理直气壮开好思政课"②，"用新时代中国特色社会主义思想铸魂育人，引导学生增强中国特色社会主义道路自信、理论自信、制度自信、文化自信，厚植爱国主义情怀，把爱国情、强国志、报国行自觉融入坚持和发展中国特色社会主义、建设社会主义现代化强国、实现中华民族伟大复兴的奋斗之中"③，"思政课作用不可替代，思政课教师队伍责任重大"④。

2. 关于思政课的根本任务

习近平总书记指出，办好思政课，最根本的是要全面贯彻党的教育方针，解决好培养什么人、怎样培养人、为谁培养人这个根本问题。新时代贯彻党的教育方针，要坚持马克思主义指导地位，贯彻新时代中国特色社会主义思想，坚持社会主义办学方向，落实立德树人的根本任务，坚持教育为人民服务、为中国共产党治国理政服务、为巩固和发展中国特色社会主义制度服务、为改革开放和社会主义现代化建设服务，扎根中国大地办教育，同生产劳动和社会实践相结合，加快推进教育现代化、建设教育强国、办好人民满意的教育，努力培养担当民族复兴大任的时代新人，培养德智体美劳全面发展的社会主义建设者和接班人。⑤

3. 关于建设好思政课的已有基础和条件

习近平总书记指出，党中央对教育工作高度重视，对思想政治工作、意识形态工作高度重视，始终坚持马克思主义指导地位，大力推进中国特色社会主义学科体系建设，为思政课建设提供了根本保证。我们对共产党执政规律、社会主义建设规律、人类社会发展规律的认识和把握不断深入，开辟了中国特色社会主义理论和实践发展新境界，中国特色社会主义取得举世瞩目

---

① 习近平.论党的青年工作 [M].北京：中央文献出版社，2022：180-181.
② 习近平.论党的青年工作 [M].北京：中央文献出版社，2022：194.
③ 习近平.论党的青年工作 [M].北京：中央文献出版社，2022：184.
④ 习近平.论党的青年工作 [M].北京：中央文献出版社，2022：181.
⑤ 习近平.论党的青年工作 [M].北京：中央文献出版社，2022：185-186.

的成就，为思政课建设提供了有力支撑……中华民族几千年来形成了博大精深的优秀传统文化，我们党带领人民在革命、建设、改革过程中锻造的革命文化和社会主义先进文化，为思政课建设提供了深厚力量……思政课建设长期以来形成的一系列规律性认识和成功经验，为思政课建设守正创新提供了重要基础。①

除了这些，习近平总书记还指出，有了我们这支可信、可敬、可靠，乐为、敢为、有为的思政课教师队伍，我们完全有信心有能力把思政课办得越来越好。②

4. 关于大中小学思政课一体化建设

实现中华民族伟大复兴，推进中国特色社会主义伟大事业，需要一代又一代人不懈奋斗。习近平总书记强调，"青少年是祖国的未来、民族的希望"③，"这就要求我们把下一代教育好、培养好，从学校抓起、从娃娃抓起。在大中小学循序渐进、螺旋上升地开设思政课非常必要，是培养一代又一代社会主义建设者和接班人的重要保障"④。

5. 关于思政课教师

习近平总书记强调，"办好思想政治理论课关键在教师，关键在发挥教师的积极性、主动性、创造性"⑤，"思政课教师，要给学生心灵埋下真善美的种子，引导学生扣好人生第一粒扣子"⑥。习近平总书记指出，思政课教师应具备六条基本素养。第一，政治要强，"要让有信仰的人讲信仰。对马克思主义的信仰，对社会主义和共产主义的信念，只有首先在思政课教师心中扎下根，才能在学生心中开花结果"，"要善于从政治上看问题……在大是大非面前保持政治清醒"。⑦第二，情怀要深，"要有家国情怀，心里装着

---

① 习近平.论党的青年工作 [M].北京：中央文献出版社，2022：185.
② 习近平.论党的青年工作 [M].北京：中央文献出版社，2022：185.
③ 习近平.论党的青年工作 [M].北京：中央文献出版社，2022：180.
④ 习近平.论党的青年工作 [M].北京：中央文献出版社，2022：183.
⑤ 习近平.论党的青年工作 [M].北京：中央文献出版社，2022：186.
⑥ 习近平.论党的青年工作 [M].北京：中央文献出版社，2022：187.
⑦ 习近平.论党的青年工作 [M].北京：中央文献出版社，2022：187-188.

国家和民族，在党和人民的伟大实践中关注时代、关注社会，汲取养分、丰富思想"①。第三，思维要新，"学会辩证唯物主义和历史唯物主义……创新课堂教学，给学生深刻的学习体验……最终都要落到引导学生树立正确的理想信念、学会正确的思维方法上来"②。第四，视野要广，有知识视野、国际视野、历史视野，"通过生动、深入、具体的纵横比较，把一些道理讲明白、讲清楚"③。第五，自律要严，"做到课上课下一致、网上网下一致……自觉弘扬主旋律，积极传递正能量"④。第六，人格要正，"有人格，才有吸引力。亲其师，才能信其道。思政课教师要有堂堂正正的人格，用高尚的人格感染学生、赢得学生。要有学识魅力，用真理的力量感召学生，以深厚的理论功底赢得学生……自觉做为学为人的表率，做让学生喜爱的人"。⑤

6. 关于思政课改革创新⑥

习近平总书记强调，推动思想政治理论课改革创新，要不断增强思政课的思想性、理论性和亲和力、针对性。为此，习近平总书记提出了"八个统一"。第一，要坚持政治性和学理性相统一，"以透彻的学理分析回应学生，以彻底的思想理论说服学生，用真理的强大力量引导学生"。第二，要坚持价值性和知识性相统一，"寓价值观引导于知识传授之中"。第三，要坚持建设性和批判性相统一，传导主流意识形态，"直面各种错误观点和思潮"。第四，要坚持理论性和实践性相统一，"用科学理论培养人……重视思政课的实践性，把思政小课堂同社会大课堂结合起来，在理论和实践的结合中，教育引导学生……立鸿鹄志，做奋斗者"。第五，要坚持统一性和多样性相统一，"教学目标、课程设置、教材使用、教学管理等方面有统一要求，但具体落实要因地制宜、因时制宜、因材施教"。第六，要坚持主导性和主体性相统一，思政课教学离不开教师的主导，同时要坚持以学生为中心，加大

---

① 习近平.论党的青年工作 [M].北京：中央文献出版社，2022：188.
② 习近平.论党的青年工作 [M].北京：中央文献出版社，2022：189.
③ 习近平.论党的青年工作 [M].北京：中央文献出版社，2022：189-190.
④ 习近平.论党的青年工作 [M].北京：中央文献出版社，2022：190.
⑤ 习近平.论党的青年工作 [M].北京：中央文献出版社，2022：190.
⑥ 这部分内容引自习近平.论党的青年工作 [M].北京：中央文献出版社，2022：191-195.

对学生的认知规律和接受特点的研究，发挥学生主体性作用。第七，要坚持灌输性和启发性相统一，注重启发式教育，引导学生发现问题、分析问题、思考问题，在不断启发中让学生水到渠成得出结论。第八，要坚持显性教育和隐性教育相统一，挖掘其他课程和教学方式中蕴含的思想政治教育资源，实现全员全程全方位育人。

7.关于加强党对思政课领导

习近平总书记强调，办好中国的事情，关键在党。各级党委要把思政课建设摆上重要议程，抓住制约思政课建设的突出问题，在工作格局、队伍建设、支持保障等方面采取有效措施。要建立党委统一领导、党政齐抓共管、有关部门各负其责、全社会协同配合的工作格局，推动形成全党全社会努力办好思政课、教师认真讲好思政课、学生积极学好思政课的良好氛围。学校党委要坚持把从严管理和科学治理结合起来。学校党委书记、校长要带头走进课堂，带头推动思政课建设，带头联系思政课教师。[①]"要配齐建强思政课专职教师队伍，建设专职为主、专兼结合、数量充足、素质优良的思政课教师队伍。"[②]"要把统筹推进大中小学思政课一体化建设作为一项重要工程……推动思政课建设内涵式发展。"[③]"要完善课程体系，解决好各类课程和思政课相互配合的问题，鼓励教学名师到思政课课堂上讲课"，"各地区各部门负责同志要积极到学校去讲思政课"。[④]

（二）习近平总书记"3·18"重要讲话意义

习近平总书记"3·18"重要讲话极大"鼓舞着广大思政课教师在立德树人中勇于担当作为，也引领着新时代思政课教学创新发展的生动实践，在我国思政课建设的历史进程中树立起了一座具有重大战略意义的里程碑"[⑤]。

---

① 习近平.论党的青年工作 [M].北京：中央文献出版社，2022：195.
② 习近平.论党的青年工作 [M].北京：中央文献出版社，2022：196.
③ 习近平.论党的青年工作 [M].北京：中央文献出版社，2022：197.
④ 习近平.论党的青年工作 [M].北京：中央文献出版社，2022：197-198.
⑤ 沈壮海.办好思政课的根本遵循——写在习近平总书记主持召开学校思想政治理论课教师座谈会两周年之际 [J].国家教育行政学院学报，2021（1）：3.

它是我们办好思政课的根本遵循，为新时代加强思政课建设、提升高校思政课教学质量和水平提供了重要指导思想。

任何工作都要由人来做，人是解决问题的关键因素。对思政课而言，思政课解决好培养什么人、怎样培养人、为谁培养人这个最根本问题的关键也在人，即思政课教师。思政课教师要承担好为时代新人培根铸魂的历史使命，就必须要努力做到以下几点。

1. 深刻认识党的教育方针

坚持马克思主义指导地位，深入贯彻习近平新时代中国特色社会主义思想，坚持社会主义办学方向，落实立德树人的根本任务。这是党的教育方针的根本前提、根本思想、根本方向、根本任务，是不能变、不能软、不能动摇、不能含糊的根本原则，需要广大教师，特别是思政课教师深刻认识，否则就不能为社会主义培养德智体美劳全面发展的建设者和接班人。

2. 深刻认识思政课的重要地位和关键作用

习近平总书记在讲话中提到，大中小学循序渐进、螺旋上升地开设思想政治理论课非常必要，是培养一代又一代社会主义建设者和接班人的重要保障，思政课是落实立德树人根本任务的关键课程。一个"重要保障"、一个"关键课程"道出了思政课的重要地位和关键作用。要培养好人，就必须办好中国特色社会主义教育，就要"理直气壮"地开好思政课，用习近平新时代中国特色社会主义思想铸魂育人，引导学生增强中国特色社会主义道路自信、理论自信、制度自信、文化自信，厚植爱国主义情怀，把爱国情、强国志、报国行自觉融入坚持和发展中国特色社会主义事业、建设社会主义现代化强国、实现中华民族伟大复兴的奋斗之中。因此，思政课作用不可替代，思政课教师队伍责任重大。

3. 深刻认识思政课的四个服务功能

思政课要始终坚持教育为人民服务、为中国共产党治国理政服务、为巩固和发展中国特色社会主义制度服务、为改革开放和社会主义现代化建设服务。教育不是社会的附件和摆设。教育一定有它的服务对象和目的性，一定要承担起相应的社会功能。新时代思政课要扎根中国大地办教育，同生产劳动和社会实践相结合，加快推进教育现代化、建设教育强国、办好人民满意的教育，努力培养担当民族复兴大任的时代新人，培养德智体美劳全面发展的社会主义建设者和接班人。

此外，思政课教师要不断努力提升自己的政治觉悟、思想认识、道德品质、教学科研能力和水平，需要汲取四种资源：根本信心资源、高度自信资源、深厚力量资源和守正创新资源。同时，其需努力做到具备六种品质：政治要强、情怀要深、思维要新、视野要广、自律要严、人格要正。思政课教师要通过发挥积极性、主动性和创造性作用给学生心灵埋下真善美的种子，并引导他们扣好人生第一粒扣子，从整体而言，确实需要具备六种品质。此外，他们还要努力做到坚持"八个统一"。新时代，思政课改革创新成为一个新的课题，并体现出对中国特色社会主义现实需要的时代观照。为此，习近平强调，推动思想政治理论课改革创新，要不断增强思政课的思想性、理论性和亲和力、针对性。[1]为达到这四点要求，习近平总书记提出了"八个统一"的要求。"八个统一"为思政课的改革创新提出了根本遵循。有学者认为，"八个统一"是思政课长期发展经验的总结，加深了人们对思政课改革创新发展的认识，也为其改革创新发展奠定了基础。[2]其既是新时代思政课发展的基本遵循，又为思政课教学改进提供了明确目标，从而使思政课更好地引导学生成长。

二 习近平总书记在中国人民大学对思政课的重要指示

习近平总书记十分关注学校的思想政治教育，也十分关注思政课教学。2022年4月25日，习近平总书记来到中国人民大学考察调研，在思政课智慧教室观摩了现场教学，同青年学生一起认真听课，参与讨论，并又一次对

① 习近平.思政课是落实立德树人根本任务的关键课程[J].求是，2020（17）：4-16.
② 康沛竹，艾四林.思政课改革创新的"八个相统一"[J].人民论坛，2019（13）：108-110.

思政课做出了重要指示，再一次为思政课深化改革和教学质量的稳步提升指明了方向和目标。对此，我们需要及时对习近平总书记的讲话进行学习和领会，并在实践中进行相关探索和实践。

（一）关于思政课在立德树人中发挥应有作用

习近平总书记强调，思政课能否在立德树人中发挥应有作用，关键看重视不重视、适应不适应、做得好不好。① 必须要高度重视思政课。这既是我们党和国家历史经验的总结，也是现实发展的需要。中国共产党在革命、建设和改革各个历史时期都重视思政课，都对思政课做出过重要部署。如在新民主主义革命时期，党在自己创办的红军大学、苏维埃大学、抗日军政大学、陕北公学等高校中就开设了"党的建设""中国革命运动史""马列主义""辩证唯物主义""科学社会主义"等课程，在解放区的中小学开设了"社会工作""政治常识"等课程。新中国成立后，党把"中国革命常识""共同纲领"等课程列入中学思政课教学范畴，把"中国革命史""马列主义基础"等课程列入高校思政课教学范畴。改革开放以后，党中央先后出台了一系列关于学校思想政治工作的文件，对思政课建设提出了明确要求，不断推动着思政课改革。党对思政课的领导以及对思政课建设的加强和改进是党培养人，巩固党的事业基础和发展成果，不断推进革命、建设和改革的重要举措和宝贵经验。党的十八大以来，党中央先后召开了多次思想政治工作会议，有的还是习近平总书记亲自主持召开的，此外，习近平总书记还在各地各类学校考察学校思政课建设，并不断发表关于思政课的重要讲话。现在，党之所以仍然高度重视思政课教学，而且要求一定要办好思政课，是因为思政课与我们如何面对世界百年未有之大变局有关，与我们党和国家事业发展全局有关，与我们进一步坚持和发展中国特色社会主义有关，与我们如何实现中华民族伟大复兴中国梦有关。因为，正确面对世界百年未有之大变

---

① 坚持党的领导传承红色基因扎根中国大地　走出一条建设中国特色世界一流大学新路[N]. 人民日报，2022-04-26：1.

局、不断推进我们党和国家事业发展、坚持和发展中国特色社会主义、实现中华民族伟大复兴中国梦，都需要我们培养出千千万万有道德、有理想、有文化、有纪律的时代新人，而思政课本身就是培养具有正确的世界观、人生观、价值观的社会主义建设者和接班人的主课堂、主渠道、主阵地，具有极其重要的地位，发挥着极其重要的作用，是其他课程不可替代的。而思政课教师对真理的坚持、对理想的坚守、对党的忠诚以及对自身道德修养的不断提高等都对引导学生扣好人生第一粒扣子，建立起科学的世界观、积极的人生观和正确的价值观具有十分重要的直接作用。

（二）关于思政课的本质

思政课是通过思想引领、价值引导、理论说服来影响人和教育人的。所以习近平总书记说："思政课的本质是讲道理，要注重方式方法，把道理讲深、讲透、讲活，老师要用心教，学生要用心悟，达到沟通心灵、启智润心、激扬斗志。"[①] 习近平总书记的这句话抓住了问题的实质。理论上，"它深化了人们对思政课性质和功能的认识"；实践上，"它对思政课教育教学的改革发展具有指导作用"。"因为只有把握了思政课的本质，才能掌握思政课教育教学的规律，从而提高思政课教学的实效性。"[②]

用真理说服人，是马克思主义教育的根本要求。马克思主义理论自创立起有一个重大课题就是如何使人民大众相信马克思主义并以此指导革命实践活动。对此，马克思有这样一个认识，他说："理论只要说服人，就能掌握群众；而理论只要彻底，就能说服人。"[③] 马克思的这句话指出了要用理论说服人，必须要把其中的道理讲清。如果讲不清、说不明理论中所包含的道理，人民群众自然不会相信理论，更不会去运用理论指导他们的行动。毛泽东同志指出："要好好地说理。如果说理说得好，说得恰当，那是会有效力

① 坚持党的领导传承红色基因扎根中国大地　走出一条建设中国特色世界一流大学新路 [N]. 人民日报，2022-04-26：1.

② 刘建军. 如何理解"思政课的本质是讲道理"[N]. 中国社会科学报，2022-05-20：4.

③ 马克思恩格斯选集（第 1 卷）[M]. 北京：人民出版社，2012：9-10.

的。"① 进入新时代，党又强调在思想政治理论工作中把讲道理作为一项重要的思想方法和工作方法，包括要讲群众听得懂、听得进的话语，积极推动党的创新理论"飞入寻常百姓家"。从这些论述中，我们可以清楚地看到把理论讲深、讲透、讲活对理论的传播对象是多么重要。同样，思政课也需要做到这一点。一般而言，思政课所讲的道理主要包括"马克思主义的'道理'、马克思主义中国化的'道理'以及学生成长成才的'道理'"②，而这些道理又具有政治性、思想性、学术性、专业性。把道理讲深，必须要能透过现象抓本质。现在，国际形势风云变幻，与西方意识形态斗争的形势也错综复杂，育人环境本身复杂、多变。这就要求思政课教师不仅自己要坚定地信仰马克思主义，更要把马克思主义的立场、观点和方法教给学生，教会学生在纷繁复杂的现象中把握事物的本质，获得对世界与中国发展大势、中国特色与国际比较的正确认识。当然，学生也要学思践悟，最终要形成一种内生动力，将思政课上的所学所思所悟与对祖国和人民血浓于水的情感以及对学业事业的追求融汇在一起，把对理论的认识转化为不负人民的奋斗青春。要把道理讲透，就是要以理论的彻底性说服学生，提高学生的政治觉悟、思想道德、文化素养，引领学生坚定"四个自信"，成长为德才兼备、全面发展的时代新人。思政课一定要旗帜鲜明地讲政治，用透彻的学理分析、科学的逻辑讲透政治。通过学理逻辑分析，对各种错误的观点与思潮进行批驳，对错综复杂的国际局势和充满鱼目混珠假信息的网络环境进行澄清，帮助学生建立起正确的世界观、人生观、价值观，让学生真学、真懂、真信、真用马克思主义理论，党的创新理论以及党的路线、方针、政策，从而实现用理论的科学性、严谨性回应学生的疑惑，引导和帮助学生扣好人生的第一粒扣子。如何把道理讲活，是一个方法论问题。思政课离不开必要的灌输，只有灌输才能让正确的理论和思想进入学生头脑中，否则学生将无从知晓相关知识，或知之甚少、不成体系。但是思政课的灌输又不是机械的、填鸭式的"硬灌

---

① 毛泽东选集（第 3 卷）[M]. 北京：人民出版社，1991：833.

② 杨晓慧. 思想政治理论课的本质在于讲道理 [J]. 马克思主义理论学科研究，2022（6）：37.

输"，而是必须要坚持灌输性与启发性相统一的原则，在不断进行改革、创新教学方法的过程中增强思政课的活力，让思政课释放出本应具有的鲜活生命力和感染力。思政课教师要让教学方式活起来，需在教学方法的改革创新上常做文章，促进思政课常讲常新，把理论变成学生愿听爱听能懂的道理。现在许多思政课教师在这方面都有一些好的做法，如智慧课堂、各种实践教学、混合式教学、多元教学手段融合创新等。以教学方式的创新促进思政课主题、目的，内容、载体，方法、效果，教师、学生以及课内、课外的联系与沟通，加强师生互动、激发学生主观能动性，让思政课成为有活力、有魅力，能唤醒生命、点亮生命的"金课"。"好的思想政治工作应该像盐，但不能光吃盐，最好的方式是将盐溶解到各种食物中自然而然吸收。"要把思政课讲活，讲得有味道，用思政之"盐"，讲出真理之"味"，必须要精准放"盐"，适度适时，"始终围绕学生思想需求、服务学生健康成长，精准把握时机，适时开展富有针对性有效性的思政教育，并不断调整节奏、优化内容、改进方法"。①

所以，思政课教师要能把这些道理讲深、讲透、讲活非常不容易，是有一定要求的。与此同时，我们也一定不能忘记思政课讲道理的目的是实现价值引领，这也就要求思政课教师一定要把政治性、思想性、学术性、专业性高度统一起来，要有政治的高度、思想的深度、学术的厚度、专业的精度。有专家提出，政治坚定源于理论上的清醒和对理论掌握的深入，坚定的程度又决定着政治敏感的程度、思维视野的广度、思想境界的高度。因此，思政课教师要真学、真懂、真信马克思主义理论，要尊重规律，善于用理论讲政治，用学术讲政治，用理论的力量、学术的魅力吸引人、征服人。有专家指出，习近平总书记关于"思政课的本质是讲道理"的重要论断，明确了思政课具有理论课的属性，涉及情感、行为规范及思想内容，突出了马克思主义理论自信的重要性，体现出马克思主义兼有真理性与科学性，还强调了教学过程中师生互信建构的重要性及必要性。还有专家认为，上好思政课，就要

---

① 李朝阳.在专业课中用好思政"盐"[N].光明日报，2020-07-14：13.

"做研究，抓重点，讲故事"。所谓做研究，就是要研究好马克思主义基本原理，研究习近平新时代中国特色社会主义思想、党的创新理论，实现理论研究与教学内容的有机融通，以便提升针对性；所谓抓重点，就是要坚持辩证法，聚焦价值观引领以及教学中的疑点、难点和学生们普遍关心的问题，增强现实关切性；所谓讲故事，就是要用艺术手法，借助生动故事，充分展示小故事中的大道理。这三方面都包含着把思政课道理讲深、讲透、讲活的基本要求。还有专家认为，思政课讲道理要重点在"讲活"上下功夫。为此，思政课教师要巧于表达，用贴近生活、联系实际、言之有物的话语进行课堂教学；要善于探索和加工讲活道理的素材，充分运用真实但又最生动的人和事、最形象的标识、最典型的案例进行课堂教学；特别是要明确教学方向，了解学生所想、所期、所愿，在课堂教学中十分准确地抓住讲清道理的着力点。总之，关于如何领会思政课的本质是讲道理，又如何把道理讲深、讲透、讲活，专家学者们做了许多深刻思考，提出了许多建设性意见，可谓是仁者见仁智者见智，其中有许多真知灼见值得我们认真研究和借鉴。

当然，想要贯彻"思政课的本质是讲道理"这一认知，把道理讲深、讲透、讲活，除了需要教师用心教以外，还需要学生用心悟，但是学生用心悟的过程仍然需要老师用心引导，即需要老师帮助学生用心悟。这就需要老师讲出道理的科学性，让学生认识到道理是科学的，是值得信赖和追求的；需要老师讲出道理的合理性，让学生认识到道理的来龙去脉和逻辑关系，讲道理是客观的需求而不是纯粹说教；需要老师讲出道理的亲切性，要让学生认识到道理是贴近生活的，是有人情味的，而不是冷冰冰的；需要老师讲出道理的趣味性，要让学生认识到道理实际就存在于现实生活中，其中充满着辩证法，热爱道理、遵守道理有助于人成功，反之则不利于问题的解决和良好人际关系的建立。另外，思政课教师讲道理还一定要根据施教对象，注意话语体系的转化，要实现教材体系向教学体系的转化，要把书面的理论语言转化为课堂上的话语表述，即要用受教育者喜闻乐见的、可以理解和接受的语言进行道理的传授。

基于以上认识，思政课教师能够把思政课的道理讲清楚，除了一定要在中国共产党人的初心、使命是什么，新中国成立70多年、建党100多年来我国社会发生巨变的原因是什么，中国共产党为什么能，中国特色社会主义为什么好，马克思主义为什么行，中国化时代化的马克思主义为什么行等重大理论问题上下功夫、把它们弄明白以外，除了要努力做到具备六种品质、坚持"八个统一"以外，还可以将这些要求综合起来，在以下六个方面自觉加强和提升个人修养。

第一，思政课教师要有理想信念。思政课教师要理直气壮地讲好思政课，要把学生的思想引导到坚定理想信念上来，自身就要有崇高的理想、坚定的信念以及正确的三观。思政课是一门树立思想、净化心灵的课，思政课教师一定是有理想的人，也一定是有信念的人，这样的思政课教师给学生讲理想、讲信念，才能触动学生的心灵，也只有如此，学生才能敬佩思政课教师，才能爱听、想听、愿听、真听思政课，也才能真学、真懂、真信、真用所学理论和知识。所以，以理想树立理想，以信念坚定信念，理想和信念才能得到延续，才能引导学生把爱国之情、强国之志、报国之行自觉融入全面建设社会主义现代化国家、实现中华民族伟大复兴的奋斗中去。

第二，思政课教师要有仁爱之心。习近平总书记讲，教育是一门"仁而爱人"的事业，有爱才有责任。广大教师对学生要仁心厚德、严爱相济、润己泽人，以高尚情操影响学生品行，以人格魅力呵护学生心灵，以学术造诣启迪学生智慧，把自己的温暖和情感倾注到每一个学生身上，让每一个学生都能够得到健康成长，让每一个孩子都能够拥有人生出彩的机会。这样的老师才能成为大先生，学生遇到这样的老师也是人生幸事。对思政课教师来讲，成为一名涵养德行的"人师"，更应该有言为士则、行为世范的自觉，更应该有不断提高自身道德修养的自觉，更应该有不断以模范言行影响和带动每个学生的自觉，做学生为学、为事、为人的大先生，成为学生心目中的偶像，成为社会尊重的楷模，成为世人效法的榜样。这些要求很高，但是对思政课教师来讲，必须心向往之且尽其力而为之。

第三，思政课教师要有经典意识。思政课教师要做到把道理讲深、讲透、讲活，必须要研读马克思主义经典著作，而且一定要专心致志地集中精力学，坚持不懈地挤出时间学，通过研读马克思主义经典著作讲清楚马克思主义的政治立场、阶级基础和科学品质，即马克思主义为什么行的道理来。尤其是研读《习近平谈治国理政》时，由于其涉及我国改革、发展、稳定各个方面和各个领域十分复杂而现实的问题，需要运用理论思维深入细致地思考，需要花一定功夫反复读、仔细品，一定要从中研读出中国共产党领导是中国特色社会主义最本质的特征，是中国特色社会主义制度的最大优势，坚持党对一切工作的领导是我国政治和社会生活的最高政治原则，以及是历史和人民选择了中国共产党，中国共产党把人民放在心中最高的位置等许多关于中国共产党为什么能、中国特色社会主义为什么好的道理来。唯有如此，方能实现学深悟透、学思践悟。而只有学得深入，才能运用自如、得心应手。如果我们自觉地把研读马克思主义经典著作当作每天的必修课，持之以恒、坚持不懈，就一定能够学深学透，也一定能够给学生把道理讲深、讲透、讲活。

第四，思政课教师要有真才实学。一方面，思政课教师除了具备一定的专业理论和相关知识外，还要准确把握所讲授课程的课程性质、课程体系、教学目标、教学大纲、教学内容以及所面对的学生情况等。这是思政课教师是否有真才实学的重要判断依据，也是其做到讲深、讲透、讲活的基本前提和必然要求。另一方面，思政课教师的教学必须要把政治性摆在最前面，在坚持政治性不动摇、不偏斜、不走样的前提下，保障思政课的学理性、价值性和知识性，并将它们有机融合在一起回答学生的疑问，用科学的理论论证、透彻的思想分析、强大的真理力量回应学生、说服学生、引导学生，把理论的重点、社会的热点、学生的特点结合起来，让思政课成为一门有情有感、有理有据、既讲政治又讲学理的课。这也是思政课教师是否有真才实学的重要判断依据。所以，思政课的本质要求思政课教师既要当好"人师"，又要当好"经师"。

第五，思政课教师要有大局意识。习近平总书记指出，当前，坚持和发展中国特色社会主义理论与实践有大量亟待解决的新问题，世界百年未有之大变局加速演进，世界进入新的动荡变革期，迫切需要回答好"世界怎么了"人类向何处去"的时代之题；要坚持把马克思主义基本原理同中国具体实际相结合、同中华优秀传统文化相结合，立足中华民族伟大复兴战略全局和世界百年未有之大变局，不断推进马克思主义中国化时代化；要以中国为观照、以时代为观照，立足中国实际，解决中国问题，不断推动中华优秀传统文化创造性转化、创新性发展，不断推进知识创新、理论创新、方法创新；哲学社会科学工作者要做到方向明、主义真、学问高、德行正，自觉以回答中国之问、世界之问、人民之问、时代之问为学术己任，以彰显中国之路、中国之治、中国之理为思想追求，在研究解决事关党和国家的全局性、根本性、关键性重大问题上拿出真本事、取得好成果。[①] 这些要求更需要思政课教师认真领会，并加以贯彻。之所以对思政课教师有这样高的要求，就是因为思政课教师所面对的学生是未来的建设者和接班人，他们更需要清楚地明白世界的历史走向、中国的发展趋势和自己的使命担当。

第六，思政课教师要有改革创新。2019 年 3 月 18 日，习近平总书记在学校思想政治理论课教师座谈会上指出，思政课建设要向改革创新要活力，积极采用案例式教学、探究式教学、体验式教学、互动式教学、专题式教学、分众式教学等，运用现代信息技术等手段建设智慧课堂等都值得肯定和鼓励。[②] 当然，任何改革创新都不能离开思政课立德树人的根本任务，也不能背离思政课的本质，一定要遵循思想政治教育、教书育人及学生成长规律，体现出社会政治与教育教学本质的统一。2022 年 4 月 25 日，习近平总书记来到中国人民大学思政课智慧课堂，就是对思政课改革创新的再肯定和再鼓励，希望能由此提供更多的思政"金课"。面对时代发展，面对党和人民的希望与要求，思政课教师一定要准确把握思政课本质，在此基础上积极进行教学改革创新，引导学生洞察"现象"背后的"本质"，领会"道理"

---

① 坚持党的领导传承红色基因扎根中国大地　走出一条建设中国特色世界一流大学新路 [N]. 人民日报，2022-04-26：1.

② 习近平. 思政课是落实立德树人根本任务的关键课程 [J]. 求是，2020（17）：5-6.

之中的"真理"，促进教学改革创新与思政课的本质深度契合，① 让思政课讲授的道理传播得更远、更广、更深，影响更强、更有持久性，起到沟通心灵、启智润心、激扬斗志的作用，真正落实立德树人的根本任务。

（三）关于推动大中小学思政课一体化建设

在中国人民大学考察时，习近平总书记再次强调了大中小学思政课一体化建设问题，并鼓励各地高校积极开展与中小学思政课共建，共同推动大中小学思政课一体化建设。这是习近平总书记继"3·18"重要讲话之后对大中小学思政课一体化建设问题做出的又一次重要论述。习近平总书记指出，青少年思想政治教育是一个接续的过程，要针对青少年成长的不同阶段，有针对性地开展思想政治教育。② 思想政治教育只有通过不断接续，即由小到大，不断对青少年进行循序渐进和螺旋式上升的教育，才能够让他们逐渐达到思想成熟、品行端正、意志坚强、信念坚定的状态。这就要求各级各类思政课教师要做接龙，必须同向同行、上下协调、同频共振，建好教好思政课。为此，国家也制定了《新时代学校思想政治理论课改革创新实施方案》，要求各级各类思政课按照循序渐进、螺旋上升的原则，立足于思政课鲜明的政治性属性，对大中小学思政课课程目标进行科学的有内在联系的一体化设计。在一体化建设的发展过程中，根据不同学段制定不同的培养要求，做到横向贯通、纵向衔接、阶梯式推进，准确把握和有效解决同质异构的矛盾，形成从道德情感、思想基础、政治素质到使命担当的阶段明确、内容相互衔接、目标一致且层次逐渐提升的课程体系与育人过程。此外，教育部还成立了大中小学思政课一体化建设指导委员会、专家指导组，制定了《习近平新时代中国特色社会主义思想进课程教材指南》，强化大中小学思政课一体化建设，全面增强大中小学课程教材铸魂育人功能。

---

① 参见杨晓慧.思想政治理论课的本质在于讲道理[J].马克思主义理论学科研究，2022（6）：43.

② 坚持党的领导传承红色基因扎根中国大地 走出一条建设中国特色世界一流大学新路[N].人民日报，2022-04-26：1.

　　大中小学思政课一体化建设是一个还需要不断深化认识的问题，为此，许多专家以及各地各学校都做出了许多探索与实践。冯刚认为，大中小学思政课一体化建设要关注教材内容的连贯性、学生成长阶段的连续性、教学队伍的联动性以及评价体系的完整性。这一认识强调了大中小学思政课一体化建设的系统性，有重要意义。沈壮海认为，大中小学思政课一体化建设需进一步打开"四个视野"，即破解难题的视野、凝聚合力的视野、共建共享的视野、品德铸育的视野。这种认识有助于破除大中小学思政课一体化建设中固有的条条框框。吴铎提出，大中小学思政课一体化建设工作既需要宏观层面的总体设计和综合措施，也需要实证性的深入研究和探讨；既需要有专门的研究机构和人员，也需要广大一线领导者、组织者和师生的积极参与。这种认识建立在对保障大中小学思政课一体化建设的组织构建、人员构成、运行机制等的思考和研究的基础上，也十分重要。此外，顾红亮认为，大中小学思政课一体化建设要从外延式建设转变为内涵式发展，有三个关键，一是重点聚焦搭建一体化的资源平台，充分利用信息技术，深入推进智慧教育平台建设；二是要构建一体化的师资体系，增强师资队伍的综合能力；三是着眼扩展一体化工作格局，将学校小课堂与社会大课堂结合起来，实现各类课程、各级学段、各种资源和地区的协同联动。[①] 有的地方大中小学协同作战，共同挖掘红色资源，讲好红色故事。有的地方通过大中小学思政课一体化建立研究基地，探索团队式授课方式。有的地方组织大中小学思政课教师坐在一起，相互沟通、相互借鉴、相互学习，使彼此相互了解、相互知情。有的地方通过高校牵头搭建平台，围绕大中小学思政课集体备课、教学研讨、示范教学、学术讲座、教师交流、专题培训、资源共享等开展工作。有的地方通过开展不同学段的同课异构教学实践，循序渐进地引导各学段学生逐步形成应有的道德情感、思想基础、政治素养、使命担当。通过不断的探索与实践，关于大中小学思政课一体化建设已形成基本共识，其中最重要的是把握

---

① 王烨捷.专家学者研讨大中小学思政课一体化建设[EB/OL].（2022-08-30）.http://youth.cn/jy/202208/t20220830_13961027.htm.

住"六性"原则。首先是教学目标的一致性和整体性原则。大中小学在思政课教学目标的设计上要同向同行，前后相互衔接，成为一体，都要为培养学生科学的世界观、积极的人生观、正确的价值观服务，都要不断培育学生推动中国特色社会主义发展的自信力量和意志品质。其次是教学内容的递进性和连贯性原则。各级学校的思政课要紧紧围绕总的教学目标设计、选择和组织不同学段的教学内容，既相互连贯，又有不同侧重；既考虑到年龄和认知的不同，又兼顾教学内容的衔接、联系和深化。最后是教学方法的恰当性和连续性原则。思政课教师要根据不同教学对象的受教育程度和理解能力，选择恰当的教学方法。有的需要启蒙，有的需要启发，有的需要案例分析，有的需要实践调查，有的需要理论讲解，有的需要探究学习，等等，不同的方法没有谁优谁劣，都是为内容服务，都是为教学效果服务。

总之，育人为本，德育为先。为培养出习近平总书记所希望培养出的具有坚定的中国特色社会主义道路自信、理论自信、制度自信、文化自信，在全面建设社会主义现代化国家新征程中勇当开路先锋、争当事业闯将的建设者和接班人，[①] 各学段思政课教学都必须立足于立德树人根本任务，通过一体化建设整体规划德育体系、德育课程，使思政课教学内容进一步聚焦、教学目标进一步明确、育人成效进一步提升，从思想上、理论上共同承担促进学生成长的育人职责。

（四）关于推进思政课教学改革创新

习近平总书记曾指出，思政课建设要向改革创新要活力，运用现代信息技术等手段建设智慧课堂值得肯定和鼓励。[②] 习近平总书记到中国人民大学思政课智慧课堂考察更是用意深刻，他对中国人民大学立足自身优势，进行教学改革创新，打造高精尖水平思政课的做法表示肯定，同时，他也希望中国人民大学绵绵用力，久久为功，止于至善，为全国大中小学思政课教学提

---

① 坚持党的领导传承红色基因扎根中国大地 走出一条建设中国特色世界一流大学新路 [N]. 人民日报，2022-04-26：1.

② 习近平. 思政课是落实立德树人根本任务的关键课程 [J]. 求是，2020（17）：5-6.

供更多"金课"。① 习近平总书记对思政课教学改革创新的重要指示和殷切期望给全国各级各类学校思政课教学改革创新提出了方向和遵循。面对时代的发展以及党和人民新的要求与希望，思政课教师一定要在尊重学生成长规律、教育教学规律、思想政治教育规律基础上，以学生更容易接受的方式，进行思政课教学改革创新，让思政课讲授的道理传播得更远、更广、更深，更有影响力，作用更持久。这是思政课完成所肩负的立德树人使命的需要，也是党和国家对思政课的期盼。

那么，思政课究竟该怎样改革创新？究竟该怎样落实习近平总书记对思政课教学改革创新的重要指示和殷切期望？回答这些问题，需要做深入的思考、研究、探索、实践。思政课的本质是讲道理，故此，改革创新思政课必须遵循思政课的本质特征和基本规律。

首先，思政课讲的是马克思主义的道理，传授马克思主义理论是思政课的第一要务。所以，思政课的改革创新必须要从加强马克思主义理论及经典文献的学习和研究做起。这是思政课的立论之基、根本所在。学习马克思主义理论只靠思政课教师讲一般性的结论不行，还要引导和帮助学生学习、领会相应的马克思主义经典文献、经典语句，让学生自己悟出其中所蕴含着的马克思主义基本原理。这应是高校思政课改革创新的遵循和方向。这样做不仅能够实现思政课的政治性和学理性相统一、价值性和知识性相统一，还能充分发挥学生的主体性作用，对于提高思政课教学的实效性具有一定作用。为此，教育行政主管部门、学校、思政课教师需要共同努力突破传统思维和教学方法，加强对马克思主义经典文献学习的引导和指导。如有地方通过完善课程体系，构建马克思主义经典文献学习平台。借助这个学习平台，一方面在课堂教学中加强马克思主义经典文献与教材的深度融合，使课堂在经典文献的阅读中发挥主渠道作用；另一方面在网络教学中利用新媒体实现对马克思主义经典文献的推送、导读、点评、交流等，拓宽对马克思主义经典文

---

① 坚持党的领导传承红色基因扎根中国大地　走出一条建设中国特色世界一流大学新路 [N]. 人民日报，2022-04-26：1.

献的学习渠道，更好地实现对课堂教学的辅助和补充。

其次，思政课讲的道理不仅要让学生"知"，更需要让他们"行"，这是讲授道理的目的所在和根本要求。古人说："纸上得来终觉浅，绝知此事要躬行。"对道德的遵守，不仅要"听其言"，更要"观其行"。所以，思政课不是纯粹的理论课，而是联系实际，旨在培养学生在日常生活中进行社会实践的能力的课。社会实践是思政课课堂教学的延伸拓展和重要组成部分，因而也就成为思政课改革创新的一项重要内容。它不仅能巩固思政课的理论教学内容，而且还能培养和增强学生的理论思考习惯和理论思维能力，激发学生的爱国热情，培养服务人民、奉献社会的情感，在思政课教学中具有特殊的地位和意义。要做好思政课社会实践的改革创新，需要教育行政主管部门和学校把它纳入教育整体规划中。通过教育行政主管部门和学校加强领导与协调，形成有效的管理运行机制。教育行政主管部门要协调学校与其他相关领域、行业和部门的关系，形成全社会齐抓共管思想政治教育的生动局面；学校要统筹安排，整合实践教学资源，拓展实践教学形式，建立相对稳定的具有特色的校内外实践基地，全面规划思政课的社会实践活动，制定出切实可行的思政课实践教学大纲和实践计划。同时，要积极调动和充分发挥辅导员、班主任的积极性，让他们共同参与到思政课的社会实践中来，以保证社会实践的顺利完成。社会实践的目的就是鼓励学生深入社会、深入生活，到基层去、到群众中去，提高学生观察分析社会现象的能力，培养他们遵守和践行道德规范的自觉意识和行为。

最后，思政课的改革创新，不是思政课一家的事，而是必须要和其他课程改革创新相配合，与学生专业相结合，在课程思政中取得思政课的改革创新成效。学生生活在现实的社会中，其思想道德的培养和形成虽受思政课的很大影响，但离不开其他课程教育，所以形成全过程育人、全方位育人、全员育人的育人方式很重要。在思政课程与课程思政的结合过程中，思政课一定要主动作为，结合学生专业，做到因材施教，尽可能打造符合学生要求的与学生专业紧密相关的思政课堂。现在，在这方面，各地各学校已有了许多探索和做法。例如，软件类专业的学生可以制作以马克思主义理论为主题的电子网页、图书等；机械制造类专业的学生可以开展"大国工匠"主题实践活动，突出敬业爱岗等行业职业道德的培养；艺术类专业的学生可以把自己在思政课中，包括课堂教学和实践教学中获得的感受、认识通过再创造用艺术作品的形式表达出来。这不仅是一个自我教育的过程，而且由于艺术特有的感染力，也是一个对他人进行再教育的过程。

·第二章·
把握文件精神为提升西部高校思政课
教学质量和水平确定发展思路

　　自党的十八大以来，中国特色社会主义进入新时代，高校思政课也进入了新发展阶段。关于在新时代如何更好地加强和改进思政课建设，使其发挥出在立德树人中应有的主渠道、主阵地作用，党和国家出台了一系列相关文件。这些文件都有重要而明确的指导意义，也提出了许多具体而详尽的办法和要求。对这些文件进行认真学习领会，形成相应的实施细则或办法，是高度重视与贯彻落实加强和改进思政课、提升思政课教学质量和水平这一要求的重要举措。

一　关于加强和改进思想政治工作的文件中
相关内容解读

　　中国共产党重视思想政治工作，其已成为党的优良传统、鲜明特色和突出政治优势，是党的一切工作的生命线，其重要性就在于它事关党的前途与命运，事关国家的长治与久安，事关民族的凝聚力和向心力。党和国家对此项工作常抓不懈（思想政治理论教育就是思想政治工作的重要组成部分），

2021 年 7 月，就在党成立 100 周年之际，又印发了《关于新时代加强和改进思想政治工作的意见》。

（一）关于新时代加强和改进思想政治工作的意义

我们党历来高度重视高校思想政治工作，这不仅是因为高校思想政治工作是党的全部思想政治工作中的重要组成部分，而且是因为它有极其重要的意义和特殊的规律与要求，为此，党探索形成了一系列关于高校思想政治工作的基本方针、工作原则和遵循。党的十八大以来，以习近平同志为核心的党中央把高校思想政治工作始终摆在突出位置，做出了一系列重大决策部署。如 2017 年中共中央、国务院曾印发过一份《关于加强和改进新形势下高校思想政治工作的意见》，提出高校肩负着人才培养、科学研究、社会服务、文化传承创新、国际交流合作的重要使命，并特别强调了加强和改进高校思想政治工作的迫切性与重要性，即这项工作事关办什么样的大学、怎样办大学的根本问题，事关党对高校的领导，事关中国特色社会主义事业后继有人，是一项重大的政治任务和战略工程。认识上明确是行动上坚定的前提。仅隔 4 年，2021 年中共中央、国务院印发的《关于新时代加强和改进思想政治工作的意见》又使我们将高校思想政治工作纳入新时代加强和改进思想政治工作的总体要求中再思考、再认识、再部署、再落实。虽然 2017 年的《关于加强和改进新形势下高校思想政治工作的意见》是针对高校的，2021 年的《关于新时代加强和改进思想政治工作的意见》是总体性的，但是就发文的时间以及所涉及的相关内容而言，二者都能充分说明思想政治工作的必要性、重要性和迫切性。

2021 年，中共中央、国务院印发了《关于新时代加强和改进思想政治工作的意见》，通过"三个事关"（事关党的前途命运，事关国家长治久安，事关民族凝聚力和向心力）明确强调了思想政治工作的重要性，指出党中央高度重视思想政治工作，就是要有效发挥思想政治工作统一思想、凝聚共识、鼓舞斗志、团结奋斗的重要作用，这对巩固全党全社会思想上的团结统一，确保我国意识形态领域形势全局性、根本性的安全具有重要意义和作用。对这份文件，思政课教师要不断学习、深入理解，特别是要从党、国家和民族的发展战略高度，在思想政治工作大格局中深刻认识和体会自身所肩负的光荣使命。

（二）关于加强新时代思政课建设的意见

《关于新时代加强和改进思想政治工作的意见》紧紧围绕"巩固马克思主义在意识形态领域的指导地位、巩固全党全国人民团结奋斗的共同思想基础"这一根本任务，紧紧围绕举旗帜、聚民心、育新人、兴文化、展形象的职责使命，对新时代思想政治工作进行顶层设计和统筹谋划，力求做到"三个坚持"，即坚持思想引领，坚持聚焦和解决问题，坚持体现时代要求。该文件规格高、要求新，从指导思想、工作方针、思想政治教育内容、聚焦青少年群体、教师思想政治工作等方面对加强思政课建设做出了明确指示和要求。

我国是工人阶级领导的、以工农联盟为基础的人民民主专政的社会主义国家。中国共产党是中国特色社会主义事业的领导核心，她作为中国工人阶级的先锋队、中国人民和中华民族的先锋队，以马克思列宁主义、毛泽东思想、邓小平理论、"三个代表"重要思想、科学发展观、习近平新时代中国特色社会主义思想作为自己的行动指南。开办思政课是意识形态领域的重要工作之一，是一种重要的意识形态教育手段，因此，加强思政课中党的指导思想的引领作用和创新理论教育非常必要，而且绝不能有任何削弱和忽视。不仅如此，高校思政课又是进行思想政治教育的主渠道、主阵地。青年强，则国家强。党的第二个百年目标的实现、中华民族伟大复兴的实现都要靠有理想、敢担当、能吃苦、肯奋斗的新时代好青年。在具有这种高尚品质的社会主义建设者和接班人的教育与培养中，思政课起着关键作用。故此，加强新时代思政课建设势在必行，是伟大时代所需、伟大事业所需，容不得半点忽视和懈怠。否则，我们的现代化建设就会受到严重影响，中华民族伟大复兴中国梦的实现也会受到严重迟滞，甚至难以实现。只要站在党、国家和民族发展全局的高度，站在对青年大学生成长成才负责的角度，就会深刻理解为什么要加强新时代思政课建设。

（三）关于创新新时代思政课的意见

与加强新时代思想政治工作紧密关联的一个问题就是新时代思想政治工作如何创新发展。《关于新时代加强和改进思想政治工作的意见》提出了关于守正创新发展的意见，其中的具体措施都可以应用到思想政治理论课教学中或供思政课借鉴。例如，完善先进模范发挥作用的长效机制的问题、把榜样力量转化为亿万群众的生动实践的问题等都是思政课可长期思考和研究的重要问题。《关于新时代加强和改进思想政治工作的意见》强调，要构建共同推进思想政治工作的大格局，即形成完善思想政治工作的领导体制和工作机制。具体而言，就是形成完善党委统一领导、党政齐抓共管、宣传部门组织协调、有关部门和人民团体分工负责、全党全社会共同参与的思想政治工作大格局；打造专兼结合的工作队伍，配齐配强学校思政课教师；建立科学有效的评价考核体系，包括建立内容全面、指标合理、方法科学的思想政治工作测评体系，并将测评结果纳入落实全面从严治党主体责任情况监督检查和巡视巡察的内容中，纳入党政领导班子、领导干部综合考核评价的内容中，把一种只含有主观因素的"软指标"变成一种实实在在的可见、可视、可操作的"硬约束"。

守正是创新的前提和基础。要在巩固壮大主流思想舆论，坚持正确政治方向、舆论导向、价值取向的基础上创新思想政治教育的手段、形式和方法，提升思想政治教育的教育力、引导力、影响力、有效性。一定要继续发挥党的领导作用，特别是要有适应于新时代需求的联动调节机制、协调创新机制，用"三全育人"的理念，建立起大思政体系，把思政课程与课程思政统一起来，把课堂教学与实践教学统一起来，把校内教育与社会和家庭教育统一起来，让思政课成为无死角的思政课、行走的思政课，人人关心、人人参与、人人受益的思政课。这种创新十分不易，既要守正，保证不走偏，又要有新意有效果，确实需要根据新时代、新要求，对其进行新研究、新探索。

二 关于高校马克思主义学院建设的文件中 相关内容解读与实施

2017 年，为加强马克思主义学院建设，教育部专门制定了《高等学校马克思主义学院建设标准（2017 年本）》，内容包括组织领导与管理、思政课教学、马克思主义理论学科建设、社会服务与社会影响、党的建设与思想政治工作等 5 个方面。以上 5 个方面为该文件提出的一级指标，其下又设了 17 个二级指标和 56 项具体要求，对马克思主义学院的建设切实做出了一整套标准化要求，同时也在思想认识和客观实践方面对马克思主义学院的建设起到了极大的促进与监督作用。从提升高校思政课质量角度看，这份建设标准除了与思政课教学直接相关的 20 项具体要求之外，实际上其他 4 个方面 36 项具体要求也都是围绕教学的，需要以教学为中心开展组织领导与管理、学科建设、社会服务与社会影响、党的建设与思想政治方面的工作。这一建设标准于 2019 年修订再版，形成了《普通高等学校马克思主义学院建设标准（2019 年本）》。2023 年，这一标准又再次修订，现有核心指标 8 项，重点指标 26 项，基本指标 27 项，共计 61 项三级指标。那么，各学校该如何贯穿落实这份建设标准，加强和改进马克思主义学院建设，提升思政课教学质量和水平？这需要具体问题具体分析，各学校可根据各自的实际情况，按照文件的要求，开创性地开展工作和建设。

（一）加强马克思主义学院建设的重大意义

随着中共中央、国务院《关于新时代加强和改进思想政治工作的意见》的印发，2021 年 9 月，中共中央办公厅专门印发了《关于加强新时代马克思主义学院建设的意见》。这份文件在《关于新时代加强和改进思想政治工作的意见》的基础上就如何推进马克思主义学院建设做出指导。

《关于加强新时代马克思主义学院建设的意见》指出，马克思主义是我们立党立国的根本指导思想，马克思主义学院是学习研究宣传马克思主义的主阵地，思政课是马克思主义学院坚持用习近平新时代中国特色社会主义思想铸魂育人的主渠道。故此，加强马克思主义学院建设，是深化马克思主义理论研究和建设的重要举措，马克思主义学院在"马克思主义理论教育教学、学术研究、人才培养、学科建设、理论宣传、思想引导、社会服务等方面，肩负着独特而神圣的使命，是办好思想政治理论课的坚强基础"[①]；加强马克思主义学院建设，是培养担当民族复兴大任的时代新人的内在要求，对于彰显中国大学社会主义底色，引导大学生牢固树立共产主义远大理想和中国特色社会主义共同理想，培养一代又一代社会主义建设者和接班人具有重要意义。不仅如此，加强马克思主义学院建设还有助于促进当代中国马克思主义、21世纪马克思主义新发展，有助于完善以马克思主义为指导的中国特色哲学社会科学体系，有助于建设具有强大凝聚力和引领力的社会主义意识形态。

这些论述深刻指出了加强马克思主义学院建设是中国特色社会主义伟大事业的应有之义和迫切需要，任何人，特别是各级领导干部都不能存有思想上的疑虑和行动上的迟缓。

（二）新时代马克思主义学院建设的路径与举措

《关于加强新时代马克思主义学院建设的意见》明确了加强新时代马克思主义学院建设总体要求。一是要坚持以马克思列宁主义、毛泽东思想、邓小平理论、"三个代表"重要思想、科学发展观、习近平新时代中国特色社会主义思想为指导，全面贯彻党的教育方针，坚持社会主义办学方向，落实立德树人根本任务，把马克思主义中国化最新成果的教学和研究作为重中之重，进一步明确职责使命，推动内涵式发展，强化政策保障，着力打造

---

① 王达品.发挥三个层面"主体"作用着力提升高校思想政治理论课建设质量[J].思想理论教育导刊，2020（12）：109.

马克思主义理论教育教学、研究宣传和人才培养的坚强阵地，为全面建设社会主义现代化国家、实现中华民族伟大复兴的中国梦提供坚实的学理支撑和人才支持；二是要坚持正确方向、坚持铸魂育人、坚持守正创新、坚持系统谋划，积极探索马克思主义理论教育教学规律、学科发展规律和人才培养规律，更好服务党和国家工作大局。

《关于加强新时代马克思主义学院建设的意见》还从内涵式发展、政策支撑、党的领导等方面对马克思主义学院的发展提出了具体要求。这份文件是一份关于加强以及如何加强马克思主义学院建设的重要文件。其思路明确，条理清楚，措施得当，可以说是在全面建设社会主义现代化国家新征程中对《普通高等学校马克思主义学院建设标准》的再强化、再明确、再要求，也是用新发展理念指导马克思主义学院高质量发展的新起点。总之，"马克思主义学院发展应处理好特殊性与一般性、核心任务与多功能、内向性与外向性、依附性与自我发展之间的内在关系，提升学院建设的整体实力和水平，促进马克思主义学院的内涵式发展"①。

（三）关于马克思主义学院建设标准的实施

以甘肃省 W 校为例来看《普通高等学校马克思主义学院建设标准》如何具体实施。W 校是一所省属全日制普通本科院校，其下二级学院——马克思主义学院肩负着学习研究宣传马克思主义、培养马克思主义理论专门人才的双重任务。学院开设思想政治教育本科专业，有马克思主义理论一级学科硕士学位授权点，并承担全校思政课教学工作。W 校为深入贯彻习近平总书记在学校思想政治理论课教师座谈会上的重要讲话精神，根据教育部《普通高等学校马克思主义学院建设标准（2023 年版）》，结合学校实际，制订了 W 校《关于〈普通高等学校马克思主义学院建设标准（2023 年版）〉的实施方案》，具体如表 2-1 所示。

---

① 佘双好.思想政治理论课程教学法探析 [M].北京：中国人民大学出版社，2018：339.

表2-1　关于《普通高等学校马克思主义学院建设标准（2023年版）》的实施方案

一级指标	二级指标	三级指标	指标类型	具体措施	责任单位
组织领导与管理	领导责任	1.学校党政领导班子带头学习贯彻习近平新时代中国特色社会主义思想，深刻领悟"两个确立"的决定性意义，增强"四个意识"、坚定"四个自信"、做到"两个维护"，坚决贯彻落实习近平总书记关于教育的重要论述特别是关于高校思政课、马克思主义学院建设的重要指示批示精神和党中央决策部署，全面贯彻党的教育方针，全面推动新时代党的创新理论进教材进课堂进头脑，深入实施"大思政课"建设工程，坚持不懈用习近平新时代中国特色社会主义思想铸魂育人	A*	（1）学校党政领导班子对马克思主义学院建设的认识必须同党和国家的要求保持高度一致，坚决贯彻落实相关重要指示和部署规定。（2）坚持立德树人，坚持以"三全育人"做好"大思政课"建设	学校党委
		2.学校党委书记落实第一责任人责任，校长负起政治责任和领导责任，每学年分别到马克思主义学院至少召开1次现场办公会、解决实际问题	A*	（3）党委书记直接分管马克思主义学院工作，每年参加2次马克思主学院党委组织生活会。（4）校长每年到马克思主义学院走访1次，召开现场办公会1次	学校办公室
		3.分管思政课建设的校领导、分管教学科研等工作的校领导要主动研究马克思主义学院工作，开展经常性工作指导督促	A	（5）分管宣传和教学、科研的校领导每年至少帮助马克思主义学院协调和解决困难2次，其他校领导每年至少1次	学校办公室
		4.校党委（常委会）会议、校长办公会议每学期分别至少召开1次专题会议，研究马克思主义学院建设重点工作，在工作格局、队伍建设、支持保障等方面采取有效措施，会议决议及时落实	A	（6）每学期召开1次党委常委会研究马克思主义学院建设与发展工作。（7）每学期召开1次校长办公会专题研究和解决马克思主义学院具体问题	学校办公室
		5.学校党委要推动本校马克思主义学院与其他高校马克思主义学院协同发展，主动争取与有关部门共建马克思主义学院，积极开展与中小学思政课共建，共同推动大中小学思政课一体化建设	A	（8）加强与省委宣传部共建马克思主义学院。（9）加强与省高校马克思主义学院联盟交流合作。（10）作为省大中小学思政课一体化建设指导委员会成员单位，加强与中小学共做好大中小学思政课一体化建设	马克思主义学院

续表

一级指标	二级指标	三级指标	指标类型	具体措施	责任单位
组织领导与管理	领导责任	6.学校党政领导班子带头推动思政课建设，带头联系思政课教师。学校党委书记、校长每学期至少为学生讲授4个课时的思政课，领导班子其他成员每学期至少为学生讲授2个课时的思政课；学校党委书记、校长及分管思政课建设的校领导，每学期对每门思政课至少听1课时	B	（11）党委书记、校长每学期至少讲课4课时，听课6课时。 （12）其他校领导每学期至少讲课2课时，听课1课时	学校办公室
		7.全面贯彻党的教育方针，坚持把立德树人的成效作为检验学校一切工作的根本标准，把思政课作为重点课程、把马克思主义理论学科作为重点学科、把马克思主义学院作为重点学院、把思政课教师作为学校干部队伍重要来源，纳入学校发展规划以及"双一流"建设方案进行重点建设，及时总结宣传推广建设经验	A	（13）把马克思主义学院作为重点学院加以建设。 （14）把马克思主义理论学科作为重点学科加以建设。 （15）把思想政治理论课作为重点课程加以建设，争创一流课程	发展规划处、研究生处、教务处
		8.严格督导考核，在巡视巡察中加大对马克思主义学院建设情况的督查力度。把马克思主义学院建设列为学校党的建设工作考核、办学质量评估的重要内容，作为学校党政领导班子、主要领导和分管领导综合考核评价的重要参考	A	（16）加强对马克思主义学院的各项考核、监督和检查，并与学校领导年终考核评价相结合	相关各职能部门
	机构设置	9.坚持"马院姓马，在马言马"的鲜明导向和办学原则，擦亮我国大学最鲜亮的底色，马克思主义学院统一开设全校思政课、统一管理思政课教师、统一负责马克思主义理论学科建设，巩固马克思主义在高校意识形态领域的指导地位	B	（17）牢记立德树人的初心使命，为党育人，为国育才。 （18）用高标准、严要求办好马克思主义学院。 （19）马克思主义学院党务、行政、教学、科研、团学机构完整，人员齐备。 （20）学科建设，课程开设规范、齐全。 （21）马克思主义学院有聘任、安排教师授课的权力	党委组织部、党委教师工作部（人事处）、马克思主义学院

续表

一级指标	二级指标	三级指标	指标类型	具体措施	责任单位
组织领导与管理	机构设置	10. 根据马克思主义学院规模和工作任务，科学确定党政领导班子职数。按照政治立场坚定、理论功底扎实、业务管理能力突出、工作作风优良、师德师风高尚的标准，拓宽选才视野，面向全国选优配强学院党政领导班子。班子成员是中共党员，并一直从事思政课教学和马克思主义理论研究，有团结精神、奉献精神，处事公道，开拓进取，群众认可	A*	（22）由学校党委副书记兼任马克思主义学院党委书记，学院设常务副书记。（23）除学院党委书记外，学院其他领导班子职数设为4人。（24）从马克思主义学院教师中选拔、培养优秀年轻干部	党委组织部、马克思主义学院
		11. 本、专科思政课（包括"形势与政策"课）教学应按课程分别设置教研室（组），研究生思政课教学可结合实际设置教研室（组），党政工团组织机构健全，教学委员会、学术委员会、学位评定委员会等机构运转有效	B	（25）按照思政课课程分别设立马克思主义基本原理、马克思主义中国化、习近平新时代中国特色社会主义思想概论、思想道德与法治、中国近现代史纲要、形势与政策教研室（研究所），主任6人，副主任6人。（26）设立思政课虚拟仿真实验中心，主任1人，副主任1人。（27）建立健全党政工团组织机构，教学委员会、学术委员会、学位评定委员会	马克思主义学院
	工作机制	12. 制定学院中长期发展规划，规划既符合思政课建设和马克思主义理论学科发展要求，又与本地或本校重点学院建设要求相一致	A	（28）将马克思主义学院建设与发展列入学校重点建设与发展规划	发展规划处
		13. 健全学院集体领导、党政分工合作、协调运行的工作机制，提升班子整体功能和议事决策水平。完善学院二级教代会或教职工大会制度，实行民主管理和监督	B	（29）马克思主义学院院长兼任学院党委副书记，设立专职组织员1人。（30）修订、完善和强化马克思主义学院党政联席会制度与作用。（31）领导班子坚持集体领导、分工合作、民主集中、会议决定。（32）修订、完善马克思主义学院院务会议制度。（33）修订、完善马克思主义学院教职工大会制度	马克思主义学院

续表

一级指标	二级指标	三级指标	指标类型	具体措施	责任单位
组织领导与管理	基础建设	14.学校在保障马克思主义学院正常办公经费的基础上，本科院校按在校生总数每生每年不低于40元，专科院校每生每年不低于30元的标准提取专项经费，用于思政课教师的学术交流、实践研修等，并随着学校经费的增长逐年增加。专项经费安排使用明确，专款专用	A	（34）充分保障马克思主义学院办公经费。（35）按在校生总数每生每年40元标准列出思政专项经费，并专款专用，用足用好	财务处、马克思主义学院
		15.学校对马克思主义学院办公用房等校内公共资源配置给予优先保障，原则上教授有独立的教研用房	B	（36）为每个教研室（研究所）配备1间办公室	国资处
		16.配备满足教学科研需要的硬件设备和图书资料室，图书期刊、音像资料齐全，更新及时、借阅高效	B	（37）配备学院所需设备。（38）专门采购和订阅马克思主义学科及思想政治理论课图书资料	国资处、图书馆
思政课教学	教学组织	17.牢固树立思政课建设是马克思主义学院第一要务的立院导向，按照中央确定的最新课程方案，开齐开足各门思政课	A	（39）必须严格落实思想政治理论课方案。把各门思政课课程排好讲好	教务处、马克思主义学院
		18.加强以习近平新时代中国特色社会主义思想为核心内容的思政课程群建设，重点围绕新时代伟大变革、"四史"、中华优秀传统文化等开设选择性必修课程	A*	（40）全面开设"习近平新时代中国特色社会主义思想概论"课、习近平新时代中国特色社会主义思想专题研究。（41）根据实际开设"四史"、中华优秀传统文化等选择性必修课程	教务处、马克思主义学院
		19.落实课程学分及对应学时，不挪用或减少课堂教学学时	A	（42）严格执行教育部颁布的《新时代高校思想政治理论课教学工作基本要求》	马克思主义学院
		20.合理安排教务，确保思政课各门课程有序衔接，原则上晚间和周末不安排思政课必修课，避免教师周课时安排过于集中	A	（43）根据教师、学生等情况合理排课	教务处、马克思主义学院
		21.使用马克思主义理论研究和建设工程统编的最新版思政课教材。使用中央宣传部、教育部等组织制作的思政课统一课件、讲义、教学辅导用书、教学视频等资料	A	（44）必须及时使用马克思主义理论研究和建设工程最新教材，严格按照教学大纲开展教学，使用统一的课件、教义以及其他教辅资料	马克思主义学院

一级指标	二级指标	三级指标	指标类型	具体措施	责任单位
思政课教学	教学组织	22. 推行中班教学，班级规模原则上不超过100人。推广中班上课、小班研学讨论的教学模式	A	（45）坚持大班讲座、中班教学、小班研讨，保障和提高教学质量	教务处、马克思主义学院
		23. 建立健全思政课教师岗前培训与试讲制度、集体备课制度、听课互评制度、集中命题制度等。集体备课要聚焦说课、评课、磨课，注重实效，防止形式主义	A	（46）严格落实新进教师准入制度。 （47）教研室全面落实"三集三提"备课制度、教师听评课制度。 （48）用"请进来""走出去"方法提高教师教学水平	马克思主义学院
	教学改革	24. 坚持改革创新，提高思政课的针对性和吸引力。推动思政课教学实现政治性和学理性相统一、价值性和知识性相统一、建设性和批判性相统一、理论性和实践性相统一、统一性和多样性相统一、主导性和主体性相统一、灌输性和启发性相统一、显性教育和隐性教育相统一。培育推广形式多样、效果确切、受学生欢迎的教学方法，注重从理论和实践、历史和现实、国际和国内的结合上回答学生关心的热点难点问题	A	（49）坚持理论联系实际，进一步探索和完善"六步教学法""四性教学法"；鼓励教师探索"模块化教学""专题式教学""交互式教学"等教学方法；积极探索系统讲授、专题教学、实践教学"三位一体"思想政治理论课教学模式。 （50）强化教学中的问题意识。 （51）充分利用网络资源和网络技术进行教学，引导学生正确对待网络舆论。 （52）邀请专家学者解读课程中的难点、重点问题。 （53）各教研室推出相关特色课程	马克思主义学院
		25. 探索考试评价方式改革，注重学习过程和实践成果考核，注重考查学生运用马克思主义立场、观点、方法分析问题和解决问题的能力	B	（54）建立多种教学考试评价方式，考试形式多样并自主选择，如网络考试，闭卷、开卷，口试，小论文，实践报告等	教务处、马克思主义学院
	实践教学	26. 构建"大思政课"工作体系，马克思主义学院统筹思政课各门课程的实践教学、教学内容、指导教师和专项经费。加强校内外多方联动，结合志愿服务、理论宣讲、社会调研等开展多样化的思政课实践教学，原则上覆盖全体在校学生	A	（55）坚持"三全育人"。 （56）推动思想政治理论课实践教学与大学生社会实践活动有机结合	校团委、学生处、研究生处、马克思主义学院

续表

一级指标	二级指标	三级指标	指标类型	具体措施	责任单位
思政课教学	实践教学	27. 严格落实本科 2 个学分、专科 1 个学分用于思政课实践教学，积极与"大思政课"实践教学基地等建立合作机制，建设相对稳定的校外教学实践基地	A	（57）分 7 个学期，每学期 0.3 个学分，保证思政课实践教学。（58）完善实践教学办法，丰富实践课教学内容和形式，加强已有实践基地建设，根据需要和经费，建设与革命、建设和改革相关的思政课实践基地	校团委、学生处、研究生处、马克思主义学院
		28. 积极组织思政课教师、辅导员等共同参与指导思政课实践教学。将思政课教师指导社会实践、学生理论社团等工作纳入教学工作量	A	（59）按照"大思政课"要求，制订实践课教学方案，积极开设"行走的思政课"	马克思主义学院
	教学评价	29. 强化课堂教学纪律，教师要敢抓敢管，完善课堂教学管理办法，建立完备的教学内容、教学质量监测和教学督导制度	B	（60）建立校院两级教学管理、监测和督导制度、运行机制	马克思主义学院
		30. 以学生获得感为评价导向，注重教学效果评价，增加教学研究和教学成果在评价体系中的权重。思政课教学评价结果作为思政课教师绩效考核、职务（职称）晋升、评奖评优的首要依据	A*	（61）组织开展示范课、公开课教学。（62）修订和完善学生评教、同行评教等教学评价办法	教务处、研究生处、马克思主义学院
教师队伍建设	政治素质	31. 按照政治要强、情怀要深、思维要新、视野要广、自律要严、人格要正的要求，建设一支专职为主、专兼结合、数量充足、素质优良的思政课教师队伍	A	（63）马克思主义学院教师政治立场必须坚定，必须要旗帜鲜明地宣传马克思主义。（64）加强马克思主义学院教师"四有好老师""四个引路人""六个要"的教育与培育。（65）不断使马克思主义学院教师增强"四个意识"、坚定"四个自信"、做到"两个维护"，深刻领悟"两个确立"的决定性意义	党委宣传部、党委教师工作部（人事处）、马克思主义学院

续表

一级指标	二级指标	三级指标	指标类型	具体措施	责任单位
教师队伍建设	政治素质	32.不断增强思政课教师的政治判断力、政治领悟力、政治执行力，打牢马克思主义理论功底，推动教师做先进思想文化的传播者、党执政的坚定支持者，更好担起学生健康成长指导者和引路人的责任，努力成为马克思主义理论教育家	A	（66）要注重马克思主义学院教师学术方向性。（67）强调教学纪律性。（68）在选人、用人、报奖、晋职等方面将业务能力和政治素质结合起来考察、审核	党委教师工作部（人事处）、马克思主义学院
	配备培养	33.严格按照师生比不低于1∶350的比例核定专职思政课教师岗位，在编制内配足，且不得挪作他用。思政课教师原则上是中共党员、应具有马克思主义理论相关学科背景	A	（69）积极引进学科带头人。（70）按比例配齐专职思政课教师。（71）新进教师必须是中共党员，具有马克思主义理论学科或相关学科背景	党委教师工作部（人事处）、马克思主义学院
		34.选聘高水平专家担任特聘教授，统筹好地方党政领导干部、企事业单位负责人、社科理论界专家、各行业先进模范以及院士、专业课骨干教师等上思政课讲台，推动形成思政课教师、辅导员队伍深度融合的工作机制	B	（72）聘任高水平教授为学科、专业顾问。（73）协同宣传部安排八支思想政治教育队伍上讲台	党委宣传部、马克思主义学院
		35.组织思政课教师参加各级宣传、党校、教育等部门组织的示范培训。学校每年对全体思政课教师至少进行1次校级培训，有条件的学校可开展国（境）外研修等。有计划地安排思政课教师参加校内外挂职锻炼	A	（74）认真组织参加有关思政教师的各级各类培训。（75）学校每年对思政课教师进行2次培训和1次暑期社会实践研修。（76）每年安排教师外出访学。（77）每2年安排1位马克思主义学院的同志到校外挂职	党委组织部、教师工作部（人事处）、马克思主义学院
	师德师风建设	36.建立思政课教师师德师风常态化教育和监管制度，学校在每年思政课教师校级培训中，安排政治安全、意识形态安全、师德师风建设等专题	A	（78）加强马克思主义学院教师师德师风、意识形态安全教育与考核。（79）修订、完善《师德师风教育考评办法》《加强师德师风长效机制建设实施办法》，坚决实行师德师风一票否决	党委宣传部、教师工作部（人事处）、马克思主义学院

续表

一级 指标	二级 指标	三级指标	指标 类型	具体措施	责任 单位
教师队伍建设	师德师风建设	37. 严格落实教育部《关于推开教职员工准入查询工作的通知》和最高人民法院、最高人民检察院、教育部《关于落实从业禁止制度的意见》，严把思政课教师选用管理考核的政治关、师德关、业务关	A*	（80）认真执行马克思主义学院新进教师准入制度	马克思主义学院
		38. 建立思政课教师退出机制，对出现政治立场倾向问题、师德师风问题、不适合继续从事思政课教学的人员，第一时间退出思政课教师队伍；造成严重不良影响的，要依法依纪依规严肃处理	A*	（81）研究制定马克思主义学院教师退出办法	党委教师工作部（人事处）、马克思主义学院
	职务（职称）评聘	39. 在专业技术职务（职称）评聘工作中，单独设立马克思主义理论类别，校级专业技术职务（职称）评聘委员会有同比例的马克思主义理论学科专家。思政课教师高级专业技术职务（职称）岗位比例不低于学校平均水平，指标不得挪作他用	A	（82）马克思主义学院教师职称评定实现单列	党委教师工作部（人事处）
		40. 制定实施符合思政课教师职业特点的职务（职称）评聘标准，突出教学和教学研究占比。思政课教师参加中央和国家机关举办的教学类活动所获奖项，参与省部级以上重要工作的鉴定证明，在中央主流媒体、地方主要党报党刊发表的理论文章，在中央和国家机关主管的马克思主义理论类学术期刊发表的论文成果，被省部级以上部门采纳的决策咨询报告，产生重要影响的网络优秀作品等，应作为专业技术职务（职称）评定的核心成果	A*	（83）制定马克思主义学院教师职称评定单列具体评审条件和办法	党委教师工作部（人事处）
马克思主义理论学科建设	学科设置	41. 严格依据二级学科设置相关规定，科学设置马克思主义理论学科所属二级学科	B	（84）根据学院实际，在马克思主义理论一级学科下设立相应的二级学科	马克思主义学院

续表

一级指标	二级指标	三级指标	指标类型	具体措施	责任单位
马克思主义理论学科建设	学科设置	42. 明确二级学科带头人，思政课专职教师有明确的二级学科归属和研究方向。发挥学科带头人在学科建设中的作用，凝练学科研究方向	B	（85）学院教师以所在研究所为依托，开展科学研究。（86）学科带头人负责制订研究计划和组织实施	马克思主义学院
	科学研究	43. 加强马克思主义学科群建设，加强跨学科研究，充分发挥马克思主义理论学科引领作用。从整体上研究马克思主义基本原理和科学体系，深入研究马克思主义中国化时代化理论成果，重点研究习近平新时代中国特色社会主义思想，着力深化党的创新理论体系化研究、学理化阐释。紧紧围绕坚持和发展中国特色社会主义，深入研究中国式现代化的重大理论和实践问题。紧紧围绕推动新时代党的创新理论入脑入心，深入研究思政课教学重点难点问题和教学方法改革创新	B	（87）马克思主义学院教师按学院已确立的四个学科方向进行研究。（88）马克思主义学院统一组织重点课题研究	马克思主义学院
		44. 坚持教学引导科研、科研支撑教学的学术导向，研究成果服务育人目标，消除教学、科研两张皮现象。开展科研成果评优奖励，加大对中青年教师的科研支持力度	B	（89）将教研室与学科点组合，形成合力。（89）制定科研成果资助办法，加大支持与奖励力度	马克思主义学院
		45. 加强对学术会议的审批管理，严把会议导向关、内容关、人员关，切实提高会议质量和实效，杜绝各种低效、无效会议。支持一线思政课教师多参与高水平学术交流。不断扩大马克思主义理论学科影响力和研究成果国际传播力	A	（90）承办马克思主义理论相关学术会议。（91）支持教师积极参加高水平高质量学术会议	马克思主义学院
	人才培养	46. 有条件的学校统筹推进马克思主义理论学科本硕博一体化人才培养。科学制定马克思主义理论本科专业人才培养方案，明确培养目标、完善课程体系、加强过程管理。积极承担"国家关键领域战略人才储备招生计划"培养任务。人才培养方案符合教育部、国务院学位委员会关于本学科专业本科、硕士、博士学位基本要求，开设核心课程	A	（92）修订、完善硕士研究生培养计划。（93）积极准备申报马克思主义理论一级学科博士学位点	马克思主义学院

续表

一级指标	二级指标	三级指标	指标类型	具体措施	责任单位
马克思主义理论学科建设	人才培养	47. 研究生入学考试、课程设置与教学、中期考核、科研训练、学位论文开题和答辩等环节管理规范，保证研究生培养质量	B	（94）严格把关和要求研究生入学、教学、中期考核、科研训练、学位论文、答辩等各个环节	马克思主义学院
		48. 导师遴选和日常管理严格，保证导师对研究生的指导时间	B	（95）严格执行学校导师遴选办法。（96）导师认真组织、定期召开研究生组会	马克思主义学院
		49. 支持思政课专职教师攻读马克思主义理论学科博士学位。有条件的学校积极承担"思政课教师在职攻读马克思主义理论博士学位专项计划"培养任务	B	（97）积极鼓励和支持马克思主义学院教师考博	马克思主义学院
社会服务与社会影响	决策咨询	50. 组织思政课教师围绕国家大政方针和地方经济社会发展的重大问题和重要实践，以及思政课改革创新、马克思主义学院高质量发展等重要方向，开展调查研究和政策研究，撰写研究报告，提高咨政服务能力	B	（98）支持教师积极开展和参与地方经济社会发展研究	马克思主义学院
		51. 支持思政课教师参与各级党政部门重要文件、工作报告等起草工作，参与企事业单位决策咨询	B	（99）支持教师深入地方，解决实际问题，参与发展决策	科研处、马克思主义学院
	理论宣讲	52. 支持思政课教师参加各级各类宣讲团，大力宣传阐释新时代党的创新理论和党中央重大决策部署	B	（100）支持教师深入基层进行马克思主义理论和党的路线方针政策宣讲	党委宣传部、马克思主义学院
		53. 支持思政课教师在主流媒体刊发有影响的理论文章，创作通俗理论读物、音像作品，参加各类媒体政论节目，弘扬主旋律，传播正能量，抵制和批判各种错误思潮	B	（101）落实中共中央办公厅、国务院办公厅印发的《关于深化新时代学校思想政治理论课改革创新的若干意见》，将马克思主义学院教师在中央和地方主要媒体上发表的理论文章纳入学术成果范畴	科研处

续表

一级指标	二级指标	三级指标	指标类型	具体措施	责任单位
党的建设与思想政治工作	基层党组织建设	54.围绕推动新时代党的建设新的伟大工程向纵深发展，把政治建设摆在首位，着力提高组织力和领导力，突出政治功能、强化政治引领，按照有利于党的领导、有利于党组织活动、有利于党员教育管理的原则，调整优化支部设置，推行教师党支部按教研室设置，学生党支部按班级年级或学科专业设置，充分发挥党支部的战斗堡垒作用	B	（102）根据马克思主义学院特殊要求，加强党的领导。（103）建设好教师党支部，发挥好教研室主任/党支部书记"双带头人"作用。（104）建设好学生党支部，发挥学生党员表率作用	党委组织部、马克思主义学院
		55.把抓好党建工作作为办学治院的基本功，加强党的领导，进一步强化马克思主义学院党委（党总支）的政治功能和组织功能，履行政治责任，保证监督党的路线方针政策及上级党组织决定的贯彻执行	B	（105）高度重视和大力加强学院党委、党支部建设，落实党委书记、党支部书记工作责任	党委组织部
		56.坚持民主集中制，健全学院党组织会议和党政联席会议制度，有关干部任用、党员队伍建设等工作，由党组织会议研究决定，涉及办学方向、教师队伍建设、师生员工切身利益等重大事项，党组织会议先研究再提交党政联席会议决定	A	（106）坚持民主集中制，坚持学院党委会议和党政联席会议制度，凡涉及"三重一大"事项必须会议决定	马克思主义学院
		57.严格理论学习中心组学习、"三会一课"、民主生活会和组织生活会、谈心谈话、民主评议党员等制度。深入学习习近平新时代中国特色社会主义思想，开展形势政策教育，用党的创新理论武装头脑、指导实践、推动工作，每月至少固定半天时间开展党日活动，组织师生党员深入学习党章党规党纪，经常性开展警示教育	B	（107）坚持"三会一课"制度。（108）保证学院党委理论学习中心组两周一次的学习。（109）保证党支部两周一次的学习。（110）根据学院特点将政治学习与业务学习相统一	马克思主义学院
		58.实施党员先锋工程和党员名师工程，创设党员教育管理服务示范岗，使师生党员发挥先锋模范作用	B	（111）加强党员教育和组织管理。（112）发挥好样板党支部的战斗堡垒作用和优秀党员的先锋模范作用	马克思主义学院

续表

一级指标	二级指标	三级指标	指标类型	具体措施	责任单位
党的建设与思想政治工作	基层党组织建设	59. 建立师生思想政治状况定期研判制度，通过日常联系、谈心谈话等渠道，了解分析师生思想特点和变化，给予关心关爱，帮助解决实际困难和问题	B	（113）设置书记、院长接待日。 （114）健全谈心谈话工作机制。 （115）建立健全困难师生帮扶机制	马克思主义学院
	文化建设	60. 大力弘扬理论联系实际的马克思主义学风，培育特色鲜明的学院文化，凝练体现办院目标的院训，引导学院师生建设良好的政治生态	B	（116）弘扬学高为师、身正为范的教风和理论联系实际的学风。 （117）通过学习、培训、实践以及环境建设，使学院师生具备学科自信、专业自信、职业自信。 （118）通过教育和实践把学生培养为品德好、品行优、品质高的具有创新精神的社会主义建设者和接班人。 （119）总结马克思主义学院院训	马克思主义学院
		61. 结合重要节日、重大事件，积极组织马克思主义理论类研学活动，鼓励思政课教师指导学生理论社团，提升理论品质，引领校园文化	B	（120）通过开展理论与实践研学活动让马克思主义学院教师牢固树立马克思主义立场和观点。 （121）通过教师指导学生活动，提高学生的理论品质和分析解决问题的能力	马克思主义学院

这份实施方案的亮点在于：一是根据《普通高等学校马克思主义学院建设标准（2023 年版）》的具体要求，结合学校和学院实际，制定出了 121 项具体实施措施，将《普通高等学校马克思主义学院建设标准（2023 年版）》的具体要求变成了实实在在的可操作可预期的具体实施措施，从而使具有指导意义的《普通高等学校马克思主义学院建设标准（2023 年版）》有了实际抓手和落实办法。二是每项工作都有具体的责任单位和明确的责任主体，从而使每项工作都能落地落实，不会落空。三是有一定的特色和创新做法，如

将政治学习与业务学习相统一，学校党委副书记兼任马克思主义学院党委书记，马克思主义学院设常务副书记和专职组织员，探索和完善"六步教学法""四性教学法"，加快构建"三位一体"教学新模式，等等。W校认真落实该实施方案，使该校马克思主义学院有了长足发展，被评为甘肃省重点马克思主义学院，成立了甘肃省思想政治理论课名师工作室，获立甘肃省高等学校教学质量提高项目（教学团队）。这些成绩的取得是对《普通高等学校马克思主义学院建设标准（2023年版）》有效性在实践上的验证，也是对其科学性、可行性的实际证明。

三　关于思政课及其教学的文件解读

党的十八大以来，党和国家专门就思政课及其教学下发了《普通高校思想政治理论课建设体系创新计划》《新时代高校思想政治理论课教学工作基本要求》《关于深化新时代学校思想政治理论课改革创新的若干意见》《新时代学校思想政治理论课改革创新实施方案》四份文件，为思政课建设、改革、创新及教学提出了一系列指导性意见、原则性规定和具体性要求。

（一）《普通高校思想政治理论课建设体系创新计划》

2015年7月，中宣部、教育部印发了《普通高校思想政治理论课建设体系创新计划》。该文件指出了办好高校思政课的重要性、艰巨性。该文件认为，高校肩负着学习研究宣传马克思主义、培养中国特色社会主义事业建设者和接班人的重大任务。思政课是巩固马克思主义在高校意识形态领域指导地位，坚持社会主义办学方向的重要阵地，是全面贯彻落实党的教育方针，培养中国特色社会主义事业合格建设者和可靠接班人，落实立德树人根本任务的主渠道，是进行社会主义核心价值观教育、帮助大学生树立正确世界观人生观价值观的核心课程。办好思政课，事关意识形态工作大局，事关中国特色社会主义事业后继有人，事关实现中华民族伟大复兴的中国梦，必须始终将其摆在突出位置，持之以恒、常抓不懈。以上的"三个事关"十分明确地指出了思政课的重要性。该文件还指出办好高校思政课具有艰巨性的原因很多，其中有客观方面的，也有主观方面的。从客观方面来讲，世界范围内各种思想文化交流交融交锋更加频繁，不断给思政课提出新挑战。从主观方面来讲，存在认识上的不足、重视程度不够，教师队伍建设还有许多方面不适应思政课改革发展现实和长远需求。从总体上看，思政课教师队伍的整体素质还亟待提升。

在该文件中值得我们注意的内容有：一是要把思政课确实建设成为大学生真心喜爱、终身受益、毕生难忘的优秀课程；二是思政课教师队伍应该成为一支对马克思主义理论真学、真懂、真信、真用的教师队伍；三是要重点建设一批教学科研皆强的马克思主义学院，为马克思主义理论学科建设、马克思主义学院建设及与其相关的人才培养、科学研究、社会服务等各方面做出突出贡献，发挥极强的示范作用。该文件提出了马克思主义理论学科与思政课相互融合具有必然性。实际上，这种必要性要求"强化马克思主义理论学科支撑意识，更好地服务于思想政治理论课建设"[①]；"根据中国特色社会主义社会的发展要求，顺应高等教育的发展规律"，使马克思主义学院建设朝三个目标努力——"培养合格人才的教学基地，推出科研精品的学术高地，引领社会进步的思想阵地"；[②]建立完整的人才培养体系，制订整套人才培养方案，通过建立培养培训基地、名师工作室等积极承担起高校思政课教师培养任务；积极探索马克思主义理论深入群众即走向大众化的路径，自觉提高运用马克思主义理论服务基层、服务人民、服务国家的能力，让马克思主义理论武装更多人的头脑。

在高校思政课建设体系创新计划的任务上，该文件根据目标提出要统编教材，提高专职教师队伍整体素质，形成理念手段先进、方式方法多样、组织管理高效的思政课教学体系，构建以马克思主义理论学科为引领、相关学科为补充，有效支撑思政课建设的学科体系，构建有利于激发各方面积极

---

① 艾四林. 构建有效支撑思想政治理论课建设的学科体系 [J]. 思想理论教育导刊，2015（11）：9-11.

② 郝立新. 马克思主义学院建设的"三目标"与"三向度"[N]. 光明日报，2015-01-08：16.

性，全面系统、科学规范、运行有效的综合评价体系，建立思政课建设条件保障体系，确保思政课优先发展，等等。这些措施又随着新情况、新任务、新要求发生新变化，如在思政课宏观管理方面的《高校思想政治理论课建设标准》，就随着对马克思主义学院建设的整体性要求，被纳入了《普通高等学校马克思主义学院建设标准（2023 年版）》中，并不断完善。总之，《普通高校思想政治理论课建设体系创新计划》是新时代党和国家加强与改进高校思政课建设的一份创新性基础性文件，也是我们致力提升西部高校思政课教学质量和水平的基本依据之一。2015 年 9 月，为贯彻落实《普通高校思想政治理论课建设体系创新计划》，甘肃省 C 校马克思主义学院制定了具体实施方案，具体如下。

关于贯彻落实《普通高校思想政治理论课建设体系
创新计划》实施方案

为贯彻落实中央宣传部、教育部印发的《普通高校思想政治理论课建设体系创新计划》（教社科〔2015〕2 号），切实加强思想政治理论课在学校教育教学体系中的重点建设地位，牢牢掌握高校意识形态工作领导权、管理权、话语权，推动、促进 C 校建设和人文社会科学繁荣发展，马克思主义学院制定《关于贯彻落实〈普通高校思想政治理论课建设体系创新计划〉实施方案》（以下简称《实施方案》）。《实施方案》具体如下：

一、充分认识高校思想政治理论课建设体系创新是加强和改进高校党的建设以及宣传思想工作的一项重大而紧迫的战略任务

1. 意识形态工作是党和国家的一项重要工作。高校作为意识形态的前沿阵地，肩负着学习研究宣传马克思主义、培养中国特色社会主义事业建设者和接班人的重大任务。思想政治理论课是巩固马克思主义在高校意识形态领域指导地位，坚持社会主义办学方向的重要阵地，是全面贯彻落实党的教育方针，培养中国特色社会主义事业合格建设者和可靠接班人，落实立德树人根本任务的主干渠道，是进行社会主义核心价值观教育，帮助大学生树立正确世界观人生观价值观的核心课程。因此，必须把高校意识形态阵地建设作为一项战略工程、固本工程、铸魂工程摆在突出位置，持之以恒、常抓不懈。

2.在校党委的坚强领导下，C校思想政治理论课建设始终坚持正确政治方向和舆论导向，发挥着思想引领、舆论推动、精神激励和文化支撑作用，为办好人民满意的教育，维护改革发展稳定大局做出贡献。现阶段，我校思想政治理论课建设积极健康，广大师生对推进中国特色社会主义事业和实现中华民族伟大复兴的中国梦坚定不移。

3.当前，各种思想文化交流交融交锋更加频繁，人们思想活动的独立性、选择性、多变性、差异性明显增强，社会思想意识更加多元多样多变，用社会主义核心价值观引领广大师生的任务更加艰巨。因此，要切实做好我校思想政治理论课建设，努力落实立德树人的根本任务。

4.面对新形势新情况新任务，我校思想政治理论课建设还存在不少薄弱环节。思想政治理论课教学创新不够、吸引力不强，大学生思想政治教育的针对性和实效性亟待加强；意识形态领域噪声杂音时有出现，个别人还有意无意地传播非马克思主义意识形态。思想政治理论课建设全人员全方位全过程育人格局有待建立和巩固。因此，加强和改进思想政治理论课建设，就必须使高校领导干部成为思想政治理论课建设的有力组织者，教师成为思想政治理论课建设的自觉践行者，大学生成为思想政治理论课建设的坚定追随者。

二、指导思想、基本原则、发展思路、工作理念和主要任务

5.指导思想。C校思想政治理论课建设体系创新计划实施方案的指导思想是：高举中国特色社会主义伟大旗帜，以马克思列宁主义、毛泽东思想、邓小平理论、"三个代表"重要思想、科学发展观为指导，深入贯彻落实党的十八大和十八届三中、四中全会精神，深入贯彻落实习近平总书记系列重要讲话精神，深入贯彻落实《关于进一步加强和改进新形势下高校宣传思想工作的意见》精神，强化政治意识、责任意识、阵地意识、底线意识和法治意识，以立德树人为根本任务，以深入推进中国特色社会主义理论体系进教材进课堂进头脑为主线，切实提高教师队伍思想政治素质和育人能力。全面贯彻党的教育方针，立足坚定大学生对中国特色社会主义道路自信、理论自信、制度自信，以学科支撑体系、教材体系、人才体系、教学体系建设为根本，以综合评价体系、条件保障体系建设为关键，以推动综合改革创新为动力，进一步坚定信心，强化责任，系统规划，整体推进，落实思想政治理论课在高校立德树人工作中的战略地位，把培育和践行社会主义核心价值观融入教书育人全过程，为培育德智体美全面发展的社会主义建设者和接班人，实现"两个一百年"奋斗目标、实现中华民族伟大复兴中国梦发挥应有作用。

6. 基本原则。（1）坚持党性原则、明确方向。把坚定理想信念放在首位，始终坚持用中国特色社会主义理论体系武装师生头脑，确保社会主义办学方向。（2）坚持育人为本、德育为先。思想政治理论课是育人工程的基础工程，以培养"四有"人才为己任，使青年学子成为德智体美全面发展的社会主义建设者和接班人。（3）坚持标本兼治、重在建设。既要苦练内功，又要发展壮大，在内涵与外延建设上取得统一。（4）坚持改革创新、注重实效。准确把握师生状况，创新工作理念和方式方法，把解决思想问题与解决实际问题结合起来，不断增强针对性和实效性。（5）坚持齐抓共管、形成合力。努力把思想政治理论课建设成为学生真心喜欢、终身受益、毕生难忘的优秀课程。

7. 发展思路。（1）质量立院。质量包括教学质量、科研质量、管理质量以及教师和学生素质。质量立院是马克思主义学院建设和发展的关键。（2）人才强院。毛主席说，政治路线确定之后，干部就是决定的因素。[1] 这句话同样也适用于学院建设，即确定了学院发

---

[1] 毛泽东选集（第2卷）[M].北京：人民出版社，1991：526.

展方向和目标之后，必须要靠教师来建设和发展，做好人才工作是马克思主义学院建设和发展的根本。（3）特色兴院。马克思主义学院要能立得住，不仅要保证完成基本的教学工作，而且一定要有自己的特色。根据本校手脑并用、创造分析的校训，马克思主义学院可以在思想政治理论课实践教学上下功夫，探索出一条具有本校特色的思想政治理论课教学之路。特色兴院是马克思主义学院建设和发展的要务。（4）制度建院。马克思主义学院要能够走上有序建设和稳步发展之路，必须要有制度的保障，而制度的形成和确立必须有广大教师和学生的参与和认可，使群众成为制度的制定者、维护者和遵守者。制度建院是马克思主义学院要做的基础工作之一，也是其建设和发展的保障。

8. 工作理念。（1）决策民主化。马克思主义群众观点告诉我们，要相信群众，依靠群众，在群众中蕴藏着无穷的智慧和力量。所以，学院的任何决策都要走民主化道路，否则就会违背群众意愿。具体而言，我们要实行会议纪要发布，让全体教职工都知道学院在干什么，怎样干；实行会议议题申报，每位教职工都可以向党政联席会议、院务会议申报议题，让所有教职工都参与到学院工作中来，并及时反映和解决实际问题。（2）管理科学化。管理是一门科学，不能随心所欲，为所欲为。要守科学规律，要讲政治规矩，只有做到管理科学，工作有序，才能使马克思主义学院得以健康发展。（3）机构健全化。要保证决策民主化、管理科学化，其前提是要有健全的组织机构，以保证教师和学生有表达意愿的合理场所和畅通渠道，其中教职工大会、党政联席会议、院务会议、学术委员会、学位委员会、教学委员会、财务管理与监督小组等机构都是不可缺少的。（4）服务人性化。管理就是服务，所以，管理不仅要遵守规律，讲求规矩，还必须要有人性化的服务意识。这样做出的工作既能让人心服口服，还能让人感受到组织和同事所给予的关爱与温暖。马克思主义学院还可通过法律咨询与服务中心，将这种人性化服务推向全校。（5）教学精品化。教学是马克思主义学院的一条生命线，也是我们传播和坚守马克思主义意识形态的主渠道、主阵地。在教学上必须要严格遵守教学规范，不仅要保质保量地完成各项教学任务，而且要有精品意识，力求推出精品，要努力把思想政治理论课建设成为学生真心喜爱、终身受益、毕生难忘的优秀课程。通过成立工作室，可以进一步推动教学精品化建设。（6）科研务实化。科研能力和水平的提高不可能立竿见影、一蹴而就，它不但有一个长期积累的过程，而且还有其他诸多制约性因素。因此，马克思主义学院必须正确地分析学校、学院以及教师的基本情况，结合社会发展和本省实际需要，制定出切实可行的循序渐进的科研发展规划；根据本校的发展定位和目标，整合现有科研力量，围绕马克思主义理论及其中国化、中国传统道德思想与现代发展、法律基础理论与实务三个研究方向，逐渐形成学术带头人、科研骨干和青年教师三结合的相对稳定的科研团队。基于这种认识，成立马克思主义与社会发展研究所，并由其来做此项工作，力争将此研究所建成省级人文社会科学研究基地，力争使本校马克思主义学院在全省马克思主义理论学科研究中占有一席之地。

9. 主要任务。（1）坚定理想信念，深入开展共产主义理想信念教育和中国梦的宣传教育，加强高校思想理论建设，加强具有中国特色、时代特征的思想政治理论课教学与实践体系建设。（2）巩固共同思想道德基础，大力加强社会主义核心价值观教育。（3）壮大主流思想舆论，切实加强高校意识形态引导管理，牢牢掌握高校意识形态工作领导权、管理权、话语权，不断巩固马克思主义指导地位。（4）推动文化传承创新，建设具有中国特色、体现时代要求的大学文化，培育和弘扬大学精神。（5）立足学生全面发展，努力构建全员全过程全方位协同育人格局，形成教书育人、科研育人、管理育人、服务育人、实践育人长效机制，增强学生社会责任感、创新精神和实践能力。

三、重点工作

10. 严格按照教育部的规定，使用马克思主义理论研究和建设工程重点教材，并做好重点教材任课教师培训规划，落实全员培训。

11. 建设学生真心喜欢、终身受益的高校思想政治理论课。（1）把本校马克思主义理论学科建成优势学科，构建以马克思主义理论学科为引领、相关学科为补充的思想政治理论课建设体系。（2）加强思想政治理论课学术话语体系，加强思想政治理论课网站建设，成立全省思想政治理论课信息共享联盟。建立大学生思想政治理论课微信公众账号学习平台，使之成为宣传展示学生理论学习成果的阵地。（3）实施思想政治理论课名师培养工程，聘请相关领导和专家学者帮助马克思主义学院培养出有影响力人物、教学名师、教学能手和思想政治理论课省级教学团队，大力宣传长期从事思想政治理论课优秀教师的先进事迹。（4）加强思想政治理论课教师队伍培养培训，建立思想政治理论课教师社会实践研修基地，通过培训、研修、访学提高教师的教学能力和水平。（5）组织开展思想政治理论课教学研究创新论坛，以研促教，着力提高教学质量。（6）争取思想政治理论课建设的优先地位，切实把《高等学校思想政治理论课建设标准》落到实处。

12. 实施大学生思想政治教育质量提升工程，着力增强大学生思想政治教育的针对性和实效性。（1）深入开展中国特色社会主义和中国梦宣传教育，国史党史和形势政策教育，社会主义核心价值观教育。（2）引导学生牢固树立"三个离不开"思想，不断增强"四个认同"。（3）深入开展以节粮、节水、节电为重点的反浪费专题教育活动。（4）开展大学生典型示范行动，发挥身边榜样的示范带动作用。（5）进一步促进本院马克思主义经典著作研读会活动的开展，结合本院特点大力培养青年马克思主义者。（6）开展各类社会实践和公益活动，加强实践育人，推动本院、本校大学生志愿服务活动。（7）争取成为全省大学生思想政治教育创新研究中心。

13. 加强学院自身建设，提升马克思主义理论学科的引领作用。（1）积极争取落实规定课程、学分、师生比和生均经费标准，确保思想政治理论课在高校教学体系中的重要地位。（2）整合马克思主义理论学科研究方向，汇聚马克思主义研究人才队伍，建设马克思主义理论及其中国化、中国传统道德思想与现代发展、法律基础理论与实务三个研究方向，促进马克思主义理论创新成果产出。（3）改革马克思主义理论学科评价方式，探索和建立适合学科特点的评价体系，切实把马克思主义理论学科建设成为本校哲学社会科学优势学科，发挥马克思主义理论学科的引领作用。（4）细化完善马克思主义学院建设标准，培养若干马克思主义理论学科学术带头人和教学骨干，争取成为省级人文社科基地。

14. 强化教师思想政治工作和师德建设，切实加强思想政治理论课教师队伍建设。马克思主义学院教师的思想观念、人生态度、价值取向直接影响着学生的成长和成才，因此，作为马克思主义学院的教师要立下立德树人、教书育人的神圣诺言；要恪守教育教学纪律和学术规范；要杜绝任何有损于国家利益和学生健康成长的言行；要让马克思主义学院的教师用自己的高尚师德、人格魅力、学识风范教育和感染学生。（1）用中国特色社会主义理论体系、习近平总书记系列重要讲话武装教师头脑，进一步健全教师政治理论学习制度。（2）实行师德一票否决制。（3）关心教师特别是青年教师的成长，建立中青年教师社会实践和进修学习制度。（4）遵守学术规范和教学纪律等相关制度。坚持学术研究无禁区、课堂讲授有纪律，对在课堂教学中传播违法、有害观点和言论的，要严肃对待和处理。（5）积极在优秀青年教师中发展党员。（6）加强高校学风建设，健全学术不端行为监督查处机制。（7）严把教师聘用考核政治关，把政治标准作为教师聘用、考核的基本标准，严格聘用程序，健全考核制度。

15. 建立网络课程，扩大网络课程的影响力。积极倡导和推进建立全省思想政治理论课网络联动机制。

16. 积极参与高校智库建设推进计划，不断提高解答地方社会经济发展问题的能力。

17. 建立健全思想政治理论课教学评价体系，完善以质量和贡献为导向的评价机制。

18. 组织开展名师大讲堂等活动。

19. 积极推动思想政治理论课教师走出去参加对外合作与交流。

20. 围绕国家向西开放战略和我省丝绸之路经济带建设战略部署，开展教学、科研活动。

四、组织保障

21. 充分发挥党委的领导核心作用。在党委的领导下，确保学校在发展规划、经费投入、公共资源使用中优先保障思想政治理论课建设，在人才培养、科研立项、评优表彰、职务评聘等方面优先支持思想政治理论课教师，真正落实思想政治理论课在学校教育教学体系中的重点建设地位。

22. 严格按教育部规定的1：400~1：350的师生比配足配强专职教师，使思想政治理论课教师成为大学生思想上的引路人、学业上的解惑人、生活上的贴心人。

23. 设立思想政治理论课实践专项经费。加大思想政治理论课建设专项经费投入，保证达到标准。

为进一步加强对高校思政课的宏观指导，科学有效规范思政课组织管理、教学管理、队伍管理和学科建设等，2021年11月，教育部对2015年颁布的《高等学校思想政治理论课建设标准》在实践基础上进行了一定程度的修改、补充和完善，并印发了《高等学校思想政治理论课建设标准（2021年本）》。

比较两个版本，2021年本的三级指标比2015年的多了两项，为41项，其中A*类核心指标为9项，A类重点指标为14项，B类基本指标为18项，对高校思政课建设进行了全方位的加强。如在领导体制方面的三级指标中，将党委"协调"变成了"支持"校行政负责实施，增加了"坚持把从严管理和科学治理结合起来"，增强"四个意识"、坚定"四个自信"、做到"两个维护"等内容，而且指标类型也由B提升为A*。在工作机制方面，将学校党政主要负责同志每学期至少讲授 1 次思政课进一步明确为每学期至少给学生讲授 4 个课时思政课。在专项经费方面，将本科院校按本硕博全部在校生总数每生每年不低于 20 元、专科院校每生每年不低于 15 元的专项经费提取标准，分别调整为不低于 40 元和 30 元，要求这些经费被用于教师学术交流、实践研修等，并随着学校经费的增长逐年增加，在专项经费的使用上再次明确指出要专款专用。在课程设置方面，增加了要重点围绕习近平新时代中国特色社会主义思想，党史、新中国史、改革开放史、社会主义发展史，宪法和法律，中华优秀传统文化等设定课程模块，开设系列选择性必修课程的内容。在教师选配方面，由本科院校思政课专职教师按师生比 1∶400~1∶350 配备，专科院校思政课专职教师按师生比 1∶600~1∶550 配备，改为不分本专科，无论哪一类高校都必须严格按照师生比不低于 1∶350 的比例核定专职思政课教师岗位，在编制内配足，且不得挪作他用。这对思政课教师队伍的稳定从数量上做出了更加明确的规定。在科研工作方面，鼓励教师围绕教材和教学中的重点、难点问题发表论文、出版专著。更加体现出了科研为教学服务。在评价标准中，本科院校合格标准由 A* 类指标 7 项、A 类指标 8 项以上、B 类指标 20 项以上，调整为 A* 类指标 9 项、A 类指标 12 项以上、B 类指标 14 项以上。专科院校合格标准分别由 A* 类指标 5 项、A 类指标 7 项以上、B 类指标 19 项以上，调整为 A* 类指标 7 项、A 类指标 10 项以上、B 类指标 13 项以上。提高了要求，重点增加了对 A 类及以上指标的要求。这个评价体系更加符合高校思想政治教育工作质量评价的"坚持政治评价与业务评价相统一、坚持客观评价与主观评价相统一、坚持结果评价与过程评价相统一、坚持定性评价与定量评价相统一、坚持精准评价与模糊评价相统一"[①] 五条原则。显然，《高等学校思想政治理论课建设标准（2021 年本）》旨在使高校思政课更好适应时代要求和发展，进而从根本上促进思政课教学高质量发展。

---

　①　冯刚 . 高校思想政治教育工作质量评价研究 [M]. 北京：人民出版社，2020：45.

（二）《新时代高校思想政治理论课教学工作基本要求》

2018 年 4 月，为深入贯彻落实习近平新时代中国特色社会主义思想和党的十九大精神，进一步巩固马克思主义在高校意识形态领域的指导地位，坚持社会主义办学方向，坚持党的教育方针，加强新时代高校思政课建设，全面推动习近平新时代中国特色社会主义思想进教材、进课堂、进学生头脑，培养勇于担当民族复兴大任的时代新人，教育部研究制定了《新时代高校思想政治理论课教学工作基本要求》。这是一份关于加强和改进新时代高校思政课教学工作的专门文件，具有十分明确的指导意义，提出了具体规定与要求，全国各高校必须严格遵照执行。

该文件用"指导地位""重要阵地""主干渠道""核心课程""灵魂课程"等几个词将思政课的重要地位与作用表述得十分明确，体现出其具有沉甸甸的分量。该文件提出要坚持正确政治方向、强化价值引领功能、坚持规范化建设、坚持增强获得感。用好思政的"盐"，讲出真理的"味"，对提升思政课教学质量非常重要。该文件还提出要严格落实学分、保障教学条件，在教务安排、教研室设置、集体备课、课堂纪律、教学方法、考核方式、科研支撑、听课制度、评价教学、主体责任、统筹管理、宏观指导等12 个方面做出了规定或提出了指导性意见。

总之，《新时代高校思想政治理论课教学工作基本要求》对加强和改进新时代高校思政课教学工作做出了基本层面上的指导、规定和要求，是保证高校思政课教学质量的基础性文件，它也为后来的新时代学校思政课深化改革与创新奠定了基础。

（三）《关于深化新时代学校思想政治理论课改革创新的若干意见》

为进一步深入贯彻落实习近平新时代中国特色社会主义思想、党的十九大精神、习近平总书记关于教育的重要论述和习近平总书记在学校思想政治理论课教师座谈会上的重要讲话精神，也为全面贯彻党的教育方针，着力解决好培养什么人、怎样培养人、为谁培养人这个根本问题，坚持不懈用习近平新时代中国特色社会主义思想铸魂育人，2019 年 8 月，中共中央办公厅、国务院办公厅《关于深化新时代学校思想政治理论课改革创新的若干意见》正式下发。

这份文件明确指出了深化新时代学校思政课改革创新的重要意义和总体要求。在重要意义中，除了提出教育是国之大计外，还特别提出了教育也是党之大计，更加突出强调了教育所承担的立德树人的根本任务。关于思政课的重要地位，《关于深化新时代学校思想政治理论课改革创新的若干意见》指出，思政课是落实立德树人根本任务的关键课程，发挥着不可替代的作用。办好思政课，要将思政课放在世界百年未有之大变局、党和国家事业发展全局中来看待，要从坚持和发展中国特色社会主义、建设社会主义现代化强国、实现中华民族伟大复兴的高度来对待思政课。若不从这样的大局和高度来认识思政课的重要地位，就很容易将思政课地位降低，并削弱思政课的作用。所以，现实要求我们，思政课建设只能加强、不能削弱，必须切实增强办好思政课的信心，全面提升思政课质量和水平。

《关于深化新时代学校思想政治理论课改革创新的若干意见》明确指出，要坚持党对思政课建设的全面领导，把加强和改进思政课建设摆在突出位置；坚持思政课建设与党的创新理论武装同步推进，全面推动习近平新时代中国特色社会主义思想进教材进课堂进学生头脑，把社会主义核心价值观贯穿国民教育全过程；坚持守正和创新相统一，落实新时代思政课改革创新要求，不断增强思政课的思想性、理论性和亲和力、针对性；坚持思政课在课程体系中的政治引领和价值引领作用，统筹大中小学思政课一体化建设，推动各类课程与思政课建设形成协同效应；坚持培养高素质专业化思政课教师队伍，积极为这支队伍成长发展搭建平台、创造条件；坚持问题导向和目标导向相结合，注重推动思政课建设内涵式发展，全面提升学生思想政治理论素养，实现知、情、意、行的统一。这为深化新时代学校思政课改革创新提出了基本遵循和思路，特别是把党的领导摆在首位。有了党对思政课建设的全面领导，思政课的改革创新必然大有作为、蒸蒸日上。

（四）《新时代学校思想政治理论课改革创新实施方案》

为具体贯彻落实中共中央办公厅、国务院办公厅印发的《关于深化新时代学校思想政治理论课改革创新的若干意见》，充分发挥思政课在立德树人中的关键课程作用，循序渐进、螺旋上升地开设好大中小学思政课，中宣部、教育部于 2020 年 12 月专门制定了《新时代学校思想政治理论课改革创新实施方案》。这份方案提出了把握新时代、推进一体化、突出创新性、增强针对性、注重统筹性的基本要求；根据培育德智体美劳全面发展的社会主义建设者和接班人这样一个育人目标，提出了课程目标体系。此外，为保障《新时代学校思想政治理论课改革创新实施方案》有效实施，其提出要加强组织领导，将要求落实到各级教育主管部门和人员，组织好教学，培训好教师，使用好教材。

四　关于高校思政课教师队伍建设的文件解读与落实

为深入贯彻落实习近平新时代中国特色社会主义思想和党的十九大精神以及党的教育方针，习近平总书记关于教育的重要论述、"3·18"重要讲话，加强新时代高等学校思政课教师队伍建设，2019 年 4 月，教育部印发了《普通高等学校思想政治理论课教师队伍培养规划（2019—2023 年）》。该规划明确提出要通过专题理论轮训计划、示范培训计划、项目资助计划等培养途径和措施，配齐建强思政课教师队伍，努力培养造就数十名国内有广泛影响的思政课名师大家、数百名思政课教学领军人才、数万名思政课教学骨干。2020 年 3 月，教育部开始实施《新时代高等学校思想政治理论课教师队伍建设规定》。该规定是根据《中华人民共和国教师法》，中共中央办公厅、国务院办公厅印发的《关于深化新时代学校思想政治理论课改革创新的若干意见》制定的，同时也对思政课教师的职责与要求、配备与选聘、培养与培训、考核与评价、保障与管理等做出了明确规定，是新时代高校思政课教师队伍建设的重要文件和基本依据。

（一）高校思政课教师的作用与地位

《新时代高等学校思想政治理论课教师队伍建设规定》明确指出，思政课教师是高等学校教师队伍中开展马克思主义理论教育，用习近平新时代中国特色社会主义思想铸魂育人的中坚力量。教育主管部门、各级各类高等学校都应当加强思政课教师队伍建设，把思政课教师队伍建设纳入国家及各地区教育事业发展总体规划和干部人才队伍建设总体规划中，为此，各教育主管部门、各高校要在师资建设上优先考虑思政课，在资金投入上优先保障思政课建设，在资源配置上优先满足思政课需求。正因为思政课教师地位重要，其队伍建设才容不得忽视。

人是事业成功的决定性因素。学生对思政课有没有兴趣，教学有没有效果，教学质量和水平能不能得到提升，最重要的决定性因素就是思政课教师，思政课教师对思政课教学具有十分关键的作用，处于十分重要的地位，其决定性意义不容置疑，也根本无法替代。在思政课中，有效的教学活动应该使学生的主体地位和教师的主导作用相互统一。具体讲就是，一方面，学生的主体地位能不能真正在课堂上落实、学生能不能有效学习，在很大程度上取决于教师主导作用能否积极有效发挥；另一方面，教师主导作用是否有效发挥，就要看学生能不能真正积极主动地学习，能不能自觉成为学习的主体，能不能受到心灵的震撼、思想的启迪，实现品质的重塑。现在，关于思政课教师的作用与地位从上到下都已形成了清楚的认知，接下来的工作就是积极支持思政课教师的培养，热情鼓励他们全身心地投入思想政治教育工作，社会也要为思政课教师提供工作、学习和生活的良好环境和成长机会。

（二）高校思政课教师的职责与要求

《新时代高等学校思想政治理论课教师队伍建设规定》明确提出了思政课教师的职责与对其的要求。思政课教师的首要岗位职责与任务就是讲好思政课，引导学生立德成人、立志成才，树立正确的世界观、人生观、价值观，坚定对马克思主义的信仰，坚定对社会主义和共产主义的信念，增强中国特色社会主义道路自信、理论自信、制度自信、文化自信，厚植爱国主义情怀，把爱国情、强国志、报国行自觉融入坚持和发展中国特色社会主义事业、建设社会主义现代化强国、实现中华民族伟大复兴的奋斗之中，为培养德智体美劳全面发展的社会主义建设者和接班人做出积极贡献。

依据思政课教师的这些应有职责，《新时代高等学校思想政治理论课教师队伍建设规定》对思政课教师的岗位提出了做为学为人表率、用好国家统编教材、加强教学研究、深化教学改革创新四个方面的要求。思政课教师就是学生们身边的榜样，一定要注意身教重于言教。思政课教师一定要用好国家统编教材，正确讲授理论，准确传递党和国家的思想、意志。思政课教师一定要加强教学研究，这样自己才能更好地掌握所教授的理论和知识，提高自己的水平是提升教学质量和学生学习效果的前提。思政课教师一定要深化教学改革创新，走教改之路才会有出路，才会不断吸引学生，让思政课成为学生真心喜欢、终身受益、毕生难忘的课。这些职责和要求让思政课教师更加明确了要做什么、该怎么做。认识上的明确是行动上自觉的前提和基础。在此基础上，《新时代高等学校思想政治理论课教师队伍建设规定》对如何建设思政课教师队伍进行了基本规定和安排，对保障思政课教学及其质量具有决定性意义和作用。

（三）高校思政课教师队伍建设中的问题与克服

现在，高校思政课教师队伍建设总体上是好的，特别是《关于深化新时代学校思想政治理论课改革创新的若干意见》《普通高等学校思想政治理论课教师队伍培养规划（2019—2023年）》《高等学校思想政治理论课建设标准（2021年本）》《普通高等学校马克思主义学院建设标准（2023年版）》制定以后，思政课教师队伍建设更是取得了长足的发展。各地教育主管部门和各高校都在思政课教师的配备、选聘、培养、培训、考核、评价、晋升、待遇等方面做出新的规定、改进和谋划。这些认识与举措对思政课建设与发展确实起到了非常重要的作用，都是值得肯定的。

然而，我们也不难发现在高校思政课教师队伍建设中的确存在一些问题，这些问题也确实需要尽快解决，否则就会影响或阻碍思政课教学质量和水平的提升。这些问题具体表现在这样几个方面。（1）性别结构不合理。许多高校马克思主义学院都是如此，女思政课教师多，男思政课教师少，这种性别结构对课题教学效果影响不太大，但是从整个思政课教学活动来看，特别是在实践教学中影响较大，是不是有对学生情感、意志等方面的影响还有待于进一步研究。（2）年龄结构不合理。有些学校思政课教师年龄偏大的居多，年龄较小的少，有些学校则相反。这些年龄结构都不符合办学要求。没有形成年龄梯队，没有传帮带，从长远来看不利于思政课教学质量和水平的提升。（3）学历结构不合理。现在绝大多数一般院校具有博士学历的思政课教师少，占比也低，不符合有些学校自己的要求，也不利于形成有一定研究能力的教学科研团队。（4）专兼职结构不合理。有些学校为凑够1:350的师生比，聘用了许多原本从事行政工作的思政课兼职教师，而专职教师增加不多。兼职教师虽然具有马克思主义理论学科或相关学科背景，但是由于平时行政工作忙，投入教学的精力和时间有限，教学效果自然不佳。要提升思政课教学质量和水平，这些问题必须要逐一解决。

确保教学执行力度 / 第二编

第三章

加强党的领导是提升西部高校思政课
教学质量和水平的根本保障

  中国是社会主义国家,办好中国的事关键在党,同样,在中国办好社会主义大学,关键也在党。高等学校为谁办、办得好不好,首先要看是否坚持了党的领导、是否全面贯彻了党的教育方针、是否坚持了社会主义办学方向。坚持党的领导是我国高等教育的首要原则。由于教育是国之大计、党之大计,承担着立德树人的根本任务,更由于思政课是落实立德树人根本任务的关键课程,发挥着不可替代的重要作用,思政课一定要用马克思主义立场、观点和方法,用党的理论教育和培养社会主义建设者和接班人。"坚持中国共产党的领导和马克思主义的指导地位是政权问题的核心,讲意识形态建设不能偏离这一根本问题。"① 因此,加强党对思政课的领导的重要性毋庸置疑。

一　党的思想政治工作是一切工作的生命线

  思想政治工作是马克思主义政党改造人的思想、提高人的认识、塑造人

---

① 侯惠勤. 意识形态话语权建设方法论研究 [J]. 中共贵州省委党校学报,2016(2):5.

的精神、统一人的意志、坚定人的理想与信念的一种重要工作方法。党始终重视思想政治工作，在百年的奋斗历程中，党既不断加深对它的认识，也不断促进其作用的发挥，还使之成为党的优良传统和政治优势。在中国共产党成立 100 周年之际，中共中央、国务院印发了《关于新时代加强和改进思想政治工作的意见》。这份文件明确指出，思想政治工作是党的优良传统、鲜明特色和突出政治优势，是一切工作的生命线。加强和改进思想政治工作，事关党的前途命运，事关国家长治久安，事关民族凝聚力和向心力。这一系列"事关"体现出思想政治工作的重要性。所以，在提升西部高校思政课教学质量和水平中必须加强党的领导。

（一）思想政治工作及其生命线作用的提出

"思想政治工作"概念是在无产阶级政党的实践活动中逐渐提出和形成的。马克思、恩格斯最早使用的是"宣传工作""鼓动工作"等概念。1847年，马克思、恩格斯在《共产主义者同盟章程》中提出，参加同盟的每个成员都要"具有革命毅力并努力进行宣传工作"[①]，这里的"宣传工作"实质上就是我们今天所说的思想政治工作。1890 年，恩格斯在给左尔格的信中明确指出，革命发展最快的地方，"当然是一部分无产阶级已经组织起来并且受过理论教育的地方"[②]。列宁除了沿用宣传工作等概念外，还明确提出了"政治教育""政治教育工作"等概念，他认为："我们应当积极地对工人阶级进行政治教育，发展工人阶级的政治意识。"[③] 斯大林又进一步提出了"政治工作""思想工作""政治思想工作"等概念。1934 年，他在联共（布）第十七次代表大会上阐述了政治思想工作的相关内容。[④]

中国共产党成立以来，始终坚持以马克思主义理论为指导，对思想政治工作的领导与开展十分重视。但是在不同的历史时期，党对思想政治工作的

---

① 马克思恩格斯全集（第 4 卷）[M]. 北京：人民出版社，1958：572.
② 马克思恩格斯全集（第 37 卷）[M]. 北京：人民出版社，1971：348.
③ 列宁选集（第 1 卷）[M]. 北京：人民出版社，2012：342.
④ 斯大林全集（第 13 卷）[M]. 北京：人民出版社，1956：321.

表述有所不同，使用的概念重点也有所区别。例如，党在成立初期开展思想工作、发动工人运动时采用"宣传工作""政治工作""思想工作""教育工作"等说法并交替使用。1951 年 5 月，在第一次全国宣传工作会议上"思想政治工作"的概念才被正式提出，但未固定使用。1955 年 9 月，毛泽东同志提出了"政治工作是一切经济工作的生命线"[①] 的论断。1957 年，毛泽东同志在《关于正确处理人民内部矛盾的问题》一文中提出全社会都要加强思想政治工作。[②] 直至 1981 年 6 月党的十一届六中全会重申了"思想政治工作是经济工作和其他一切工作的生命线"之后，"思想政治工作"才成为统一用语。

用"生命线"一词来比喻思想政治工作，是对思想政治工作在党的各项工作中的极端重要作用的生动阐释，展现了思想政治工作对我国各项工作发展的促进作用。在革命战争年代，由于物质匮乏、经济落后，党内非无产阶级思想一度蔓延，组织建设方面出现了问题，把思想政治工作比喻为生命线就是因为共产党人在实践中认识到，在当时的中国，只有拥有先进的思想和崇高的精神，团结带领广大人民齐心协力同一切敌人和困难做斗争才能赢得胜利，保障党的各项事业的发展。随着我国经济社会发展不断取得新成就，尤其是进入新时代以来，面对不断推进的社会主义现代化进程，面对我们需要实现的中华民族伟大复兴的目标、任务，更需要坚定发挥思想政治工作的生命线作用，保证上下齐心、团结统一、敢于斗争，向实现中国式社会主义现代化迈进。

（二）思想政治工作的发展及其生命线作用的发挥

党的思想政治工作这条生命线贯穿于中国共产党百年历史发展的全过程，它紧紧围绕党的中心任务，时刻体现着党的要求，并在实践中不断得到加强和巩固，具有鲜明的时代特征。如在革命时期，面对内忧外患，党迫切

---

① 毛泽东文集（第 6 卷）[M].北京：人民出版社，1999：449.

② 毛泽东文集（第 7 卷）[M].北京：人民出版社，1999：226.

需要领导人民和军队推翻三座大山，夺取政权，以赢得革命的胜利，解放全中国。此时的思想政治工作主要围绕启蒙群众思想、唤醒群众意识、统一思想、增强战斗力等方面展开，极大促进了中国革命发展，保障了胜利。开始社会主义建设以后，党的政治地位发生了根本变化，成为带领全党、全国人民开展社会主义事业建设的领导核心。面对新的形势和任务，党的中心工作转移到了经济建设上来，作为上层建筑的思想政治工作任务也随之发生变化。毛泽东同志明确指出："思想工作和政治工作，是完成经济工作和技术工作的保证，它们是为经济基础服务的。思想和政治又是统帅，是灵魂。只要我们的思想工作和政治工作稍为一放松，经济工作和技术工作就一定会走到邪路上去。"①

随着党的十一届三中全会的召开，全党的工作重心转移到了社会主义现代化建设上，从这时起，思想政治工作也逐渐步入正轨并获得了新发展。改革开放以来，全党不仅把工作重心放在经济建设上，还十分重视政治、文化、社会等其他方面的发展。在此基础上，中国共产党第一次完整地提出了"思想政治工作是经济工作和其他一切工作的生命线"的重要论断，进一步强调了思想政治工作作为生命线的作用，这是党对思想政治工作"生命线"论断的创新与发展。此外，党在经济工作与思想政治工作的关系上始终坚持"两手抓、两手都要硬"的方针政策，力求把握二者的平衡，反对因注重经济工作而忽视思想政治工作，也反对注重思想政治工作而忽视经济工作的错误倾向。党的十三届四中全会以来，面对改革向更深层次发展、开放持续扩大的实践背景，党又不断改进和创新思想政治工作方式，进一步丰富了"生命线"理论的内涵，从社会主义现代化建设全局的战略高度肯定了思想政治工作的支撑、支持与服务、保障作用。党的十六大以来，党站在新的高度论述了思想政治工作的重要作用，先后出台了相关政策，探索形成了关于思想政治工作发展方向和前进目标以及开展思想政治工作的措施办法等的一系列指导思想。中国特色社会主义进入新时代以来，面对新的历史发展条件，以

---

① 毛泽东文集（第 7 卷）[M]. 北京：人民出版社，1999：351.

习近平同志为核心的党中央积极探索思想政治工作与其他领域工作的内在联系，将思想政治工作与其他各个方面的领域工作相结合，在实践中创新发展了"生命线"理论，对思想政治工作做出了符合社会需要和时代发展的新阐释。

（三）思想政治工作生命线作用的基本总结

党的百年思想政治工作史中的经验值得总结，特别是其中关于进一步发挥思想政治工作生命线作用的经验对做好新时代党和国家的各项工作意义重大。

1. 坚持党对思想政治工作的领导

"党政军民学，东南西北中，党是领导一切的。"[①] 党的领导是中国特色社会主义最本质的特征，是中国特色社会主义制度的最大优势，是历史和人民做出的正确选择，是历史赋予马克思主义政党使命的必然要求。思想政治工作本身是否能得到发展，关键也在于党的领导。要重视发挥各级党组织在思想政治工作中的作用。要注重发挥党的政治引领作用，以党的领导带动思想政治工作。同时，还要积极发挥基层党组织的战斗堡垒作用，打通思想政治工作贯彻执行的"最后一公里"，守好思想政治工作的"责任田"。新时代开展思想政治工作，更要加强党对思想政治工作的领导，深刻领悟"两个确立"的决定性意义。

2. 坚持把思想政治工作放在各项工作的首位

思想政治工作"在新形势下只能加强，不能削弱"。当前，面对国际国内发展的新形势，我们更需要坚持发挥思想政治工作在党和国家各项工作中所具有的重要作用。党的十八大以来，党对思想政治工作的重视程度日益提高，突出强调思想政治工作在党的各项工作中的重要作用。各基层党组织必须正确认识思想政治工作的重要作用，要通过加强自身建设，充分肯定党在思想政治工作中的领导核心作用，抓好思想政治工作在各项工作中的落实，

---

① 习近平. 决胜全面建成小康社会 夺取新时代中国特色社会主义伟大胜利——在中国共产党第十九次全国代表大会上的报告 [M]. 北京：人民出版社，2017：20.

以思想引领群众、团结群众，不断增强各级组织的贯穿力、执行力、凝聚力和战斗力。

3. 坚持发挥思想政治工作对党员干部的重要作用

党一向重视对党员干部本身的思想政治工作。历史和现实都告诉我们，若是弱化了党的思想政治工作，或是党自身的思想政治工作出现偏差，会影响整个国家的工作和发展。发挥思想政治工作在党员干部中的作用，坚持开展政治理论学习，帮助党员干部认清形势是非常必要的，这有助于党员干部敏锐地认识到存在的问题并正确分析出问题的本质和原因所在，从而保证党员干部队伍思想上的先进性和纯洁性，而且也能调动他们工作的积极性。

4. 坚持抓好理论学习，以理论引导实践

事实一再证明，没有理论指导的实践是盲目的实践，实践主体——人民只有以先进理论武装自己的头脑，才能在思想上保持清醒，在行动上自觉一致。新时代加强理论学习，就是要坚定马克思主义立场，深入学习贯彻落实习近平新时代中国特色社会主义思想，用马克思主义中国化的最新理论成果武装头脑，指导实践。实践已经充分证明，只有正确认识思想政治工作，加强组织和落实好理论学习，重视意识形态的凝聚作用，才能加强团结，将党的领导作用真正有效地发挥出来，为思想政治工作建设提供根本保障。

5. 坚持发挥思想政治工作在高校青年学生中的重要思想作用

高校思想政治工作是一项夯基垒台、立柱架梁的基础性工程，关系到我国国家发展战略的实施。习近平总书记在全国高校思想政治工作会议上强调指出，"高校思想政治工作关系高校培养什么样的人、如何培养人以及为谁培养人这个根本问题"[①]。新时代开展高校思想政治工作，要始终坚持党的领导，把握好社会主义这个根本方向，把牢中国特色社会主义高校的办学方向，落实立德树人的根本任务。坚持德育为先，在思想政治工作中用先进榜样指导人、用恰当方法塑造人、用模范事迹影响人。

---

① 把思想政治工作贯穿教育教学全过程　开创我国高等教育事业发展新局面 [N]. 光明日报，2016-12-09：1.

（四）新时代思想政治工作面临的挑战与创新

新时代思想政治工作面临的挑战既有党内的也有党外的，既有国内的也有国外的。如经济减速影响大众社会心理、新媒体舆论的复杂性加大社会治理难度等，它们从不同方面为思想政治工作增添了困难，[①] 也对思想政治工作提出了新要求，要求思想政治工作者在坚持党对思想政治工作的领导的同时，必须要不断创新思想政治工作。

创新不可无。随着时代的发展，面对不同问题，思想政治工作必须创新。新时代创新思想政治工作需要把握住四点。一是必须要重视解放思想，为实现思想政治工作的创新提供思想基础。思想政治工作者是思想政治工作的具体组织者和从事者，可以以其自身的思想观点直接影响他人。所以，思想政治工作的影响力究竟如何，其结果又怎样，关键还是取决于思想政治工作者的思想解放程度和认识水平。思想政治工作者要有勇气打破已有的思维与经验的限制，超越现实的工作方式，从实际出现的问题出发，寻找和提炼新的理论和方法，效果的好坏最终要以实际工作的成效来检验。二是必须要重视思想政治工作的目的性，为实现思想政治工作的创新提供目标导向。思想政治工作一定要突出目的性，其明确目的就是服务于党和国家事业，为党和国家事业的发展凝心聚力，其本身是一项事关党和国家发展的十分重要的工作。当前，面对世界百年未有之大变局，面对实现中华民族伟大复兴的历史使命，思想政治工作的作用不可削弱，而且还要进一步凸显出来。每一个思想政治工作者都要不断深化对思想政治工作目的性的认识，不断践行思想政治工作所包含的谋求团结的重要观念，不断增强凝聚力，为实现中国式社会主义现代化提供智力支撑和力量保障。三是必须要重视思想政治工作内容，为实现思想政治工作的创新提供支撑保障。思想政治工作从根本上说就是做人的工作，其本身就具有一定的复杂性。因此，做思想政治工作必须要

---

① 参见刘建军.寻找思想政治教育的独特视角 [M].北京：中国人民大学出版社，2016：114-115.

因人而异，针对不同的人的具体情况选用不同的工作内容，所以，思想政治工作内容要适时创新，要注重联系群众，不能脱离群众而主观臆测。要从与群众密切相关的日常生活入手，开展思想政治工作，既要有一定的理论高度，又要能够联系实际，使教育内容有一定的温度且深入人心，见到实效。四是必须要重视思想政治工作方式方法，为实现思想政治工作的创新提供生机活力。一方面，一百多年来，党的思想政治工作在实践中创造出了许多好方法，这些都是我们的宝贵财富，需要好好坚持；另一方面，我们在坚持这些好的方式方法的同时，必须看到世情、国情、党情的变化，人们的生活工作环境、思想认识状况等方面的变化，它们都要求采用新的工作方式方法。当前，思想政治工作的环境变得更加多元，思想政治工作的对象也具有更明显的时代特征，这就要求思想政治工作的方式方法不断进行创新发展，要坚持从实际出发的问题意识与问题导向，准确把握问题，"遵循思想政治工作规律、教书育人规律和学生成长规律，着力补短板、强弱项，不断改进领导方式和工作模式"①，做出符合时代发展与社会需要的回答。同时，还要积极运用网络科技手段开展思想政治工作，不能拘泥于一味"说教式""灌输式"的工作形式，要重视数字技术、网络技术，"综合运用大数据、云计算等信息技术手段，更加精确精准、生动灵活、科学有效地开展工作"②。通过把思想政治工作内容穿插到网络中，采取丰富多样的形式，在思想政治工作中变被动为主动。

二 办好思政课必须要加强党对思政课的领导

"我们的高校是党领导下的高校，是中国特色社会主义高校。"③在党

---

① 冯刚. 论新时代高校思想政治工作守正创新 [J]. 上海交通大学学报（哲学社会科学版），2021（5）：38.

② 冯刚. 论新时代高校思想政治工作守正创新 [J]. 上海交通大学学报（哲学社会科学版），2021（5）：38.

③ 习近平谈治国理政（第 2 卷）[M]. 北京：外文出版社，2017：377.

的领导下，"加强高校思想政治工作，离不开思想政治工作队伍建设，需要建设一支数量充足、政治素质高、业务能力强、作风纪律严的专业化队伍"①，而办好思政课在解决好培养什么人、怎样培养人、为谁培养人这个根本问题上又必须要有党的领导。加强党对思政课的领导是保证全面贯彻党的教育方针的根本，也是解决好培养什么人、怎样培养人、为谁培养人这个根本问题的关键。

（一）党对思政课建设的决策与部署

党的十八大以来，以习近平同志为核心的党中央高度重视思政课建设，做出一系列重大决策与部署。例如，2019 年 8 月，中共中央办公厅、国务院办公厅印发的《关于深化新时代学校思想政治理论课改革创新的若干意见》指出，要全面贯彻党的教育方针，坚持党对思政课建设的全面领导，把加强和改进思政课建设摆在突出位置，坚持思政课建设与党的创新理论武装同步推进。2020 年 1 月，教育部公布的《新时代高等学校思想政治理论课教师队伍建设规定》提出，思政课教师应当增强"四个意识"，坚定"四个自信"，做到"两个维护"，始终在政治立场、政治方向、政治原则、政治道路上同以习近平同志为核心的党中央保持高度一致。2021 年 7 月，中共中央、国务院印发的《关于新时代加强和改进思想政治工作的意见》在思想政治工作方针、原则方面提出，要坚持和加强党的全面领导，使思想政治工作贯穿于党的建设和国家治理各领域各方面各环节，牢牢掌握工作的领导权和主动权；在构建共同推进思想政治工作的大格局方面提出，要完善领导体制和工作机制，完善党委统一领导、党政齐抓共管、宣传部门组织协调、有关部门和人民团体分工负责、全党全社会共同参与的思想政治工作大格局。

现在，为坚持党对思政课建设的全面领导，把加强和改进思政课建设摆在突出位置，坚持发挥思政课在教育课程体系中的政治引领和价值引领作用，积极拓展思政课建设格局，我国从上至下已采取了一系列举措。如把思

---

① 刘宏达，万美容等.高校思想政治工作前沿问题研究 [M].北京：人民出版社，2019：391.

政课建设纳入重要议事日程，教育、宣传等部门牵头抓好思政课建设，设立思政课一体化建设指导委员会，加强对不同类型思政课建设的分类指导。现在，国家和各省（区、市）都已建立思政课一体化建设指导委员会和各课程分指导委员会并展开了相应工作。再如坚持开门办思政课，推动思政课实践教学与社会实践活动、志愿服务活动结合，思政小课堂和社会大课堂结合，鼓励党政机关、企事业单位等就近与高校对接，挂牌建立思政课实践教学基地，完善思政课实践教学机制。发布《关于加快构建高校思想政治工作体系的意见》，汇聚办好思政课合力。加大正面宣传和舆论引导力度，推动形成全党全社会努力办好思政课、教师认真讲好思政课、学生积极学好思政课的良好氛围。现在一些地方宣传部门与高校对接共建马克思主义学院，就是对思政课建设的有力推动。甘肃省委宣传部与 J 校共建马克思主义学院就是其中一例。这些举措为全面提升思政课质量和水平提供了重要保障，发挥了积极作用。

（二）党委要把思政课建设摆上重要议程

习近平总书记指出，各级党委要把思政课建设提上重要议程，抓住制约思政课建设的突出问题，在工作格局、队伍建设、支持保障等方面采取有效措施。要建立党委统一领导、党政齐抓共管、有关部门各负其责、全社会协同配合的工作格局，推动形成全党全社会努力办好思政课、教师认真讲好思政课、学生积极学好思政课的良好氛围。具体讲，学校党委要坚持把从严管理和科学治理结合起来。习近平总书记指出，大学领导是教育者，但更应该是政治家。① 学校党委书记、校长要带头走进课堂，带头推动思政课建设，带头联系思政课教师；要鲜明体现党的教育方针，积极传播马克思主义理论，弘扬社会主义核心价值观，用新时代中国特色社会主义思想铸魂育人，引导学生增强中国特色社会主义道路自信、理论自信、制度自信、文化自信，厚植爱国主义情怀，把爱国情、强国志、报国行自觉融入坚持和发展中

---

① 习近平．思政课是落实立德树人根本任务的关键课程 [J]．求是，2020（17）：5-6.

国特色社会主义、建设社会主义现代化国家、实现中华民族伟大复兴的奋斗之中。

根据这些认识，甘肃省 H 校党政领导班子不断提高政治站位，严格按照中央、甘肃省委和省委教育工委相关规定，切实加强对马克思主义学院的领导。党委书记直接分管马克思主义学院工作，校长组织相关单位定期在马克思主义学院召开现场办公会，帮助解决实际问题。党委书记和校长还带头走进课堂，带头推动思政课建设，带头联系思政课教师，其他校领导也严格落实上级规定，深入所联系教学单位给学生讲思政课。在马克思主义学院组织机构建设上，探索强化学院班子建设，并通过制定《马克思主义学院党政联席会议制度》加强和保证党对学院工作的领导，实现党的领导在马克思主义学院纵到底、横到边、全覆盖，把党的领导在马克思主义学院落到实处。截至本书撰写完成时，学院正在建立由学校领导兼任马克思主义学院党委书记或院长，马克思主义学院设常务副书记或常务副院长，常务副院长兼学院党委副书记这样一种组织架构，旨在通过加强党的领导建设一个业务过硬、作风过硬、管理过硬的学院党政领导班子，进一步提升学院党政领导班子科学管理、规范管理和民主管理水平。我们相信这样一种组织架构一旦建立，必将极大地推动该校马克思主义学院的建设与发展，马克思主义学院的作用和影响也必将随着党的领导的加强日益凸显和扩大。

（三）党委对思政课建设领导的具体要求

现在，各级党委对思政课建设都很重视，认识也到位，都认识到思政课的重要作用和地位，也都认识到不重视思政课会产生的消极影响以及有碍于青少年健康成长和社会稳定等一系列后果。不过，各级党委把思政课建设提上重要议程后究竟怎样抓是问题，在思政课工作格局建立、队伍建设、支持保障等方面设置的有效措施在落实过程中有可能会出现或遇到的其他问题和困难又该如何解决也是问题。总之，各级党委在具体领导思政课建设时有一个如何抓如何落实的问题。这一系列问题怎样解决以及解决得好不好、有没有效果实际上是对各级党委的考验，也是检验认识究竟到位不到位的试金石。

首先，各级党委对思政课建设的领导一定要针对具体问题提出具体举措，设置具体目标。党委领导既是宏观的，也是具体的，特别是对思政课建设而言，一定要用具体举措解决具体问题，而且还要有解决问题的具体目标。解决思政课建设的问题时，如果不深入实际解决具体问题，就会陷入大而化之、夸夸其谈的困境，只能是理论说教，也只能做表面文章，对问题的解决毫无意义和作用。

其次，各级党委对思政课建设的领导一定要落实到具体的人。毋庸置疑，这个具体的人一定要包括具体组织部门和办事机构的人，也应包括党委领导成员本人，而且党委领导成员本人还一定要是领导者、牵头人、负责人，不能将这个责任人推给其他部门人员或下属来当，自己做一个没有压力、不承担任何责任的指挥者。工作落实不到人必然流于形式，其结果只能是达不到目标，不了了之。

再次，各级党委对思政课建设的领导一定要有时间表、路线图。思政课建设虽然是个长期性工作，但是在具体实践中不能将各项具体工作以任何理由无限期地拉长，久拖而不决，这是不负责任的表现，反映出对思政课的认识也根本没有到位，只是做表面文章，只是在敷衍。所以，各级党委在对思政课建设的领导中，处理任何事都一定要有时间表、路线图，要在一定的时间内解决问题和办完事。这就需要党委领导做好各项协调组织工作，调动各方面的主动性积极性，创造解决问题的条件和机会。

最后，各级党委对思政课建设的领导一定要有评价与考核。做工作不是光讲数量，不讲质量，即不是光讲做，而是还要讲做得好不好。思政课建设更是如此。有关思政课建设的各项工作做得怎么样需要让思政课教师做出评价，需要工作实效做出检验。简而言之，有关思政课建设的各项工作都要为提升教学质量和水平服务，都要以党和国家的希望与要求为目标，都要向做得好的单位和个人看齐。这样党委对思政课建设的领导才是真实而有效的。

三　马克思主义学院党建全员化理念与实践

党建工作是马克思主义学院建设之魂。基于这一认识，马克思主义学院应坚持党建全员化。

（一）党建全员化的基本含义

党建全员化理念有两个基本含义，具体如下。

一是在人员组成上，使全体教师以党员身份出现。首先，对于新进马克思主义学院的教师，其政治面貌必须是中共党员（含预备党员），这是进入马克思主义学院从事思政课教学的必备条件之一。其次，对于过去没有这一要求时已入职的不是中共党员的马克思主义学院思政课教师采取两种办法：一种办法是通过党组织谈话或指派党员同志积极做工作，帮助非党员身份的思政课教师主动向党组织靠拢，及早申请加入党组织；另一种办法是针对没有意愿加入党组织的思政课教师，从思政课教学需要角度出发，要求他们必须参加一些必要的党组织活动，不得例外。

二是在工作要求上，以党员标准要求全体教师。思政课教师不同于其他教师，不但要落实好和贯彻好党的教育方针，而且要特别传播好和宣传好马克思主义基本理论、党的创新理论、党的大政方针，培育和模范践行社会主义核心价值观，积极发挥出培养德智体美劳全面发展的社会主义建设者和接班人的重要作用。在学生们对党的认识过程中，思政课教师起着关键作用，而且也极大地影响着学生们对党的热爱之情以及加入党组织的愿望和为党的事业而奋斗的决心与意志。因此，马克思主义学院对思政课教师的工作要求不能降低，所有思政课教师都应自觉以党员标准要求自己，做执行党的意志教书育人的模范，科学传播马克思主义基本理论，正确宣传党的创新理论、大政方针，不能随意，不能走样，更不能因自己不是党员对党的历史、党的领袖、党的理论任意轻描淡写，说三道四，甚至做一些不讲政治性、思想性的所谓的学术性评价。思政课教师的这些不当言论，以及违背道德甚至违反法律的行为都会对学生产生极其坏的引导作用，对社会造成很大的负面影响，极不利于立德树人根本任务的落实和良好社会风气的形成。所以，对于思政课教师，无论其是否党员都要以党员标准来要求自身，这样做能够让思政课教师明确，作为一名思政课教师，在教学过程中遵守党的纪律是底线要求。如果任何一位思政课教师达不到这一基本要求，其本人完全可以，也必须退出思政课教师队伍。

（二）党建全员化的具体做法

党建全员化是由 C 校马克思主义学院提出的，其在实践中探索出一些方法，这里以该校马克思主义学院为例介绍具体做法。

除了在日常工作中把好思政课教师的政治关、进口关、组织关、学习关、纪律关之外，学院富有特色的做法就是开展"四个一工程"。近年来，学院陆续开展了以"一书""一课""一走""一赛"为内容的"四个一工程"，即读一本红书、上一堂党课、做一次考察研修、办一次党的知识竞赛。这"四个一工程"将学习与工作、理论与实践、课内与课外、个人与集体有机结合起来，全方位、多层面、立体式地提升思政课教师的师德修养和党性修养，并将两种修养合二为一，确实取得了一定效果。如近几年该学院先后为思政课教师购买并组织学习和讨论《论共产党员的修养》《习近平谈治国理政》《中华人民共和国民法典》等书籍，先后为师生讲《中国共产党章程》《中国共产党纪律处分条例》等党内法规，先后到八路军兰州办事处纪念馆、兰州新区等考察研修，先后承办全校、全省高校党建知识竞赛等。"四个一工程"有力推进了学院思政课教学发展，也促进了学院其他工作的有效开展，这些工作紧紧围绕党建工作展开。可见，党建工作在马克思主义学院是一项实实在在的重要工作，它与学院老师们的各项教学、科研工作紧密联系在一起，也同学院的人才培养工作、学生管理工作、师德师风工作等紧密联系在一起。这就是马克思主义学院党建工作的特殊性之所在。由此可见，这是一次非常有益的探索与实践，值得继续坚持下去，为马克思主义学院的建设与发展提供有益借鉴。

实践证明，党建全员化符合马克思主义学院党建工作要求，确实有助于马克思主义学院党建工作新发展，对马克思主义学院整体性建设、促进马克思主义学院稳步发展具有积极作用。现在党建全员化还处在起步阶段，围绕对它的内涵的理解、具体如何实现其本身的发展、如何进一步完善马克思主义理论都需要有进一步更深入的理论研究和实践研究。现有的理论和实践非常有限，但对于已列入研究及应用范围的，都可根据情况的变化，随时进行研究和改进。

（三）党建全员化在党支部建设中的成功实践

为深入推进党建全员化，C 校马克思主义学院以党支部建设为抓手之一，不断加强党支部建设。党支部建设是党建工作的重要方面。党支部作用非同一般，一个党支部就是广大群众了解党、认识党的一个窗口，也是党团结、组织和带领广大群众完成各项任务的可靠组织保证。一个支部就是一座战斗堡垒。它具有政治思想引导作用，能紧紧围绕思政课教学与科研做好党员的教育和管理工作以及群众的思想政治工作；具有组织协调作用，能围绕党的工作，根据思政课教学这一中心任务以及其他工作需要及时协调个人与个人、个人与集体、部门与部门之间的关系；具有服务指导作用，能有效组织党员和群众学习新理论、掌握新本领，切实为思政课教师提供教学、科研服务，发挥指导作用，对提高思政课教师理论素质和教学能力、提升思政课教学质量和水平起到一定作用。该学院党委认为，这些作用的发挥情况是检验高校马克思主义学院党支部是否具有战斗力的一个重要判断依据。因此，根据马克思主义学院的特殊性，在党建全员化理念的基础上，该学院深入实施党支部"双带头人"工程，切实建设好马克思主义学院四个教研室党支部。"双带头人"是指必须是党员，在政治上带头，成为党员先锋；必须有副高及以上职称和硕士及以上学历，在业务上带头，成为业务标兵。"双带头人"工程就是培养教研室支部书记和主任一身兼，并在教研室工作中处处起到模范带头作用的人才。自这项工作在 C 校开展以来，马克思主义学院紧紧抓住机遇，推动教研室发展，也促进了思政课教学质量和水平的提升。在该学院党支部建设中，马克思主义基本原理教研室党支部表现得尤为突出，并被评为学校样板党支部。

马克思主义基本原理教研室有 10 人，其中党员 7 人，占教研室总人数的 70%。该党支部在学院党委的正确领导下，以习近平新时代中国特色社会主义思想为指导，深入学习习近平总书记关于教育的重要论述，紧紧抓住立德树人这项根本任务，不断加强支部的政治建设、思想建设、组织建设、作风建设、纪律建设，并把制度建设贯穿其中，坚持支部建设与业务工作紧密结合，通过日常工作管理，开展各项活动，提高党组织的凝聚力、战斗力，坚定党员的政治立场，不断加强党性修养，同时也促进群众思想觉悟的提高，帮助他们进一步认识党，积极向党组织靠拢。该教研室以党建促教学，引导教研室老师争做"四有"好老师，做学生的"四个引路人"，自觉把"爱国情、强国志、报国行"融入发展中国特色社会主义事业和办好人民满意的教育事业的过程中，形成了一支政治坚定、"老一中一青"搭配合理、学养深厚、师资力量雄厚的思政课教学队伍。近年来，该党支部有两人获校级"优秀共产党员"称号，一人获校级"优秀党务工作者"称号，有两位党员教师为"学习强国"达人，其中一位居于学院达人榜单首位。通过支部建设与教学科研融合，借助"1+1+1（一名党员、一名教师、一个主题）教研工作坊"充分发挥党员的先锋模范作用，在教学、科研等多方面取得了较好成果。本书撰写完成时，该教研室已有厅级教学成果三等奖 1 项，校级教学成果特等奖 1 项、一等奖 2 项，厅级思政课教学能手 1 人，2 人主持或参与的思政课获厅级高校思政课"精品课""精彩一课"奖励；2 人获学校优秀教学质量奖，1 人获学校优秀课堂教学奖；获得省级哲学社科基金项目 3 项，省级哲学社会科学优秀成果奖二等奖 1 项、三等奖 2 项，在人民出版社出版专著 1 部，中国社会科学出版社出版专著 1 部，吉林大学出版社和兰州大学出版社出版专著各 1 部。总之，马克思主义基本原理教研室通过以党建促教研，将党建融入教研工作，使二者相互融合、相互促进的工作模式，取得了较快发展，成为加强党对思政课领导的样板，也是该学院对党建全员化理念的成功实践。西部高校实践证明，加强党对思政课的领导是强化思政课教学的重中之重，由此才能从根本上保障高校思政课教学质量和水平的提升。这一点必须坚持，而且一定要不断稳步推进。这是中国特色社会主义大学的重要特征，同时也是我们保证人才培养质量的优势所在。

第四章

实现制度化管理是提升西部高校思政课教学质量和水平的必然要求

常言道：管理出效益，管理出成绩。要保证提升思政课教学质量和水平，必须要对马克思主义学院的各项工作，包括教学工作进行制度化管理。

一　制度建设是管理工作的内在要求与有效保障

如何让管理上水平是每个管理者都应该经常考虑和研究的问题，对马克思主义学院而言，不仅有一般意义上的管理要求，更有其特殊要求和务实举措。如果不认真考虑和研究这个问题就很难使学院得到发展，也很难提升思政课教学质量和水平。

（一）管理与制度建设

管理是一门科学，它是在一定的科学理论的指导下，针对一定环境下的特定组织所拥有的包括人在内的资源进行计划、组织、领导、控制、激励和创新，以便有效达到既定目标的过程。所以，管理不能无所作为，也不能随心所欲，更不能为所欲为。管理的前提就是明确目标。没有目标就谈不上管理，更谈不上管理的有效性。一切管理及其过程，都要紧紧围绕目标而进行。管理的过程是一个遵循管理本身的一般原则与原理，按照管理活动所蕴含的客观规律办事的过程，有一定的科学性、规范性、目的性和实效性要求。管理的目的就在于激发和释放人固有的善意和潜能去为社会、他人创造出价值。

制度是人们为维护正常的工作、劳动、学习、生活的秩序，保证国家各项政策的顺利执行和各项工作的正常开展，依照法律、法令、政策而制定的具有指导性与约束力、要求大家共同遵守的行动准则。它包括各种行政法规、章程、公约和条例，以及风俗、习惯、道德等，这些都是在社会管理和运行过程中形成的人的智慧的结晶。人是社会的人，社会的构成和稳定离不开制度，因此人一定要生存于制度之中，制度与人有着密切关系。所以马克思对制度的研究指向不是物，而是人，人是目的，制度只是保障人的本质实现的手段。马克思认为，人应该是国家制度的原则。人并不是从国家那里获得意义或价值的，相反，国家的存在意义或价值是从人这里获得的，因此，国家的职能"只不过是人的社会特质的存在方式和活动方式"①，也就是说，国家并不具有外在于人或脱开人而做自我规定的职能。马克思对人和社会制度问题的认识是基于理性的眼光，面对现实问题，从人的本质实现的目的出发而形成的。不是国家制度创造人民，而是人民创造国家制度，人才是国家制度的真正原则。面对资本主义社会制度不利于人的本质的实现，甚至使人陷入非人的境地的情况，马克思站在唯物史观的立场上指出，理想的社会制度应该是一个消灭了私有财产，消灭了人之一切异化，有利于人的本质实现的社会制度。社会交往实践是产生一切制度的根据与基础，而制度则是所有社会交往实践的产物，是社会交往实践活动得以进行的必要条件和保障，没有制度，人与人之间就无法进行社会交往。所以，制度对人的交往活动有非常重要的作用，是进行交往活动所不可缺少的重要规则。在具有一定制度保障的规范的社会交往中，人才能实现人的本质。

---

① 马克思恩格斯全集（第3卷）[M]. 北京：人民出版社，2002：29.

马克思关于人与制度的论述有助于我们深刻认识人的社会性一面，具有重要的理论与现实意义。从理论上讲，马克思为我们研究人与制度的关系提供了两个重要的思考角度，一是从人的发展的角度来理解制度安排及其创新，二是反过来又从制度安排及其创新的角度来理解人的发展，明确人与制度的关系，促使人的本质实现；从现实发展上讲，社会由传统向现代转型，以社会结构变迁为基本特征，其必然会包含深刻的制度转型，而制度的转型又是以推动人本质的实现为目的的，只有做到了这一点，才能真正迈进现代社会。所以，现代社会制度的发展一定要以人为中心。

马克思关于人与制度的关系的论述对于马克思主义学院的管理工作具有指导性意义。下面从马克思主义学院教学管理和科研管理中制度制定的必要性，来看制度建设对管理工作的重要作用。

（二）马克思主义学院教学管理的特殊性

教学需要管理。教学管理就是使教师更好地遵守教学规范和要求，做到为人师表，且通过有效管理组织协调教师队伍，充分发挥教师的积极性、主动性和创造性，利用各种有效手段和有利条件，高质量高水平实现教学目标的管理活动，是对教育进行组织、协调、控制的一系列重要活动之一。对马克思主义学院思政课教学管理而言，既要按照学校一般的教学管理要求来管理，不能违背教育教学规律，也有一个特殊的重要管理原则，就是讲政治，遵守政治规矩，按照党的教育方针要求，围绕立德树人的根本任务开展管理工作，这是马克思主义学院及思政课教学管理的特殊性。之所以有这个要求，就是因为马克思主义学院特殊而重要的地位和思政课在立德树人中的不可替代的重要作用。只有做到管理讲科学、讲政治，马克思主义学院的工作才能有序而健康地发展，也才可能有思政课教学质量和水平的提升。

以甘肃省 C 校马克思主义学院为例。在该学院成立之时，学院领导班子就形成了制度建院的理念与共识，并力求通过制度建设来保障学院管理工作科学、有效、不偏离方向。在教学管理中，学院根据实际需要先后制定了《马克思主义学院教研室工作职责》《马克思主义学院教师课程安排管理办法》《马克思主义学院教师岗位职责暂行规定》《马克思主义学院教师教学工作量计算办法》《马克思主义学院思想政治理论课集体备课制度》《马克思主义学院教师听评课制度》《马克思主义学院青年教师导师制》等。通过制度的制定以及靠制度来管理，保证了教学管理工作的科学性、稳定性、规范性和有效性，同时也避免了随意性、主观性、盲目性和人情关系的干扰。所以，制度建设既是管理工作的内在要求，也是管理工作正常运行和科学有效的基本保障。马克思主义学院加强制度建设是一个自我监督的过程，同时也是接受他人监督的过程，是不断加强工作的自觉性、主动性、创造性，保障和提高工作效率的最有效举措。制度是用来管人管事的，有效的制度可以防止人在工作中不作为、懒作为、乱作为、人情作为、关系作为、利益作为，是防止和减少此类事情发生的基本依据，它具有根本性、全局性、稳定性和长期性特点与作用。在高校，教学管理者要通过科学、有效、不偏离方向的制度管理，使教学成果精品化。这也是马克思主义学院通过制度化管理取得的最重要的一项管理成果。思政课教学是马克思主义学院的一条生命线，也是我们传播和坚守马克思主义意识形态的主渠道、主阵地。通过教学管理，使教师严格遵守教学规范，不仅要保质保量地完成各项教学任务，而且还要有精品意识，力求把思政课建设成为学生喜爱、受益、难忘的课程。该学院通过科学有效的教学管理，已有两门课被评为省高校思政课精品课。但是，在这方面，马克思主义学院还需要积极作为，继续加强教学管理，争取打造一门省级一流课程。

（三）马克思主义学院科研管理的务实性

向管理要成绩，用管理促发展。通过建立科学、有效、不偏离方向的科研管理制度，马克思主义学院想获得的一项重要管理成果就是使思政课教师的科研水平上台阶。当然，科研管理又不同于教学管理，科研要上台阶，必须要有务实态度。因为科研能力和水平的提高不可能立竿见影、一蹴而就，它不但需要有一个长期积累的过程，而且还受其他诸多制约性因素影响。就现实情况而言，在西部高校马克思主义学院，除了西安交通大学、兰州大学等为数不多的几所学校的马克思主义学院有很强的科研实力之外，大多数高校的马克思主义学院都面临着科研难题，特别是一些新升本院校的马克思主义学院更是如此。以 C 校马克思主义学院为例，该学院在科研方面与学校的要求、与其他院校马克思主义学院科研发展状况，以及与该学院自己的希望相比差距都很大。因此，该学院通过分析西部高校马克思主义学院科研发展总体状况，学校、学院以及教师的基本情况，结合社会发展和本省实际需要，制定出了切实可行的循序渐进的科研发展规划和《马克思主义学院科研成果评价标准》《马克思主义学院科研资助办法》等科研管理制度，旨在激发老师们的科研积极性，培养和提高相应的科研能力。通过科研规划和制度的实施，该学院逐步在既有基础上提炼科研方向，凝聚科研力量，形成学术带头人、科研骨干和青年教师三结合的相对稳定的科研团队，也产出了一些科研成果，有了省级重点项目、省哲学社会科学优秀成果奖、CSSCI 来源期刊中马克思主义理论学科被引量排名前 30% 的文章。现在，该学院在科研上的目标日益明确，这就是努力将学院建成省级人文社会科学研究基地，使学院马克思主义理论研究方向聚焦于马克思主义理论与社会发展，并力争在全省占有一席之地，将科研与教学紧密结合起来，做到通过科研能力和水平的提高，促进教学质量和水平的提升。这些成绩的取得和目标的实现，对一个基础薄弱的新升本学校来讲非常不易，但必须为之努力，这是提升西部高校思政课教学质量和水平的必然要求。总之，该学院从务实性出发进行的科研管理以及由此所提出的思路和举措、制定的办法和制度，在实践过程中得到了教师的理解，也已成为教师自觉采用或遵守的对象，而且已显现出一定的成效。事实证明，这样的科研管理是对的，而且是十分必要的。当然，对这项工作还需要进行进一步认识和探索。

二 制度的制定与实施

近年来，甘肃省 C 校马克思主义学院在各项管理工作中总共制定出制度 65 项，基本构成了一个比较完整的管理制度体系，其中有关于教学管理的制度 31 项，它们分别从教师队伍、师德师风、教研活动、教学考核等方面做出了规定和要求。教师通过对这些教学管理制度的逐步理解和自觉遵守，使思政课教学越来越规范，也使思政课教学质量和水平得以提升。下面，以该学院关于思政课教师队伍建设、师德师风考核与本科生导师制及其实施的制度为例加以说明。

（一）关于思政课教师队伍建设

教师队伍建设是保证教学质量和水平最关键的一环。没有合格的思政课教师，思政课教学就不可能达标，更不会有高质量的教学效果。因此，为保证思政课教师队伍的合格，该学院制定了《马克思主义学院思想政治理论课专职教师任职资格准入制度》《马克思主义学院教师课堂教学退出办法》。

一是《马克思主义学院思想政治理论课专职教师任职资格准入制度》。其主要内容如下。

第一,五条准入要求，包括：

（1）必须是中共党员（含预备）；

（2）无任何违法乱纪和道德败坏行为记录与处分；

（3）必须具有博士学位（后来因招博士困难，放宽到优秀硕士毕业生）；

（4）硕博阶段的学习经历必须有马克思主义理论学科或相关学科的背景；

（5）年龄不超过 45 岁，引进的特殊人才年龄可放宽至 50 岁。

在这些准入条件中，首先把好政治关、道德关。

第二,三条录用程序,包括:

(1)依据学校总体安排,根据该学院思政课教学与科研实际需要,由院务会议提出用人需求意向,报学院党政联席会议;

(2)学院党政联席会议研究决定用人计划与要求,并报学校人事处;

(3)待学校同意学院用人计划后,由人事处按照本省以及学校各种相关规定和程序进行招录。

第三,培训要求,包括:

(1)凡新进思政课专职教师(已具有副教授及以上职称者除外),必须参加省哲学社会科学课程培训和高校教师岗前培训,凡不服从安排或成绩不合格者将予以辞退;

(2)凡新进思政课专职教师(已具有副教授及以上职称者除外),必须按照该学院青年教师导师制要求接受为期一年的思政课教学能手指导、培训,凡不服从安排或考核不合格者将予以辞退。

第四,纪律要求,包括以下两条。

(1)新进思政课专职教师必须要坚定政治立场、政治方向,与党中央保持高度一致;必须不断培养自己的思想品质、职业道德、责任意识、敬业精神;必须不断锻炼或提高自己的学习能力、教学能力和科研水平。

(2)新进思政课专职教师要严格服从组织安排,遵守校纪校规,若试用期之内发现有学术不端、师德败坏、教学违纪等问题,学院将建议学校予以辞退或调离教学岗位。

《马克思主义学院思想政治理论课专职教师任职资格准入制度》主要是在源头把好进人关。只有保证进来好苗子,才能保证思政课顺利开展,也才能不断提升思政课教学质量和水平。事实上,在西部高校,愿意从事思政课教学,而又有一定基础和能力从事思政课教学的好苗子还是十分有限的,还需要加强马克思主义理论专业学生的培养和向西部高校的输入工作。

二是《马克思主义学院教师课堂教学退出办法》。

为切实增强和落实马克思主义学院教师的岗位意识与职责,保证学院教师队伍的整体素质与水平,提升思政课教学质量和水平,该学院以非常谨慎和认真的态度，于 2019 年制定了《马克思主义学院教师课堂教学退出办法》。其是在经学院教职工会议审议，党政联席会议通过，校党委教师工作部（人事处）审定，校党委常委会会议通过后才正式施行的。

首先，《马克思主义学院教师课堂教学退出办法》的制定有充分依据。学院按照习近平总书记提出的"四有"好老师^①的标准和对思政课教师的"六点要求"^②，根据教育部《普通高等学校马克思主义学院建设标准（2019 年本）》《新时代高校思想政治理论课教学工作基本要求》和该校党委印发的《师德师风考评暂行办法》《加强师德师风长效机制建设实施办法》《马克思主义学院建设标准实施方案（2019 年本）》，结合《马克思主义学院教师岗位职责》的要求制定了《马克思主义学院教师课堂教学退出办法》，其目的就是确保思政课教学始终坚持正确的政治立场，始终做到立德树人，始终引导学生坚定理想信念，热爱、追求真理，保证学生扣好人生第一粒扣子。

其次，《马克思主义学院教师课堂教学退出办法》的具体内容如下。

（1）教师课堂教学退出情形。出现以下情形之一的教师退出马克思主义学院课堂教学：一是被依法追究刑事责任的；二是违反意识形态工作责任制，公开发布、宣讲、传播有害言论，造成恶劣影响的；三是严重败坏师德师风，违背高校教师应有的职业道德和操守，给学校名誉或学生身心健康造成严重损害的；四是严重违反学校和学院各项规章制度或严重失职、徇私舞弊，给学校和学院造成重大损害和不良影响的；五是违反学术道德有关规定，经批评教育后仍不知悔改的；六是来学院工作三年内未取得高等学校教师资格的；七是经导师一年培养，考核不合格，延长一年后仍不合格的；八是来学院工作后发现应聘时有伪造应聘材料和其他弄虚作假行为的；九是无合理理由，拒不接受学院和教研室安排的教学科研工作任务，造成严重影响的；十是一个聘期（三年）内出现两次重大教学事故的；十一是一个聘期（三年）内出现三次课堂教学质量测评结果不合格的；十二是连续两个聘期

---

① 习近平. 做党和人民满意的好老师 [N]. 人民日报，2014-09-10：2.

② 用新时代中国特色社会主义思想铸魂育人　贯彻党的教育方针落实立德树人根本任务 [N]. 人民日报，2019-03-19：1.

（六年）考核不合格的；十三是出现其他必须退出教学岗位情形的。

（2）教师课堂教学退出程序。一是对有上述退出情形的教师，教研室主任、学院领导需事先与本人谈话；二是经党政联席会议研究，将退出教师报党委教师工作部（人事处）和分管校领导；三是学院在将研究结果上报学校的同时一并将其告知教师本人；四是待学校答复后，30 天内教师本人在学院和其他相关部门办理退出手续；五是有本人对退出意见不服的，可在从告知之日算起的 15 个工作日内依据相关规定和该办法向学校党委教师工作部（人事处）申请复核。

（3）教师课堂教学退出后的管理。退出马克思主义学院课堂教学的教师由人事处负责管理。

《马克思主义学院教师课堂教学退出办法》的制定目的本身不在退出，而在督促思政课教师不断提升自己的思想、品行、学识、教学以及科研能力和水平等。思政课教学是一项学高为师、身正为范的工作，对教师的要求很高，也要求教师不断加强自身修养和提升自己教学科研能力。

（二）关于思政课教师师德师风考核

思政课教师的思想观念、人生态度、价值取向直接影响着学生，建立健全思政课教师师德师风考核机制至关重要。党的十九大报告指出，要加强师德师风建设，培养高素质教师队伍。抓好师德师风建设无论何时对教育教学发展都十分重要，是打造社会所需、人民所盼的高素质教师队伍的内在要求和根本保障，是确定教师自觉落实立德树人根本任务的关键。基于这一认识，C 校马克思主义学院依据教育部《关于进一步加强和改进师德建设的意见》（2005 年），教育部《关于切实加强和改进高等学校学风建设的实施意见》（2011 年），教育部、中国教科文卫体工会全国委员会《高等学校教师职业道德规范》（2011 年），中组部、中宣部、教育部党组《关于加强和改进高校青年教师思想政治工作的若干意见》（2013 年），教育部《严禁教师违规收受学生及家长礼品礼金等行为的规定》（2014 年），教育部《关于建立健全高校师德建设长效机制的意见》（2014 年），中共中央、国务院《关于加强和改进新形势下高校思想政治工作的意见》（2017 年），教育部《新时代高校教师职业行为十项准则》（2018 年），教育部《关于高校教师师德失范行为处理的指导意见》（2018 年），科技部等《科研诚信案件调查处理规则（试行）》（2019 年），以及该校的《查处学术不端行为实施细则》《教学事故认定及处理办法》等文件特别制定了《马克思主义学院师德师风考核办法》。

该学院师德师风考核办法的主要内容如下。

1. 考核机构

《马克思主义学院师德师风考核办法》规定，马克思主义学院师德师风考核由学院师德师风领导小组和学生代表两者组织实施。

2. 考核程序

一是学院师德师风领导小组组织学院教师学习考核文件，明确考核标准；二是各教研室组织同行评议，并按期将考核结果报学院师德师风领导小组；三是团学办组织学生评议，并按期将评议结果报学院师德师风领导小组；四是学院师德师风领导小组根据同行评议和学生评议结果，按照本办法量化指标打分、排序，并确定考核结果。

3. 评议项目及分值

针对量化指标分别按马克思主义学院同行评教指标量表（见表 4-1）和马克思主义学院学生评教指标量表（见表 4-2）打分。

表 4-1 马克思主义学院同行评教指标量表

评价要素	评价指标	分值	得分
教学思想与态度（12 分）	课程教学方案和教学过程充分彰显坚定的政治立场和马克思主义理论特色	3	
	能够按照《高等学校思想政治理论课建设标准》进行教学目标设计，结合教学内容进行世界观、人生观、价值观教育	3	
	能够结合教学内容开展心理素质、人格品德、治学态度和工作态度教育	3	
	能够贯彻思想政治教育原则，做到尊重关爱学生，善于与学生沟通交流，宽严相济，注重知识传授和能力发展	3	

续表

评价要素	评价指标	分值	得分
教学方案 与目标 （10分）	有符合高等学校思想政治理论课要求的教学方案，达到认知知识目标、情感态度目标、行为技能目标，并表述清晰	4	
	教学目标设计结合应用型大学培养目标，教学内容符合政治思想要求，符合学生需要	4	
	教学大纲、教学方案、教案讲义、教学日志等教学材料齐全	2	
教学内容 与选择 （20分）	教学内容选择及逻辑顺序设计合理，符合思想政治理论课课程标准的要求，教学重点、难点设计恰当，难易程度适中	5	
	教师能结合教学内容，适时介绍马克思主义理论前沿发展动态，论证马克思主义思想与时俱进的理论品质	5	
	教师熟悉思想政治理论课课程方案，备课时能根据前导课程和后继课程内容，恰当衔接	5	
	善于在现代教育学思想指导下，恰当选择和运用新型有效的教学形式和方法，有自己独特的教学风格和特点	5	
教学活动 与方法 （42分）	依据学习目标，在教学活动中穿插适当扩展教学内容，能做到科学、无误和与国家当前要求保持一致	6	
	根据教学内容以及教学场所条件，选择问答、讨论、练习、互动等多种教学辅导方法	6	
	教学工作充满热情，准备充分，能按时上下课，不随意调换教学活动场所，按照学校的规定进行考勤	6	
	具有良好的语言表达和组织教学的能力；能根据教学需要使用多媒体现代教育技术	6	
	教师因材施教，学生积极参与教学活动，教学气氛活跃，能认真解答学生的思想困惑	6	
	教学以学生为中心，能理论联系实际，注重启发诱导，总结教学经验，培养学生的分析和解决问题能力	6	
	课内外作业适量，形式多样，要求明确，作业批阅细心，及时反馈作业成绩和问题	6	
教学效果 与评价 （16分）	通过学习本课程，学生的政治理论素质、科学思维方法、思想道德品质等都得到提高或培养	6	
	通过同行听课评价，认为该教学在学生知识掌握、能力发展、素质提高等方面达到了思政课课程要求	5	
	通过与学生交流，结合学习过程和效果，对本课程教学效果满意度的评分	5	
定性评价	优秀（　）良好（　） 合格（　）不合格（　）	定量评价 总得分	

表 4-2　马克思主义学院学生评教指标量表

评估要素	评价指标	分值	得分
教学素养（20分）	政治立场坚定、态度端正、精神饱满	5	
	授课思想正确、风格独特、特色鲜明	5	
	上课语言流利、板书整齐、仪态端庄	5	
	上课能与学生沟通，要求学生宽严相济	5	
教学目标（10分）	课堂政治导向正确，教育理念先进、科学	5	
	课堂教学目标清晰，重点难点突出、明确	5	
教学方案（24分）	授课教案规范、内容正确、设计合理	8	
	上课环节清楚、信息丰富、思维缜密	8	
	上课前后照应、程序到位、活动适当	8	
教学过程（32分）	能以学生为中心、联系实际、贴近社会	8	
	能因材施教、培育思想、发展能力	8	
	能注重互动、及时反馈、气氛活跃	8	
	布置作业适量、批阅细心、反馈及时	8	
教学效果（14分）	学生通过学习对自己理论知识掌握、分析能力满意度的评价	7	
	学生通过上课对老师教学的认可与满意度的评价	7	
总得分			

4. 量化指标

（1）个人基础分100分。

（2）减分项及分值：凡被学校认定为重大教学事故者，在考核期内每次减50分；凡被学校认定为较大教学事故者，在考核期内每次减30分；凡被学校认定为一般教学事故者，在考核期内每次减15分；同行评议60分以下者，减10分；学生评议60分以下者，减10分。

（3）加分项及分值：在考核期内获"见义勇为"奖及与师德师风相关的各类荣誉者，省部级每次加30分、地厅级加15分；教师兼任各类管理服务工作的加10分，班主任加5分（身兼几职者，只加其中一项最高分）；同行评议80~89分者加3分，90分及以上者加5分；学生评议80~89分者加3分，90分及以上者加5分。

5. 不合格的直接确定

（1）凡在考核期内有违反相关文件规定，包括学术不端等情形者直接确定为不合格。

（2）凡在考核期内受到学校党纪政纪处分者直接确定为不合格。

6. 考核结果的公示与应用

考核结果经学院师德师风领导小组审核后公示，公示结束后再报学院党政联席会议通过。考核结果纳入当年年终考核，并按照《马克思主义学院年终考核办法》计分。最近考核结果直接作为《马克思主义学院高级专业技术职务评审推荐办法（修订）》《马克思主义学院中级专业技术职务评审推荐办法》中的师德师风项结果。

7. 相关责任与追究

凡有师德师风考核不合格者需要追究责任时，学院领导和相关人员各自承担相应责任。

8. 其他说明

（1）本办法中未涉及但对学校造成严重影响和使学校损失声誉的均可认定为师德师风失范，由学院党政联席会议决定予以相应处理。

（2）加分项中教研、科研类奖项不计。

（3）公示期间，对考核结果的认定有异议者，需由当事人向学院师德师风领导小组提出书面复议申请。

该学院在师德师风考核中坚决实行师德师风"一票否决"，特别强调虽然学术研究无禁区，但是课堂教学，尤其是思政课课堂教学有纪律，积极探索构建由学生参与的师德师风监督体系，杜绝任何有损国家利益和学生健康成长的言行，让思政课教师不仅用学识风范，更用高尚师德、人格魅力感染学生。师德师风考核办法的制定需要解决许多具体问题，既要有根有据、言之有理，又要客观公正、合情合理，可以说是一项很难的工作。为制定出具有说服力和认可度的师德师风考核办法，该学院从教师和学生两个方面对同一位思政课教师做出评价。这样做会更加客观，它不是听一面之词，而是既兼听，又直观，是在坦诚公正的状态下进行的，特别是让受教者直接对其老师进行评价，更能反映出教师的师德师风。《马克思主义学院师德师风考核办法》是该学院群策群力，充分发挥集体的智慧和力量，经过多次讨论、修改而制定完成的。当然，《马克思主义学院师德师风考核办法》在以后的实践中还有待进一步完善。

（三）关于本科生导师制及其实施

截至本书撰写完成时，甘肃省 C 校还不是硕士学位授予单位，所以该校仍在全力做好本科教学，为此，该校马克思主义学院结合实际着力在本科教学上做了一些深入的探索性工作。如何把立德树人同管理很好地结合起来，切实发挥出教师的作用？该学院在经过反复研究和一定的实践后认为，本科生导师制对于充分发挥教师的主导作用，引领学生健康成长，建立适应社会发展和要求的新型师生关系，实现和完善因材施教与个性化培养，提升教学质量和水平都具有一定重要意义和作用，同时也是将思政课教学向课外延伸，实现日常化随时性教育，使思政课教学突破特定时空约束而持续地产生影响的重要途径。在这些认识的基础上，为全面做好本科生教育工作，个性化和针对性地培养和教育学生，也为进一步明确本科生导师各环节的职责，该学院制定了《本科生导师制及其实施办法》。这一文件涉及导师的遴选、聘任，工作过程中的指导、管理，年度工作考核，工作评估，经验总结等。《本科生导师制及其实施办法》的具体内容如下。

1. 导师聘任资格与程序

为做好导师的遴选、聘任工作，确定了下列导师聘任资格与程序。

（1）导师聘任资格。政治觉悟高、责任心强、作风正派，有一定教学经验，了解学生管理，懂得教育规律和人才培养目标，能为人师表的在职专任教师。

（2）导师聘任程序。各教研室将确定的本科生导师名单（包括导师个人基本情况、研究方向等）提供给学院；学院负责向学生公布导师情况，组织学生根据自己的意愿选择导师。经过师生互选、教研室协调，在确定了导师和学生的对应名单后提交学院本科生导师制工作领导小组审批、备案。

2. 导师职责与工作要求

导师要围绕立德树人对学生进行指导，关注学生综合素质的提高，主要职责如下。

（1）为人师表，关心学生思想进步，通过言传身教，引导、帮助学生树立科学的世界观、积极的人生观、正确的价值观。

（2）针对学生个体差异，帮助学生制定修读计划，对学生在德智体美劳以及职业生涯的未来设计等方面进行指导。

（3）引导学生树立正确的专业思想，要结合思政课教学积极培养学生的创新意识、奉献精神和实践能力，全面提高学生的专业素质。

（4）关爱学生，帮助学生解决思想、学习、生活上遇到的困难和问题，及时掌握学生各方面的动向和趋势，对在学生中普遍存在的问题，尤其是学习中存在的问题应及时反映给相关任课教师及部门。

（5）保持一定频率的面谈指导，每学期开学、期末必须与学生见面，每月与学生面谈或集体见面指导不少于 1 次，每学期参加学生集体活动至少 1 次。

（6）工作方式以面谈为主，以电话、网络通信等手段为辅；鼓励导师采用其他创新方式。

（7）导师应制定指导计划，填写《工作记录簿》，记录日常工作。

（8）每学年结束时做好工作总结，并提出改进措施。

3. 导师考核

（1）导师对学生的指导计入教师的年度工作量。

（2）导师的考核纳入学院的年度考核，按《马克思主义学院本科生导师考核办法》执行。

（3）对年度考核为优秀的导师在岗位聘任、进修、评先等方面予以优先考虑。

为配合《本科生导师制及其实施办法》，该学院还制定了与其相配套的考核办法、学年度实际业绩考核表、学生评议表、学年度考核学生评议汇总表、学年度考核结果汇总表等五个附件。这五个附件成为《本科生导师制及其实施办法》不可或缺的一部分，保证了其顺利、有效实施，与《本科生导师制及其实施办法》本身也构成一个整体。例如，《本科生导师制及其实施办法》规定考核内容分为实际业绩部分和学生评议部分。实际业绩部分，根据导师工作的基本职责，基于导师指导活动的数量和效果、指导学生的情况，包括思想心理、学习成绩、获奖与违纪、参与课外科研活动、论文发表等情况进行考核。学生评议部分由导师所指导的学生根据其本人在导师的指导下所取得的实际进步和感受情况，通过填写马克思主义学院本科生导师学生评议表来打分。最终的考核分数由实际业绩和学生评议各占50%构成，考核过程是两方面相结合的。根据考核结果，将导师分为三个等级，其中总分≥85分为优秀，60~84分为合格，60分以下为不合格。虽然由于师资力量有限等原因，该学院本科生导师制工作也只是在十分有限的范围内开展，但是通过实践该学院已深刻地认识到，思政课教学不仅仅在课堂，事实上它既需要贯穿于教师工作的全过程，也需要体现在学生成长的各方面；它既可以通过课堂形式进行集体教育，也需要在课下进行个别教育；它既是思想的碰撞、头脑的风暴，也需要润物细无声般的春风化雨。总之，思政课不是抽象的，而是具体的；不只是严肃的理论说教，还有课下面对面的直接交流；既要讲理，又要用情。通过这一系列的两方面结合与统一，思政课教学质量和水平一定会在点点滴滴中自然而然地得到提升。

第五章

开展"三集三提"是提升西部高校思政课教学质量和水平的有效举措

在提升高校思政课教学质量和水平的教学实践中，无论是教育行政主管部门，还是各学校都对此十分重视，并积极探索，取得了一定经验和成绩，其中"三集三提"活动就是突出代表。

一 "三集三提"的基本内涵与相互关系、现实意义

为提升高校思政课教学质量和水平，教育部提出了一项十分有效的举措——开展"三集三提"活动。

（一）"三集三提"的基本内涵

"三集三提"就是指集中研讨提问题、集中培训提素质、集中备课提质量，旨在通过提高教师的理论素质、教学能力、科研水平，促进教学质量和水平的提升，实现立德树人的目标。

习近平总书记指出，办好思想政治理论课关键在教师，关键在发挥教师的积极性、主动性、创造性。要建立政治强、情怀深、思维新、视野广、自

律严、人格正的思政课教师队伍。[①] 因此，必须在综合研判思政课教师中存在的突出问题和薄弱环节的基础上，拿出切实可行的有效措施，努力使思政课教师的个人素质和团队素质均能符合"六要"要求。这个切实可行的有效措施就是通过"三集三提"来积极提升思政课教师所必需的"内功"。

1. 坚持集中研讨提问题

一个人的思想和智慧是有限的，而且由于其个人认识能力的有限性、认识角度上的狭隘或偏执，对问题的认识往往也是不全面的，或还存在一定的极端性。而集中研讨则能克服这一弊端，它通过充分利用众人的智慧和思想，可以从多方面多角度提出问题，形成一种头脑风暴，把问题充分地挖掘出来，然后再按照一定的线索把各种问题按一定逻辑有机地串起来，把准教学重点，找准教学难题，增强教学针对性，进而做到有的放矢。

2. 坚持集中培训提素质

一方面，虽然说教师素质的提高是个人努力的结果，但是这个过程需要高度的自觉和自律，没有高度自觉和自律的人是很难坚持下来的。另一方面，思政课有统一的教材、教学大纲和教学目标等，要完成教学任务，对思政课教师的素质也有统一要求和规范的必要。因此，应组织思政课教师定期开展集中培训，包括学习党的理论创新成果、交流先进经验和认识、相互帮助提升教学能力和水平。另外，在集中培训中也便于形成比学赶帮超的生动局面，尽快促进思政课教师素质的提高。

3. 坚持集中备课提质量

对思政课来讲，坚持集中备课十分必要。一方面，教学是有规范的，也是有统一要求和目标的，对思政课来说更是如此。因此，要形成统一的教学大纲，形成统一的认识和教学要求，必须要经过集体备课。另一方面，对教学重点、难点以及理论问题的把握都需要在相互讨论中达成共识，不能以各自理解为依据，不能存在只有统一教材而没有统一要求的思政课教学。所以，集体备课十分有利于对创新理论、创新实践成果的深刻认识和教学重

---

① 参见习近平. 思政课是落实立德树人根本任务的关键课程 [J]. 求是，2020（17）：8-12.

点、难点问题的深入研究。现在，许多学校都积极推进集体备课，充分利用各种现代信息技术手段，如腾讯会议等，尽可能扩大集体备课的覆盖面，增强集体备课的影响力和实效性。

（二）"三集三提"的相互关系

当然，集中研讨、集中培训、集中备课这三种形式的划分是相对的，完全可以用集体备课来统称。提问题、提素质、提质量也是不同的说法，因为能提出问题，就说明有一定的素质，对问题的解决，同时也就反映出素质的提高和教学或科研质量的提升，三者之间具有辩证统一的关系，我们绝不能机械地对待和区别它们。无论我们采取哪种做法，实际上都在创新和优化思路。思政课教师的讨论、培训和备课就是为了创新和优化思路。思政课缺少思想魅力就缺少了课程感染力，立德树人关键在于用习近平新时代中国特色社会主义思想铸魂育人，而习近平新时代中国特色社会主义思想本身就是创新理论，没有习近平总书记强调的辩证思维、系统思维、历史思维等思维方法[1]和调查研究的工作方法[2]，就不可能将习近平新时代中国特色社会主义思想融入课堂，也就不可能用习近平新时代中国特色社会主义思想铸魂育人。思政课难讲，难讲之处在于它既要求讲政治，牢牢把握、正确理解坚持和发展中国特色社会主义是改革开放以来党的全部理论与实践的主题，又要求讲学术，以课堂为载体传播真理、揭示真理以及激发学生对真理的追求。所以，思政课要求有政治性与学术性，实现二者有机融合，在融合中实现理论与实践的结合。

总之，"三集三提"活动是一种非常有效的方法。各高校的实践都已证明，开展集中研讨、集中培训、集中备课，确实使思政课教师有了问题意识，通过共研教材内容提高了思想认识，通过共学集中培训项目内容提升了教学能力，通过共享集体备课研究成果保证了教学效果。各高校的实践反复

---

① 习近平.高举中国特色社会主义伟大旗帜 为全面建设社会主义现代化国家而团结奋斗——在中国共产党第二十次全国代表大会上的报告[M].北京：人民出版社，2022：21.

② 习近平关于力戒形式主义官僚主义重要论述选编[M].北京：中央文献出版社，2020：89.

证明,"三集三提"增强了思政课教师教研能力,整体提高了思政课教学质量,已呈现出教师强能力、上水平,思政课提质量、增实效的可喜局面。

(三)"三集三提"的现实意义

"三集三提"的提出和实施,对思政课具有很大的现实意义,具体可以概括为以下三点。

一是有助于提质。思政课教师通过参加"三集三提"活动,可以提升他们自身的理论素质、思维能力和教学水平。事实上,"集中研讨提问题""集中培训提素质""集中备课提质量"归结到一处就是思政课教师通过集中的方式,调动集体的智慧和力量,进行思想的启迪和碰撞,运用辩证思维,取长补短,这样形成的观点可能就不是片面的,形成的思路也可能更加正确。久而久之,思政课教师在这样一种充分的民主式集中下,不仅能学习其他教师的优点,还能在传帮带的过程中受益,特别是年轻教师会自觉努力提升自身素质和各方面的能力与水平。

二是有助于增效。"三集三提"活动的显著结果就是有效提高教学质量。一个人的教学能力和水平总是有限的,只靠自己努力改进教学,其效果也是非常有限的。但是通过参加"三集三提"活动,提高教学能力和水平却成为现实。对于这种效果,不仅思政课教师本人有明显体会,就连学生也会有感觉。他们可能对问题理解得更透彻了,对这门课的感受更强烈了,甚至对授课教师的喜爱程度也加深了。由此,思政课可能会更好地启迪学生的心智,让他们思考人生的意义与价值,思考如何为社会做出贡献等重要问题。事实上,学生的这些变化是思政课教师们集体努力的结果,学生受到的教育是来自思政课教师集体的教育。

三是有助于创新。思政课教学质量和水平提升贵在创新,而要实现创新,"三集三提"就是一个重要抓手。思政课要通过"三集三提"实现创新。如在教学思路的创新上,明确思政课的本质、对象,这是创新不能偏离的;明确思政课的魅力在于"思",提高其思辨力和感染力是创新的重点;牢记思政课是立德树人的关键课程,要把创新的目标放在培养出更多更好的社会主义接班人和建设者上。在教学方法的创新上，不断增强思政课的思想性、理论性和亲和力、针对性，把辩证唯物主义和历史唯物主义的逻辑在教学中展开来讲，思政课教师依据马克思主义世界观、方法论，再选用丰富而恰当的思想资源和实践案例，形成一定的教学风格，不仅要把思政课讲得"有滋有味"，给学生提供精神大餐，更要用真理力量引导学生，用真情感化学生，为他们扣好人生第一粒扣子。

二 "三集三提"的基本做法和实际效果

"三集三提"是提高教学质量、深化教学改革的重要做法。近年来凭借先进的网络等技术的不断发展，一种跨区域、跨学校的"三集三提"悄然而生，特别是新冠疫情的出现，又使这种"三集三提"的形式得以迅猛发展。这种跨区域、跨学校的"三集三提"，可以更好地集思广益，群策群力，通过共同讨论、共同交流，取长补短，起到促进教师合作、拓宽教学思路、充实教学内容、规范教学活动、改进教学方法、提高教学质量的作用。这是教学改革和发展的一个必然趋势和选择。当然，"三集三提"的发展还存在一些问题要解决，如主题如何更好地确立，参会人员如何更好地组织，活动如何更好地规模化、制度化、效益化。总之，还需要研究如何提高"三集三提"的引领力和影响力等。

（一）"三集三提"的主要做法与基本经验

以甘肃省为例。甘肃省委教育工委、省教育厅依靠本省5所重点马克思主义学院（其中1所为全国重点马克思主义学院，4所是本省重点马克思主义学院）分别围绕"马克思主义基本原理""毛泽东思想和中国特色社会主义理论体系概论""中国近现代史纲要""思想道德与法治""形势与政策"牵头组织上、下半年各1次的全省高校同课程教师参加的集体备课会，有一定的创新和探索，产生了一定影响，也取得了良好效果，而且这样的集体备课活动还扩展和延伸到了中小学，并逐渐形成了有一定规模的大中小学思政课集体备课活动。

1. 举行高校"学习新思想千万师生同上一堂课"

2018 年 6 月 4 日，甘肃省按教育部部署举行了高校"学习新思想千万师生同上一堂课"集体备课会。集体备课会上，省教育厅有关领导介绍了"学习新思想千万师生同上一堂课"活动的背景，对老师们提出了殷切希望。这次活动是教育部为深入学习宣传贯彻习近平总书记在北京大学师生座谈会和纪念马克思诞辰 200 周年大会上的重要讲话精神而开展的一项重要活动。此次集体备课会使老师们明白了"学习新思想千万师生同上一堂课"的目的在于面向广大高校干部师生讲清楚习近平总书记重要讲话精神的学理支撑，讲清楚新时代教育工作者的使命担当和广大干部师生的责任要求，引导广大干部师生把习近平总书记重要讲话精神内化于心、外化于行，切实将习近平总书记重要讲话精神转化为高校培养社会主义建设者和接班人的政策制度、工作举措、育人体系和教学模式。

此次集体备课会认为，习近平总书记在北京大学师生座谈会以及纪念马克思诞辰 200 周年大会上发表的重要讲话，既深切缅怀了马克思伟大光辉的一生，也深刻阐释了马克思主义体系的丰富内涵以及对人类社会发展的巨大作用，对教育改革发展、对青年成长成才提出了殷切的期望和要求，内涵丰富，意义重大。组织"学习新思想千万师生同上一堂课"活动，是贯彻落实习近平总书记重要讲话精神的重要举措。集体备课会提出，授课教师一要突出讲政治，提高政治站位，做到"两个维护"；二要突出抓重点，明确任务要求，精准把握习近平总书记重要讲话的核心要点；三要突出求实效，精心备课授课，引导师生学深悟透，践行习近平总书记讲话要求；四要突出主旋律，严守纪律规范，保质保量，有声有色地开展好"学习新思想千万师生同上一堂课"活动。此次集体备课会还认为，广大教师群体要学习贯彻落实习近平总书记提出的"一个根本任务"、"两个标准"和"三项基础性工作"，[①] 切实加强新时代马克思主义理论教育教学和研究阐释，做新时代"四

---

① 习近平 . 在北京大学师生座谈会上的讲话 [N]. 人民日报，2018-05-03：2.

有"好老师，当好学生健康成长的指导者和引路人；广大学生要学习贯彻落实"爱国、励志、求真、力行"的要求，做勇担时代大任的社会主义建设者和接班人。此外，此次集体备课会还就讲授题目等问题进行了讨论。

2. 开展不同学段思政课集体备课活动

为了推进思政课创新改革，2020 年下半年，甘肃省委教育工委、甘肃省教育厅分不同学段组织了 8 场思政课集体备课活动，分别开展了高校各门思政课、普通中小学思政课、中等职业学校思政课等集体备课会。

据该省教育厅领导说，此轮集体备课会涵盖全省各地大中小学各学段学校的近 5000 名思政课教师，意在通过集体备课会，对各自的学情、教学进行充分交流，以提升教学质量。

3. 召开新时代思政课教学改革与创新会

2020 年 10 月 17 日，甘肃召开新时代思政课教学改革与创新会暨 2020年甘肃省高校"基础"课集体备课会。全省多所高校的思政课骨干教师代表共 150 余人在现场参加了此次备课会。通过线上直播形式参加此次备课会的有 12 所院校的师生共 500 余人。

思政课承担着对大学生进行马克思主义理论系统教育的任务，是巩固马克思主义在高校意识形态领域指导地位、落实立德树人根本任务的关键课程，必须常抓不懈。此次集体备课会强调，要深入学习、贯彻落实学校思想政治理论课教师座谈会上的重要讲话精神，通过专家的政策和理论解读、生动的教学展示和充分的集中讨论，集思广益，群策群力，全面推动习近平新时代中国特色社会主义思想进教材、进课堂、进头脑，努力实现课程的教材体系向教学体系转化，进而再向知识体系、价值体系和信仰体系转化。在此次集体备课会上，一所高校详细介绍了该校思政课教学改革中的成功经验，并就上好思政课提出三点建议：第一，要用好课堂教学这个主渠道，切实增强思政课课堂教学内容的生活性、生动性和感染力；第二，要着力推动思政课的改革与创新，不断增强思政课的思想性、理论性和亲和力、针对性；第三，要重视思政课的实践性，不断提升学生认识问题、分析问题、解决问题的能力。省教育厅负责人强调，思政课作用不可替代，思政课教师队伍责任重大。思政课教师要以此次全省集体备课会为契机，依托省思政课教指委"基础"课分教指委，按照"八个相统一"要求继续深化思政课教学改革，努力提升思政课教学水平，共同努力，把思政课办得越来越好。

在这次集体备课会上，教育部思想政治工作创新发展中心（兰州大学）主任王学俭教授、大连理工大学马克思主义学院王嘉教授、中国政法大学马克思主义学院李志强教授等都做了专题报告。

此外，教师代表还进行了教学示范与经验交流。来自不同高校和单位的代表分别以"科学信仰马克思主义""超星智慧马院助力思政课集体备课与教学改革""信息技术与思政课教学融合的探索与实践——L校'基础'课线上线下混合式教学改革经验交流"等为题，就如何提高"基础"课教学质量、提升"基础"课教学水平、增强"基础"课教学效果同与会师生进行了交流讨论。

此次集体备课会对进一步贯彻落实习近平总书记在学校思想政治理论课教师座谈会上的重要讲话精神，深入推进思政课教学内容建设与研究，提升"思想道德修养与法律基础"课程教学质量和水平具有一定意义。

4. 举办高校 2020 年秋季"形势与政策"课集体备课会

2020 年 9 月 25 日，甘肃省举办高校 2020 年秋季"形势与政策"课集体备课会。省高校"形势与政策"分教指委单位、省重点马克思主义学院代表、M 校形势与政策教育工作领导小组成员到现场参会，全省高校 600 余位"形势与政策"课任课教师通过"陇政钉"备课群线上参会。

此次集体备课会邀请央视特约评论员、著名国际问题专家杨希雨做了"后疫情时代的国际战略格局与中国道路"专题讲座，他以极高的历史站位、宏大的战略格局、开阔的国际视野，用丰富翔实的史料信息，进行了深入浅出的生动讲授，赢得了线上线下参加备课会教师的一致好评。

在此次集体备课会上，一位教师以"新时代建设教育强国的根本遵循"为题，做了精彩的示范教学。还有其他不同院校的教师就习近平总书记"3·18"重要讲话以来"形势与政策"课程建设情况进行经验交流。

"形势与政策"课分教指委专家提出教学要求，并指出"形势与政策"

课要时刻践行立德树人宗旨，服务学生成长成才，课程教学站位要高、工作要实，教学要将理论与实践相结合，突出重点，充分利用互联网、加强网络阵地建设，不断推动课程建设取得新进展新成效。

此次集体备课会对促进全省高校"形势与政策"课再发展起到了积极作用。有与会老师说："'形势与政策'课程是广大青少年了解国情、时政热点的关键课程，上好这门课是一名思政课教师的任务。这次集体备课不仅有专家对世情、国情的深入分析，还能看到兄弟院校老师的课堂设计，为今后的教学提供了新的思路。"

5. 召开"马克思主义基本原理"分教学指导委员会 2021 年春季学期集体备课会

为深入贯彻落实习近平总书记在学校思想政治理论课教师座谈会上的重要讲话精神，根据省委教育工委《关于组织开展大中小学思政课教师"同上一堂党史课"集体备课会的通知》，结合习近平总书记在党史学习教育动员大会上的讲话精神，甘肃省委教育工委思政处、省"马克思主义基本原理"分教学指导委员会举行了"坚持唯物史观，推进党史学习教育——'马克思主义基本原理'分教学指导委员会 2021 年春季学期集体备课会"。此次备课会共分为主旨报告、教学研讨、会议总结三个环节，共有 200 余名教师通过线上直播、线下交流形式参加会议。

在主旨报告环节，专家分别就历史唯物主义与党史研究相关论述进行了深入讲解；从唯物史观在中国共产党凝聚政治共识百年进程中的贯彻与运用出发，对党的百年进程进行了学理阐释；对坚持唯物史观、学习党的历史、深化对马克思主义政党理论的认识等进行了理论论述。在教学研讨环节，来自不同学校的几位教师围绕"'马原'课教学的历史视野"进行了教学风采展示与教学经验交流。在教学研讨最后阶段，有专家认为，思政课教学应该坚持整体性视野、政治性立场、历史性底蕴、现实性关切、人民性情怀和建制性操作，持续不断推进思政课各学段的一体化、各课程的一体化以及马克思主义理论学科本硕博培养的一体化。此次备课会组织充分、内容扎实，覆盖面广、参与度高，对于提升全省高校"马克思主义基本原理"课程教学的思想性、理论性和有效性以及推进唯物史观与党史学习教育的深度融合具有一定意义。

总之，这次集体备课会，立足中国共产党百年华诞的时代背景与党史学习教育相关精神，旨在实现"马克思主义基本原理"课程教学改革创新与质量提升，不断深化青年教师在唯物史观视野中推进党史学习教育的思想认识，切实引领全省高校思政课教师学史明理、学史增信、学史崇德、学史力行，并促使他们将在党史学习中所要达到的悟思想、办实事、开新局的目标进一步具体落实在思政课教学和科研中。

6. 召开全省高校"中国近现代史纲要"分教指委集体备课会

为贯彻落实习近平总书记有关重要讲话精神和中共中央宣传部、教育部《新时代学校思想政治理论课改革创新实施方案》，切实落实2021年省教学指导委员会"中国近现代史纲要"分教学指导委员会工作计划，根据省教育厅《关于召开2021年春季学期思政课集体备课的通知》，推进全省高校"中国近现代史纲要"课程教学工作有序开展和提高教学效果，2021年3月25日，甘肃省高校"中国近现代史纲要"分教指委举行了集体备课会。

在集体备课会上，甘肃省高校"中国近现代史纲要"分教指委主任从"中国近现代史纲要"在思政课中的定位、课程的基本内容及重点难点问题、"中国近现代史纲要"教学中需要处理好的几个问题等方面提出对"中国近现代史纲要"课程授课的总体要求。陕西师范大学历史文化学院黄正林教授以"新民主主义理论与陕甘宁边区自给经济的建立"为主题，以经济这一切入点对边区的发展做了细致分析，从对边区如何渡过难关的思考入手，抽丝剥茧、层层深入，通过梳理新民主主义理论与边区经济制度的确立、发展和变化过程，得出没有有效的新民主主义的经济建设，边区的巩固和发展是不可能的的结论。黄正林教授以小见大地阐释了中国共产党的发展和革命、建设、改革的历史进程及其内存的规律，为教师讲好"中国近现代史纲要"提供了丰富且有深度的思想启迪。

通过此次"中国近现代史纲要"分教指委集体备课会，同行间进行了切磋探讨，不但准确把握了"中国近现代史纲要"课的教学重点、难点，增强了思政课教师对自己的学科和专业的自信，而且为充分发挥集体智慧，实现知识共享，提升整体教学质量和水平搭建了一个很好的"中国近现代史纲要"授课平台。

（二）"三集三提"的规范化管理

任何一种好的做法要能够长期坚持下去，都不能只凭热情，还必须要有制度的保障，开展"三集三提"活动也不例外。为此，C校马克思主义学院制定了两项保障制度。

1.《马克思主义学院思想政治理论课集体备课制度》

2017年9月，甘肃省C校马克思主义学院为保障集中备课工作有序开展、长期坚持和规范管理，特制定了《马克思主义学院思想政治理论课集体备课制度》。该制度虽然简单，但内容条理清楚，能起到管理管好的作用。

马克思主义学院思想政治理论课集体备课制度

根据中宣部、教育部《关于进一步加强和改进高等学校思想政治理论课的意见》《关于进一步加强高等学校学生形势与政策教育的通知》等文件精神，为进一步加强思想政治理论课课程规范化建设，提高思想政治理论课教育教学的针对性、实效性，特制定《马克思主义学院思想政治理论课集体备课制度》。

一、指导思想与目的

以中央文件精神为指导，从实际出发，充分发挥学院师资集体智慧，创设研究性氛围，努力提升教学水平，促进教师专业成长，进而全面提高教师素养。

二、人员范围

马克思主义学院全体任课教师及外聘教师。

三、基本要求

1.集体备课前，教师要认真学习、收集、研究关于思政课教学方面的文件政策、课改方案、课程大纲、教学要点、教材教参及其他相关材料；抓住教学重点、难点、疑点；要深入了解学生实际，按照学生的专业特点和实际接受能力，分层分类进行备课；做到深入浅出，重点突出，难点明晰，尽可能设计出独到的教学方案以便讨论与共享。

2.集体备课时，由教研室主任主持，按照教学要求对本学期的课程进行整体规划并做简要说明，其他教师陈述各自的备课方案，经讨论后形成统一的授课提纲。

3.集体备课后，教师可通过听课、交流等方式，进一步吃透教材，增强教学针对性，提高教学实效性。

4.集体备课不得无故缺席，教研室主任要严格考勤并做好记录，以备年终考核使用。

四、其他

1.各教研室每学期召开集体备课会两次，一般应安排在第1~2周和第10~11周。

2.本制度经2017年9月4日学院党政联席会议通过，从即日起实施。

2.《马克思主义学院关于思政课教师"手拉手"集体备课活动的总体方案》

2020年11月，甘肃省C校马克思主义学院又根据新要求，制定了《马克思主义学院关于思政课教师"手拉手"集体备课活动的总体方案》，具体如下。

马克思主义学院关于思政课教师"手拉手"集体备课活动的总体方案

按照《关于深化新时代学校思想政治理论课改革创新的若干意见》《中共教育部党组关于印发〈"新时代高校思想政治理论课创优行动"工作方案〉的通知》要求以及《马克思主义学院思想政治理论课集体备课

制度》，为充分发挥高水平思政课专家的示范带动作用，推动思想政治理论课内涵式发展，全面提升教学质量和水平，特制订此方案。

一、指导思想

以《"新时代高校思想政治理论课创优行动"工作方案》为指导，坚持习近平总书记提出的"八个统一"①，不断增强思政课的思想性、理论性和亲和力、针对性，着力推动学院思政课教学教法改进与创优。

二、活动目标

确定思想政治理论课集体备课牵头人，发挥高水平思政课专家示范带动作用，建立思政课教师"手拉手"备课机制，推动学院深入开展集中研讨提问题、集中培训提素质、集中备课提质量活动，以整体提高思政课教师的业务能力和育人水平为活动目标。

三、活动安排

以"马克思主义基本原理""毛泽东思想和中国特色社会主义理论体系概论""思想道德修养与法律基础""中国近现代史纲要""形势与政策"五门课程为集体备课课程，以课程所在教研室为单位，邀请省内外专家开展线上线下集体备课活动。

1.每个教研室主任为本课程集体备课牵头人，每学期负责邀请省内外专家参加本教研室所承担课程的集体备课活动，并负责制订活动开展计划。

2.每个教研室将"手拉手"集体备课活动作为教研室活动的规定内容，要求每学期至少组织两次，形成常态化的集体备课机制。

3.集体备课可采用线下线上相结合的方式，围绕思政课教学内容、教学方法、教学手段、教学案例开发等内容，开展集中备课，以便更好提高思政课教师的业务能力和育人水平。

4.每学期"手拉手"集体备课活动结束后，教研室主任负责整理活动期间相关资料，及时提交学院进行备案。

---

① 用新时代中国特色社会主义思想铸魂育人　贯彻党的教育方针落实立德树人根本任务[N].人民日报，2019-03-19：1.

四、其他

本方案自 2020 年 11 月 9 日起执行。

该学院自《马克思主义学院思想政治理论课集体备课制度》，特别是《马克思主义学院关于思政课教师"手拉手"集体备课活动的总体方案》制定和执行以后，做到了在"三集三提"上用制度管人管事。集体备课，包括集中研讨、集中培训等工作因此而有条不紊地开展起来，这对老师们教学质量和水平的提升起到了十分积极的促进作用。

（三）集中培训及其效果分析

以甘肃省 C 校马克思主义学院 2020 年下半年集中学习与培训为例，具体分析集中培训及其效果。

1.《马克思主义学院教师集中学习与培训方案》原文

马克思主义学院教师集中学习与培训方案

为认真贯彻落实习近平总书记在学校思想政治理论课教师座谈会上的重要讲话，根据《关于深化新时代学校思想政治理论课改革创新的若干意见》《新时代高校思想政治理论课教学工作基本要求》，结合学院实际和本年度工作计划，特制定本阶段《马克思主义学院教师集中学习与培训方案》。本方案已经学校党委 2020 年第 12 次常委会会议通过，现予以实施。

一、指导思想

以马克思列宁主义、毛泽东思想、邓小平理论、"三个代表"重要思想、科学发展观和习近平新时代中国特色社会主义思想为指导，深入学习贯彻党的十九大，十九届二中、三中、四中全会精神，落实全国教育大会、全国高校思想政治工作会议、学校思想政治理论课教师座谈会精神，增强"四个意识"，坚定"四个自信"，做到"两个维护"，不断巩固马克思主义在意识形态领域的指导地位。

二、学习主题

深入学习领会习近平总书记在学校思想政治理论课教师座谈会上的重要讲话，兼学其他相关内容。

三、培训目的

加强思政教育，提高综合素质，争做合格教师，努力培养德智体美劳全面发展的社会主义建设者和接班人。

四、学习与培训形式

系列讲座。

五、具体安排

第一场：安俭教授

主讲：立德树人、家国情怀——谈思政课教师的六要素质和八个统一

时间：6月19日

第二场：范鹏教授

主讲：十三届全国人大三次会议精神学习辅导

时间：6月24日

第三场：王宗礼教授

主讲：新时代人民教师的师德修养及实践路径

时间：7月3日

第四场：王学俭教授

主讲：全球抗疫背景下的爱国主义

时间：7月10日

第五场（一）：马克思主义学院教师

主讲：《民法典》的重大意义与基本内容解读

时间：7月17日

第五场（二）：马克思主义学院教师

主讲：国家社科项目申报及结项的几点心得

时间：7月17日

六、学习与培训要求

1. 学习时注重在学懂、弄通、做实上下功夫，努力把学习精神转化为思想自觉和行动自觉。要紧扣学习内容，坚持读原著、学原文、悟原理，切实掌握精髓要义。

2. 在集中学习与培训方式上，坚持实事求是、简约高效，力戒形式主义。各党支部、教研室要结合自身实际和课程要求，结合专家讲座组织好研讨。坚持问题导向，引导教师带着问题学习、带着不足思考，不断提高政治站位，不断提升授课水平和教学质量。

3. 集中学习与培训期间不得无故缺席，杜绝迟到早退，严格履行请假手续。

4. 本次集中学习与培训由党委宣传部负责组织，马克思主义学院具体实施，总结材料存档并报备党委宣传部。

该方案得到学校党委同意，马克思主义学院按此方案具体开展学习培训。

2. 2020 年上半年集中学习与培训效果分析

2020 年 6 月 19 日，此次集中学习与培训第一场活动正式开始，马克思主义学院全体教师与部分学生在大学生活动中心，聆听了华东师范大学马克思主义学院博士生导师安俭教授做的题为"立德树人、家国情怀——谈思政课教师的六要素质和八个统一"的专题讲座。安俭教授围绕立德树人、家国情怀，从历史、现实、国家、个人的角度，以身边的故事为例，做了一场别具特色、生动鲜活的报告，激励马克思主义学院教师要牢记初心使命，苦练内功，用真情实意、个人魅力从事思想政治教育，脚踏实地地做一名合格的思想政治教育工作者。讲座后，安俭教授还与中国近现代史纲要教研室的老师们进行了座谈，老师们就教学内容、教学方法、实践课教学、课堂教学改革等问题向安俭教授请教并探讨交流。

2020 年 6 月 24 日下午，学院邀请省人大常委会教科文卫工作委员会主任、博士生导师范鹏教授，为学院教师做了十三届全国人大三次会议精神学习辅导讲座，按学校党委要求，学校党口部门负责人、各学院党委书记也来参加。

范鹏教授的讲座从六个方面对全国两会精神做了详细阐释。讲解内容主要包括习近平总书记重要讲话精神，政府工作报告、全国人大常委会工作报告、最高人民法院工作报告、最高人民检察院工作报告的主要精神，本省代表团履职情况，等等。范鹏教授也对学校思想政治工作提出了思想上再认识、认识上再提高、学习上再加强、内容上再充实、活动上再丰富、载体上再拓展的希望。

范鹏教授的讲座内容丰富，能深入浅出地联系实际，回应大家关注的社会热点和焦点问题，并提出了一些具有持续研究价值的前沿问题，让教师们深受启发，取得了良好的培训效果。参加集中学习与培训的教师认为，范鹏教授的讲座政治站位高、知识储备丰富，报告中蕴含着深厚的家国情怀和对家乡的情意，给教师们上了一堂鲜活生动的思想政治理论课。结合范鹏教授的讲座，老师们表示，要紧密结合习近平总书记在学校思想政治理论课教师座谈会上的重要讲话精神，紧密结合落实立德树人的根本任务，紧密结合中央、省委对思政课的系列要求，紧密结合重点马克思主义学院建设的各项任务，紧密结合思想政治理论课教学工作要求，把思想政治理论课内容研究好、讲授好，自觉肩负起立德树人的使命。

2020年7月3日，学院邀请全国教书育人楷模王宗礼教授就师德与师风问题为思政课教师做了题为"新时代人民教师的师德修养及实践路径"的专题讲座。这是此次集中学习与培训系列讲座第三场。百年大计，教育为本；教育大计，教师为本；师德师风，为师之本。习近平总书记在全国教育大会和学校思想政治理论课教师座谈会上都对教师队伍建设，特别是对思想政治理论课教师队伍建设提出了新的更高要求，并将师德师风作为评价教师队伍素质的第一标准。

王宗礼教授从四个方面对思政课教师的师德与师风做了详细解读。第一，为什么要强调新时代人民教师的师德修养。王宗礼教授指出，建设教育强国是实现中华民族伟大复兴的基础性工程，而建设教育强国关键是要建设一支高素质的教师队伍。师德是教师之魂，加强新时代教师师德师风建设，是建设高素质教师队伍的必然要求，是建设教育强国的必经之路。第二，如何理解新时代人民教师的师德修养。王宗礼教授指出，不断丰富教师职业的意义，坚定从教的自觉性、自信心，既要心存敬畏，又要心有大爱，以大爱精神对待教师职业、对待学生。王宗礼教授还结合自身经历指出，做一个好教师必须做到"四个统一"，即坚持教书和育人相统一，坚持言传和身教相统一，坚持潜心问道和关注社会相统一，坚持学术自由和学术规范相统一。第三，怎样提升新时代人民教师的师德修养。王宗礼教授指出，教师必须要通过向书本学习、向实践学习和向榜样学习提升师德修养，要从功利境界上升到自制境界、自觉境界，最后要达到自由境界。第四，新时代人民教师师德修养的实践路径。王宗礼教授指出，新时代人民教师师德修养实践路径是淡泊名利、甘当人梯，终身学习、不断提高，育人为本、德育为先，严以修身、率先垂范。

王宗礼教授的讲座深入浅出，旁征博引，发人深省，十分有助于学院教师师德师风建设和立德树人根本任务的落实。

2020 年 7 月 17 日，马克思主义学院举行此次集中学习与培训第五场讲座。此次讲座中由该学院教师自己结合教学、科研实际学习体会和经验感受与全院老师进行了经验分享。由于本院老师能联系本校本院实际，其讲座内容充实具体，让人听得更清楚、明白，其分享对全院教师的教学、科研能力的提高能起到一定的促进作用。

此次集中学习与培训的特点是既有丰富的内容，又符合学院教师实际的需要；既有与名师名家的交流，又有与单位同事的切磋。这样的学习和培训受到了老师们的欢迎，有助于思政课教师政治素质提高、家国情怀深化、师德师风改善、业务能力提升，而这些又都是提升思政课教学质量和水平的重要因素。

提高教师素质和能力

第三编

第六章

加强思政课教师队伍建设是提升西部高校思政课教学质量和水平的关键所在

2019 年 3 月 18 日，习近平总书记在学校思想政治理论课教师座谈会上明确指出，办好思想政治理论课关键在教师。[①] 这与 1978 年 4 月 22 日邓小平同志在全国教育工作会议上的讲话中指出的 "一个学校能不能为社会主义建设培养合格的人才，培养德智体全面发展、有社会主义觉悟的有文化的劳动者，关键在教师"[②] 有着一定的历史渊源和逻辑关联。高校思政课教学质量和水平的提升关键在教师，也就是说，教师素质的高低以及配备情况直接决定与影响思政课教学质量和水平。因此，各高校，尤其是西部高校应把思政课教师队伍建设摆在重要地位常抓不懈。

一 新时代对思政课教师的新要求

习近平总书记在全国高校思想政治工作会议、学校思想政治理论课教师座谈会以及其他相关场合发表的一系列重要讲话都体现出党中央对思想政治

---

① 用新时代中国特色社会主义思想铸魂育人　贯彻党的教育方针落实立德树人根本任务 [N]. 人民日报，2019-03-19：1.

② 邓小平文选（第 2 卷）[M]. 北京：人民出版社，1994：108.

工作的高度重视。如习近平总书记在全国高校思想政治工作会议上的重要讲话中指出，要教育引导学生正确认识世界和中国发展大势，从我们党探索中国特色社会主义历史发展和伟大实践中，认识和把握人类社会发展的历史必然性，认识和把握中国特色社会主义的历史必然性，不断树立为共产主义远大理想和中国特色社会主义共同理想而奋斗的信念和信心；正确认识中国特色和国际比较，全面客观认识当代中国与看待外部世界；正确认识时代责任和历史使命，用中国梦激扬青春梦，为学生点亮理想的灯、照亮前行的路，激励学生自觉把个人的理想追求融入国家和民族的事业中，勇做走在时代前列的奋进者、开拓者；正确认识远大抱负和脚踏实地，珍惜韶华、脚踏实地，把远大抱负落实到实际行动中，让勤奋学习成为青春飞扬的动力，让增长本领成为青春搏击的能量。[①] 习近平总书记的重要讲话立意高远、思想深邃，总是站在全局和战略高度上，既精辟阐述了加强和改进思想政治工作的重大意义、根本方向、目标任务和基本要求等一系列重大问题，又深刻回答了培养什么样的人、如何培养人以及为谁培养人的根本性问题，始终贯穿着马克思主义的立场、观点和方法，具有很强的政治性、思想性和针对性，是中国特色社会主义教育理论的重大创新成果，是指导思想政治工作的纲领，对推进党和国家教育事业新发展，特别是办好中国特色社会主义大学、提高高校思想政治理论课水平具有十分重要的意义。习近平总书记的重要讲话也让思政课教师备受鼓舞，使他们既有地位更高、腰杆更硬、底气更足的自豪感，同时又有担子更重、责任更大、目标更明的使命感。

中国特色社会主义进入新时代，需要高校进一步坚定政治方向，坚持把立德树人作为中心环节，坚持"三全育人"，全面提高人才培养能力，努力开创我国高等教育事业发展新局面，其中思政课教师发挥着重要作用，特别是在"引领学生理论学习、行为塑造、价值选择方面"[②] 发挥着不可替代的

---

① 把思想政治工作贯穿教育教学全过程，开创我国高等教育事业发展新局面 [N]. 光明日报，2016-12-09：1.

② 熊晓琳，任瑞姣 . 关于思想政治理论课用好课堂教学主渠道的思考 [J]. 思想理论教育，2018（6）：70.

重要作用。那么，思想政治理论课教师如何才能真正发挥新时代思想政治工作排头兵作用，如何坚守住思想政治理论课在思想政治工作中的主渠道、主阵地地位，如何使学生思想政治素质得以有效提高，将中国梦和青春梦统一起来，将远大抱负和脚踏实地统一起来？这些问题都需要每一位思政课教师认真思考，而这些问题的答案归结起来实际上就是新时代对思政课教师提出的新要求，即"要让信仰坚定、学识渊博、理论功底深厚的教师来讲"①思政课，其中最主要的就是把"马克思主义的精髓，马克思主义的活的灵魂：对具体情况作具体分析"②讲清楚、讲明白。

（一）提出党性修养的新要求

新时代对思政课教师提出党性修养的新要求。习近平总书记强调，我们的高校是党领导下的高校，是中国特色社会主义高校。办好我们的高校，必须坚持以马克思主义为指导，全面贯彻党的教育方针。要坚持不懈地传播马克思主义科学理论，抓好马克思主义理论教育，为学生一生成长奠定科学的思想基础。③就此而言，思政课教师无疑重任在肩。因此，思政课教师要把传播马克思主义理论和宣传党的路线、方针、政策紧密结合起来，向学生说明讲透中国共产党是以马克思主义理论为指导思想的无产阶级政党，必须把党艰苦奋斗的历史和所取得的辉煌成就，原原本本、真真切切、完完全全地告诉学生，让学生感受和体会到中国共产党的伟大、光荣和正确。正因如此，思政课教师必须要以党员的标准来严格要求自己，必须要认同且接受党的领导，必须在党的领导下践行和完成党所赋予的神圣而光荣的使命。

要做到这些，思政课教师首先要明白，也要向学生讲明白中国共产党是一个怎样的党。对此，党的十九大报告为我们给出了完整答案：中国共产党是在中国人民反抗封建统治和外来侵略的激烈斗争中，在马克思列宁主义

---

① 习近平.思政课是落实立德树人根本任务的关键课程 [J].求是，2020（17）：10.

② 列宁选集（第4卷）[M].北京：人民出版社，2012：213.

③ 把思想政治工作贯穿教育教学全过程，开创我国高等教育事业发展新局面 [N].光明日报，2016-12-09：1.

同中国工人运动的结合过程中应运而生的。中国共产党的成立使中国人民谋求民族独立、人民解放，国家富强、人民幸福的斗争有了主心骨，从精神上由被动转为主动。中国共产党在领导中国人民实现中华民族伟大复兴的过程中，推翻了压在中国人民头上的帝国主义、封建主义、官僚资本主义三座大山，为实现民族独立、人民解放、国家统一、社会稳定，找到了一条以农村包围城市、武装夺取政权的正确革命道路，成立了中华人民共和国，实现了中国从几千年封建专制政治向人民民主的伟大飞跃；中国共产党在领导中国人民实现中华民族伟大复兴的过程中，完成了社会主义革命，确立了社会主义基本制度，推进了社会主义建设，为当代中国一切发展进步奠定了根本政治前提和制度基础，实现了中华民族由近代不断衰落到根本扭转命运、持续走向繁荣富强的伟大飞跃；中国共产党在领导中国人民实现中华民族伟大复兴的过程中，合乎了时代潮流、顺应了人民意愿，勇于改革开放，破除阻碍发展的一切思想和体制障碍，开辟了中国特色社会主义道路，使我国大踏步赶上时代，并开始引领时代。党的十九届六中全会通过的《中共中央关于党的百年奋斗重大成就和历史经验的决议》总结道："一百年来，党领导人民浴血奋战、百折不挠，创造了新民主主义革命的伟大成就；自力更生、发愤图强，创造了社会主义革命和建设的伟大成就；解放思想、锐意进取，创造了改革开放和社会主义现代化建设的伟大成就；自信自强、守正创新，创造了新时代中国特色社会主义的伟大成就。党和人民百年奋斗，书写了中华民族几千年历史上最恢宏的史诗。"[①]

这样一个用马克思主义武装起来的无产阶级政党，除了代表人民的利益之外，没有一丝私利，也正因如此，中国共产党才敢于肩负起时代先锋、民族脊梁的重任；才敢于面对曲折、修正错误，攻克一个又一个看似不可攻克的难关；才敢于直面问题，消除一切损害党的先进性和纯洁性的因素以及侵蚀党的健康肌体的病毒；才能够初心不改、矢志不渝，创造一个又一个彪炳

---

① 中共中央关于党的百年奋斗重大成就和历史经验的决议 [M].北京：人民出版社，2021：1-2.

史册的人间奇迹。思政课教师自身明白和给学生讲清楚这些重要问题本身就是党的立场、党的情怀、党的修养的重要体现，也唯有如此，才能教育学生树立理想、坚定信念，将来成为发展中国特色社会主义事业的中坚力量。

（二）提出站位更高的新要求

我国基本国情决定了我国必须走中国特色社会主义发展道路，这也要求我们必须办好中国特色社会主义的高校，让学生清楚地认识到我国的特殊国情，在国家发展道路上绝不能照搬照抄别国的经验或模式。那么，中国特色社会主义究竟应该走一条什么样的独特的发展道路？如果思政课教师不十分清楚习近平新时代中国特色社会主义思想，就无法给学生讲明白。事实上，思政课教师将党的十九大报告、十九届六中全会做出的决议和党的二十大报告结合起来学习就可以对习近平新时代中国特色社会主义思想的主要内容做出全面而科学的阐释，这就是十个明确、十四个坚持、十三个方面的伟大成就以及六条贯穿其中的立场观点方法，所有这些科学回答了三个重大时代课题。此外，思政课教师还必须要向学生讲明习近平总书记在党的二十大报告中郑重宣告的"从现在起，中国共产党的中心任务就是团结带领全国各族人民全面建成社会主义现代化强国、实现第二个百年奋斗目标，以中国式现代化全面推进中华民族伟大复兴"①。新时代对思政课教师提出站位更高的新要求。

思政课教师首先要明确中国特色社会主义最本质的特征是中国共产党领导，中国特色社会主义制度的最大优势是中国共产党领导，中国共产党是最高政治领导力量，全党必须增强"四个意识"、坚定"四个自信"、做到"两个维护"；明确坚持和发展中国特色社会主义，总任务是实现社会主义现代化和中华民族伟大复兴，在全面建成小康社会的基础上，分两步走在 21 世纪中叶建成富强民主文明和谐美丽的社会主义现代化强国，以中国式现代化

---

① 习近平.高举中国特色社会主义伟大旗帜 为全面建设社会主义现代化国家而团结奋斗——在中国共产党第二十次全国代表大会上的报告 [M].北京：人民出版社，2022：21.

推进中华民族伟大复兴；明确新时代我国社会主要矛盾是人民日益增长的美好生活需要和不平衡不充分的发展之间的矛盾，必须坚持以人民为中心的发展思想，发展全过程人民民主，推动人的全面发展、全体人民共同富裕取得更为明显的实质性进展；明确中国特色社会主义事业总体布局是经济建设、政治建设、文化建设、社会建设、生态文明建设五位一体，战略布局是全面建设社会主义现代化国家、全面深化改革、全面依法治国、全面从严治党四个全面；明确全面深化改革总目标是完善和发展中国特色社会主义制度、推进国家治理体系和治理能力现代化；明确全面推进依法治国总目标是建设中国特色社会主义法治体系、建设社会主义法治国家；明确必须坚持和完善社会主义基本经济制度，使市场在资源配置中起决定性作用，更好发挥政府作用，把握新发展阶段，贯彻创新、协调、绿色、开放、共享的新发展理念，加快构建以国内大循环为主体、国内国际双循环相互促进的新发展格局，推动高质量发展，统筹发展和安全；明确党在新时代的强军目标是建设一支听党指挥、能打胜仗、作风优良的人民军队，把人民军队建设成为世界一流军队；明确中国特色大国外交要服务民族复兴、促进人类进步，推动建设新型国际关系，推动构建人类命运共同体；明确全面从严治党的战略方针，提出新时代党的建设总要求，全面推进党的政治建设、思想建设、组织建设、作风建设、纪律建设，把制度建设贯穿其中，深入推进反腐败斗争，落实管党治党政治责任，以伟大自我革命引领伟大社会革命。思政课教师深刻理解了这十个明确就可以清楚地认识到中国特色社会主义独特的发展道路是什么，也能够给青年学生讲清楚中国特色社会主义究竟是怎样的社会主义。

思政课教师必须要向学生讲明应坚持党对一切工作的领导；坚持以人民为中心；坚持全面深化改革；坚持新发展理念；坚持人民当家作主；坚持全面依法治国；坚持社会主义核心价值体系；坚持在发展中保障和改善民生；坚持人与自然和谐共生；坚持总体国家安全观；坚持党对人民军队的绝对领导；坚持"一国两制"和推进祖国统一；坚持推动构建人类命运共同体；坚持全面从严治党。党的十九大报告所讲的这十四个坚持，即十四条基本方略是根据中国特色社会主义新的实践做出的理论分析和政策指导，其目的在于更好坚持和发展中国特色社会主义。这十四个坚持是中国共产党从建党以来的艰苦历程中、执政多年的社会主义建设中，特别是改革开放以来取得的辉煌成就中总结出的，它既说明中国共产党是一个善于学习、善于实践、善于总结的马克思主义政党，也说明中国共产党能以实事求是的科学态度对待马克思主义，勇于坚持真理、修正错误，在坚持中发展马克思主义，在发展中坚持马克思主义，还说明中国共产党已找到和成功实践并将继续实践中国特色社会主义独特的发展道路。思政课教师理解了这十四个坚持就是理解了中国特色社会主义独特历史、独特文化、独特国情。

　　思政课教师还要向学生讲明在坚持党的全面领导上，党为加强和改善党的领导进行持续努力，为党和国家事业发展提供了根本政治保证；在全面从严治党上，党坚持党要管党、从严治党，推进党的建设取得明显成效；在经济建设上，改革开放以后，党扭住经济建设这个中心，领导人民埋头苦干，创造出经济快速发展奇迹，国家经济实力大幅跃升；在全面深化改革开放上，党的十一届三中全会以后，我国改革开放走过波澜壮阔的历程，取得举世瞩目的成就；在政治建设上，改革开放以后，党领导人民坚持中国特色社会主义政治发展道路，发展社会主义民主，取得重大进展；在全面依法治国上，改革开放以后，党坚持依法治国，不断推进社会主义法治建设；在文化建设上，改革开放以后，党坚持物质文明和精神文明两手抓、两手硬，推动社会主义文化繁荣发展，振奋了民族精神，凝聚了民族力量；在社会建设上，改革开放以后，我国人民生活显著改善，社会治理明显改进；在生态文明建设上，改革开放以后，党日益重视生态环境保护，以前所未有的力度抓生态文明建设，全党全国推动绿色发展的自觉性和主动性显著增强，美丽中国建设迈出重大步伐，我国生态环境保护发生历史性、转折性、全局性变化；在国防和军队建设上，人民军队革命化、现代化、正规化水平不断提高，国防实力日益增强，为国家改革发展稳定提供了可靠安全保障；在维护国家安全上，改革开放以后，党高度重视正确处理改革发展稳定关系，把维护国家安全和社会安定作为党和国家的一项基础性工作来抓，为改革开放和社会主义现代化建设营造了良好安全环境；在坚持"一国两制"和推进祖国统一上，"一国两制"实践取得举世公认的成功，解决台湾问题、实现祖国完全统一，是党矢志不渝的历史任务，是全体中华儿女的共同愿望，是实现中华民族伟大复兴的必然要求；在外交工作上，改革开放以后，党坚持独立自主的和平外交政策，为我国发展营造了良好外部环境，为人类进步事业做出重大贡献。讲清这十三个方面的成就，能够培养和坚定学生对中国特色社会主义的信心。

最后，思政课教师还要向学生讲明必须要把握好习近平新时代中国特色社会主义思想的世界观和方法论，坚持好、运用好贯穿其中的必须坚持人民至上、必须坚持自信自立、必须坚持守正创新、必须坚持问题导向、必须坚持系统观念、必须坚持胸怀天下等立场观点方法。通过这些分析、讲解，告诉学生习近平新时代中国特色社会主义思想科学回答了新时代坚持和发展什么样的中国特色社会主义、怎样坚持和发展中国特色社会主义，建设什么样的社会主义现代化强国、怎样建设社会主义现代化强国，建设什么样的长期执政的马克思主义政党、怎样建设长期执政的马克思主义政党三个重大时代课题。

总之，思政课教师要向学生讲明党的十八大以来，以习近平同志为核心的党中央领导全党全军全国各族人民砥砺前行，全面建成小康社会目标如期实现，党和国家事业取得历史性成就、发生历史性变革，彰显了中国特色社会主义的强大生机活力，党心军心民心空前凝聚振奋，为实现中华民族伟大复兴提供了更为完善的制度保证、更为坚实的物质基础、更为主动的精神力量。中国共产党和中国人民以英勇顽强的奋斗向世界庄严宣告，中华民族迎来了从站起来、富起来到强起来的伟大飞跃。十个明确、十四个坚持、十三个方面的伟大成就、六条立场观点方法以及党的十八大以来我们党成功推进和拓展的中国式现代化开辟了马克思主义新境界，开辟了中国特色社会主义新境界。思政课教师有了以上的基本认知与分析之后，才能将"四个自信"的力量传递给学生，让他们既能够站在人类社会发展的历史高度，从世界历史的必然性中认识中国的发展大势，又能够面对中国历史，在中华民族自己的兴衰变迁中用辩证唯物主义和历史唯物主义分析中国发展的独特性以及中国人民选择中国共产党，走社会主义道路和进行改革开放的历史必然性。思政课教师只有引导学生认识到这些，才能真正做到为学生点亮崇高理想的灯、照亮人生前行的路，激励学生自觉把个人的理想追求融入伟大事业中去，勇敢做走在时代前列的奋进者。

新时代需要有理想、有本领、有担当的，为中国人民谋幸福、为中华民族谋复兴的新青年，中华民族伟大复兴的中国梦终将在一代代青年的接力奋斗中变为现实。① 而这又要求"广大青年要坚定不移听党话、跟党走，怀抱梦想又脚踏实地，敢想敢为又善作善成，立志做有理想、敢担当、能吃苦、肯奋斗的新时代好青年，让青春在全面建设社会主义现代化国家的火热实践中绽放绚丽之花"②。这些都离不开思政课教学，思政课教师就肩负着培养这样一代代新青年的重任。习近平总书记曾指出：无论时代如何变迁、科学如何进步，马克思主义依然显示出科学思想的伟力，依然占据着真理和道义的制高点。③ 在高校，马克思主义所占据的这两个制高点，需要思政课教师去捍卫和巩固，去建设和强化，并要彰显出马克思主义应有的重要作用和强大生命力。总之，思政课教师要努力顺应新时代发展的新要求，站位要更高，特别是要站在真理和道义的制高点上尽职尽责，成为一名让党放心、让人民满意、让学生信任的好老师。

（三）提出审时度势的新要求

当下，中国特色社会主义已进入新时代。这个新时代具有特定而丰富的内涵。它是一个在新的历史条件下继续夺取中国特色社会主义伟大胜利的时代；是一个决胜全面建成小康社会，进而全面建设社会主义现代化强国的时代；是一个全国各族人民团结奋斗，不断创造美好生活，逐步实现全体人

---

① 习近平.决胜全面建成小康社会　夺取新时代中国特色社会主义伟大胜利——在中国共产党第十九次全国代表大会上的报告 [M].北京：人民出版社，2017：70.

② 习近平.高举中国特色社会主义伟大旗帜　为全面建设社会主义现代化国家而团结奋斗——在中国共产党第二十次全国代表大会上的报告 [M].北京：人民出版社，2022：71.

③ 习近平.在哲学社会科学工作座谈会上的讲话 [N].光明日报，2016-05-19：2.

民共同富裕的时代；是一个全体中华儿女勠力同心，奋力实现中华民族伟大复兴中国梦的时代；是一个我国日益走近世界舞台中央，不断为人类做出更大贡献的时代。中国共产党做出这样的重大判断既有中国意义，又有世界意义，是对我国发展进程做出的符合逻辑的具有重大理论与实践意义的历史性判断。当然，这个重大判断是党在看到我们发展取得巨大成就的同时，也十分清醒地认识到我们发展所面临的诸多新问题而做出的。我们面临的问题很多，如国际经济低速增长、各种要素流动性增强、资源紧缺、逆全球化因素不断出现、单边主义横行和部分国家恣意妄为等；我国国内社会主要矛盾发生变化，发展不平衡不充分，发展质量和效益还不高，创新能力不够强，实体经济水平有待提高，城乡区域发展和收入分配差距依然较大，公平方面存在短板，扶贫任务还很艰巨，生态环境保护任重道远，与民主社会主义、复古主义、历史虚无主义、新自由主义、民粹主义思潮等的意识形态领域斗争依然复杂；在党的建设方面，从严治党永远在路上，影响、弱化党的先进性和纯洁性的因素还很复杂，党内思想、组织、作风等不纯问题还需要进一步解决；等等。党的十八大以来，中国共产党以巨大的政治勇气和强烈的责任担当，提出一系列新理念、新思想、新战略，出台一系列重大方针政策，推出一系列重大举措，推进一系列重大工作，解决了许多长期想解决而没有解决的难题，办成了许多过去想办而没有办成的大事。

新时代对思政课教师提出审时度势的新要求。面对新时代，思政课教师首先要用科学的理论不断武装和提高自己，要审时度势，形成正确认识和判断，然后在遵循思想政治工作规律、遵循教书育人规律、遵循学生成长规律，回归常识、回归本分、回归初心、回归梦想的基础上，通过不断推动思想政治理论课改革创新来提升其教学质量和水平，用学生听得进、听得懂的话来讲，用学生喜欢接受的方式来教，以实现吸引学生、抓住学生、引导学生，让思政课活起来，成为接地气、接现实、接学生的能让他们真心喜爱、毕生难忘、终身受益的课，成为他们人生道路上的奠基课。

（四）提出道德与学识的新要求

习近平总书记强调，教师是人类灵魂的工程师，承担着神圣使命，[①] 思政论课教师更是起着培养学生世界观、人生观和价值观的精神导师的作用。因此，思政课教师一定要使自己成为一名坚定的马克思主义信仰者，成为明道、信道的人，用高尚的品质书写自己的人生；一定要用马克思主义中国化最新理论成果，特别是习近平新时代中国特色社会主义思想武装自己，成为走在时代前列、引领思想之先的人；一定要以培养担当民族复兴大任的时代新人为着眼点，强化教育引导、实践养成、教学保障，把社会主义核心价值观对学生的教育引领融入教育教学各方面，自觉成为模范培育和践行社会主义核心价值观的人。

党的十九大报告指出，人民有信仰，国家有力量，民族有希望。人民的信仰来自对共产主义远大理想的追求，来自对中国特色社会主义共同理想的认同，来自对民族精神和时代精神的弘扬。这些都离不开教育，尤其是思政课教师对广大青年学生的教育，其能使青年学生在进一步推进全社会树立正确的历史观、民族观、国家观、文化观，并进一步实施公民道德建设工程，推进社会公德、职业道德、家庭美德、个人品德建设以及激励人们向上向善、孝老爱亲，忠于祖国、忠于人民的过程中起到积极作用。青年兴则国家兴，青年强则国家强。青年一代有理想、有本领、有担当，国家就有前途，民族就有希望。中华民族伟大复兴的中国梦终将在一代代青年的接力奋斗中变为现实。2021 年 4 月 29 日全国人大常委会通过的《中华人民共和国教育法》规定：教育必须为社会主义现代化建设服务、为人民服务，必须与生产劳动和社会实践相结合，培养德智体美劳全面发展的社会主义建设者和接班人。这回答了"培养什么人、怎样培养人、为谁培养人"这一教育方针必须明确的根本问题。党的二十大更是明确指出，育

---

① 把思想政治工作贯穿教育教学全过程　开创我国高等教育事业发展新局面 [N]. 光明日报，2016-12-09：1.

人的根本在于立德。应全面贯彻党的教育方针，落实立德树人根本任务，培养德智体美劳全面发展的社会主义建设者和接班人。所以，思政课教师在育人中居于非常重要的地位，其良好的道德品行不仅是自我立身的根本依据，更是学高为师、身正为范的基本要求，久而久之会助力青少年学生抵制各种腐朽落后文化侵蚀，自觉推进诚信建设，不断增强责任意识、奉献意识。

可见，新时代对思政课教师提出了道德、学识方面的新要求，要求通过思政课教师基于共产主义道德的人格魅力感染学生和教育学生，鼓励学生做一名共产主义远大理想和中国特色社会主义共同理想的追求人；要求思政课教师充分发挥好、利用好思政课教学的重要作用，坚持把教书和育人、言传和身教、潜心问道和关注社会、学术自由和学术规范统一起来，以高尚的品德和深厚的学识，成为学生健康成长的指导者、学生人生道路上的引路人；要求思政课教师用丰富学识和道德力量吸引学生，让学生学会关心他人、服务社会，不断提高他们的思想水平、政治觉悟、道德品质、文化素养，让青年学生成为德才兼备、全面发展的时代新人。

总之，思政课教师要满足新时代提出的这些新要求，关键在于发挥思政课教师本身的积极性、主动性、创造性，而这"三性"的发挥必须遵循一定的客观规律。"结合思政课教育教学实际，发挥思政课教师的'三性'，应遵循的客观规律主要有：遵循思想政治工作规律、遵循教书育人规律、遵循学生成长规律。"[①] 在此基础上，思政课教师就要在"政治自信、学术魅力、职业自信和人格魅力上下功夫，使教师以坚定的政治信仰、高深的学术水平、高超的教学艺术、高尚的师德师风影响学生、鼓舞学生、感染学生"[②]。

---

① 胡涵锦.深化"办好思想政治理论课关键在教师"理解的若干思考[J].思想政治教育研究，2020（1）：91.

② 熊晓琳，任瑞姣.关于思想政治理论课用好课堂教学主渠道的思考[J].思想理论教育，2018（6）：70.

二 加强思政课教师队伍建设与实践

"改革开放以来，高校思想政治理论课程改革和发展的根本举措和基本经验，就是如何从建设中国特色社会主义理论和实践发展的全局出发、从实现立德树人的根本任务出发，始终坚持以思想政治理论课教师队伍建设为根本、为关键。"① 西部高校思政课建设与发展更要如此，更需要十分重视思政课教师队伍建设，对照新时代对思政课教师的新要求，做许多实际工作。实际上，西部高校都已认识到了这一点，都在积极开展工作。下面以甘肃省 N 校为例来具体认识加强思政课教师队伍建设问题。

（一）现行的主要做法

根据教育部《高等学校思想政治理论课建设标准》要求，N 校于 2015 年 7 月设置了独立的马克思主义学院，承担全校学生的思想政治理论课教学任务和思想政治教育专业本科人才培养职责。目前，N 校马克思主义学院设置有马克思主义基本原理、马克思主义中国化、思想道德修养与法律基础、中国近现代史纲要、形势与政策 5 个教研室；有思政课专任教师 37 人，其中教授 6 人，副教授 21 人，讲师 10 人；博士 5 人，硕士 26 人，学士 6 人。近年来，学校党委对马克思主义学院教师队伍建设高度重视，强调师德为先、教学为基、科研为要，倡导学科自信、专业自信、职业自信，走出了一条人才强院的可持续发展道路。

N 校根据学校是省属高校、新升本院校、普通二本学校，排名靠后、师资力量薄弱等实际情况，为加强思想政治理论课教师队伍建设采取了下列切合实际的做法。

1. 提高整体素质

马克思主义学院教师是学校开展思想政治教育的主体力量。要努力提高

---

① 顾海良，张雷声.改革开放以来高校思想政治理论课教师队伍建设概论[J].教师教育学报，2014（2）：24.

教师自身的政治素质、理论素养、业务能力和道德修养。增强"四个意识"、坚定"四个自信"、做到"两个维护"是党的十八大以来最宝贵的历史经验，"两个确立"是党的十八大以来最重要的政治成果，"两个维护""两个确立"是推进中国式现代化、实现中华民族伟大复兴的最根本政治保证，要不断深化对它们的认识，做政治上的明白人；要不断地加强对马克思主义理论和党的理论以及路线方针政策的学习，做理论上的明白人；要不断地强化教学、科研能力培训，做业务上的明白人；要不断地强调师德师风、育人意识、行为规范，做道德上的明白人。为此，该校马克思主义学院采用给老师压担子、定目标的办法，通过向对口支援学校积极争取定向培养博士研究生的机会，参加各级高校哲学社会科学教学科研骨干研修班以及相关会议，到相关研究基地进行访学进修，到红色教育基地、工厂、农村和社区进行考察研修，选派教师到教育主管部门、对口支援学校挂职锻炼等多种途径，全面提高教师整体素质。2021年6月，该校马克思主义学院"新文科建设下的思想政治理论课创新"教学团队被选为省高等学校教学质量提高项目（教学团队）。

2. 加强学术队伍建设

虽然该校马克思主义学院研究力量相对薄弱，研究水平也十分有限，但是学院还是把科研工作放在重要地位。为此，马克思主义学院专门制定了科研发展规划，明确了科研方向，确定了科研任务，制定了科研资助办法，落实了学科带头人、学术骨干以及每一位教师的科研责任，形成以学科带头人、教授、博士为主干，老中青三结合的学科队伍，奠定了科研发展基础。此外，该学院还积极寻找与外界合作的机会，进一步加强与其他高校马克思主义学院的联系，特别是与对口支援学校马克思主义学院签订了科研精准帮扶协议；积极申请中青年拔尖人才支持计划，培养团队成员，充实学术队伍；加强内部学术合作，开办教授讲座，定期组织学术沙龙等不同形式的学术交流。通过整合校内外资源，建立常态化的交流机制，形成跨校学术团队，增强了科研力量。

3. 推行"三个计划"

为促进教师队伍发展，该学院还推行了三个相关计划。一是博士培养计划。该学院积极鼓励 35 岁以下青年教师攻读博士学位，争取每年都能送出 1~2 人，同时紧紧抓住有对口支援学校的契机，进一步促进学院博士培养计划的实施。二是青年教师导师计划。青年教师是推动学院未来教学、科研发展的有生力量，青年教师的培养是学院可持续发展不可忽视的重要方面。为促进青年教师尽快成长，该学院为青年教师配备有一定教学、科研能力和水平的骨干教师做他们的导师，并以制度形式贯彻落实，旨在全面提高青年教师的政治思想素质和教书育人能力，使他们尽快成为该学院未来教学、科研工作的骨干力量。实践结果证明，这项工作是十分必要的，它能使青年教师在成长过程中少走许多弯路，并较快得到老师和学生的认可。在学校教学质量监测与评估中心组织的学生评教中，该校马克思主义学院青年教师评教成绩为 94.50 分。三是骨干教师研修计划。根据教师队伍建设与发展需要，不断加强对中青年骨干教师的培养与培训，形成合理的人才梯队和人才储备是十分必要的。为此，该校马克思主义学院选派有一定研究基础和能力的中青年教师以访问学者的身份赴国内高水平大学进行研修访学，及时了解和把握学科发展动态与趋势，提高教学与研究能力和水平。近年来，该学院先后派老师到华东师范大学、北京师范大学、浙江大学、武汉大学、厦门大学、兰州大学等高校研修访学。他们也十分珍惜宝贵的学习机会，勤奋刻苦，收获颇丰，开阔了视野，提高了认识，改变了观念。回来后，每个人都为学院教师做了一场学习汇报，让大家分享他们的学习成果，起到了共同提高的作用。

（二）存在的主要问题

虽然 N 校马克思主义学院在思政课教师队伍建设上取得了一定的效果，但是由于底子薄、基础差、认识不够到位等原因，实事求是地讲确实还存在一定的问题，具体如下。

（1）对思想政治理论课教师的继续培养、继续教育不够系统，对习近平新时代中国特色社会主义思想的学习还不够深入，部分教师知识更新缓慢，教学方法落后。虽然思政课教师各种培训不少，教师也能按要求主动参加，学习任务也能完成，但是由于教学工作量大、学院经费不足、学习方式单调、认识不是十分到位等主客观原因的存在，学习效果不佳，学习总是不够深入，老师们对问题的理解也总是不够透彻，在一定程度上影响了教学效果的提升。

（2）教师队伍结构不合理。主要表现为：性别结构不合理，学院有男教师 13 人，女教师 24 人，男女比例为 1∶1.85；年龄结构不合理，学院有 50 岁以上的教师 17 人，占教师总数的 45.9%，而 35 岁以下青年教师只有 3 人；学历结构不合理，该学院教师具有博士学历的只有 5 人，仅占 13.5%，低于学校 20% 的要求，更低于学校整体 23% 的水平。

（3）教学水平不高。经过 1978 年设置专科，2006 年升格为本科，该校马克思主义学院虽已积累了较为成熟的思想政治理论课教学经验，但是由于教师学识、能力以及管理水平等方面的原因，教学水平始终一般，没有大的突破，到目前为止没有获得省级教学成果奖等标志性成果。

（4）科研能力有限。虽然该校马克思主义学院具有较高的高学历（硕士学位及以上）、高职称（副高职称及以上）教师比例，但是由于缺乏研究意识，没有认识到教学与科研之间的相互促进关系，更主要的是缺乏科研兴趣和热情，科研能力有限，科研方向也不明晰，所以没有形成稳定的强有力的科研团队，从而也缺乏用科研支撑与促进教学质量和水平提升的动力与可能。

（5）社会实践研修不够。"社会实践研修是思政课教师自我提升、自我发展的重要途径，其现实意义不可低估。"[①] 近年来，该校马克思主义学院在社会实践研修方面做了一些工作。例如，学院师生利用暑期赴高台、酒泉、玉门开展社会实践研修活动，通过实地考察、学习交流，该学院师生缅怀先烈、再忆历史、砥砺前行。在社会实践研修中，该学院师生感受到了中国共产党领导人民在革命、建设、改革等不同时期所取得的伟大成就，感受到了英雄人物的伟大人格，感受到了祖国的发展和飞跃，达到了深化认识、坚定信念、开阔视野的目的，也进一步坚定了教师立足本职、立足教学，讲好思

---

① 于安龙.高校思想政治理论课教师社会实践研修的价值意蕴与实践理路[J].思想理论教育，2021（5）：65.

想政治理论课的信念和决心。该学院师生认为，这样的实践活动意义非凡，它使理论教学得以丰富，科学研究接了地气，是提升思想政治理论课教学质量和水平的有效途径。

但是受经费、时间、条件等因素制约，社会实践研修做得还很不够。这导致思政课教师理论联系实际能力不强，对一些问题或历史事实没有真实和亲身感受，故讲起课来总是缺乏情感。情感上打动不了自己，又怎么能打动学生？特别是青年教师从学校毕业后直接走上讲台给学生授课，缺乏社会阅历，更是对国情社情了解不深，所以，课堂教学缺乏感染力、吸引力是必然的。在这种状况下，教师讲课觉得无趣，学生听课也觉得乏味，不能很好地激发起学生的学习热情，教学质量低、效果差也就成为必然。

（三）采取的改进措施

针对存在的问题，该学院经认真思考，分析原因，寻找差距，在学校党委的支持下，尽可能克服困难，积极改进原有做法。

（1）坚持以习近平新时代中国特色社会主义思想为指导，精心组织，精心谋划，精心培育，不断增强思政课教学的思想性、理论性和亲和力、针对性，贯彻"八个统一"，努力实现"配方"先进、"工艺"精湛、"包装"时尚，为培养担当民族复兴大任的时代新人、培养德智体美劳全面发展的社会主义建设者和接班人发挥思想政治教育主渠道和主阵地作用。这是提升思想政治理论课教学质量和水平的根本思想保障。

（2）严格遵守和认真执行已制定的该校《马克思主义学院建设标准实施方案》。要解决现存的各种问题，必须依据《普通高等学校马克思主义学院建设标准》从整体上考虑。据此，该校已制定了《马克思主义学院建设标准实施方案》。该方案从组织领导与管理、思想政治理论课教学、马克思主义理论学科建设、社会服务与社会影响、党的建设与思想政治工作等5个方面结合该校及马克思主义学院现实状况提出了符合实际的具体建设目标与要求。现在的任务就是严格遵守和认真执行这一方案。此外，与之相应的其他制度建设也不可少。该学院充分认识到学院的教学等各项工作的发展都离不开制度保障，学院根据学校要求和学院实际，加强制度建设，建立起了较为完整的制度体系。这为提升思想政治理论课教学质量和水平提供了根本制度保障。

（3）探索完善马克思主义学院体制机制以及加强组织建设。为有效组织包括马克思主义学院思想政治理论课授课在内的各项工作，保障其有序开展和有效实施，该校正在探索马克思主义学院由学校党委副书记直接领导、兼任学院书记，学院配常务副书记，学院院长兼任学校党委书记助理或校长助理的做法，从而在组织管理体制上加强对马克思主义学院的领导，从运行机制上密切学校与学院之间的关系，真正加强和改进马克思主义学院的工作。这是提升思想政治理论课教学质量和水平的根本组织保障。

（4）加大对思想政治理论课教师的培训力度。由于思政课本身理论性和时效性强，内容变化快、备课耗时多、授课难度大，所以建立健全思政课教师培训机制不可忽视。故此，该学院通过选派教师参加教育部、省委宣传部、省教育厅等部门举办的研修班，邀请专家做辅导报告，开展校内外网络研修活动等多项举措，加强思政课教师的继续教育工作，帮助教师不断完善知识结构，增强教书育人的责任感和使命感。此外，该学院还明确了培训工作责任主体。思政课教师的培训必须要做到管理明确，不能有利则处处都管，人人插手；无利则互相推诿，无人问津。思政课教师的培训必须是制度化、规范化的，它将直接关系到思想政治理论课教学质量和水平。

（5）开展思想政治理论课教师常态化社会实践研修。开展思政课教师社会实践研修是思政课教学活动有效延展和思政课教师自我提高的内在需求。让思政课教师社会实践研修常态化，认真开展思政课教师走基层活动也体现出党和国家对思想政治工作的高度重视。[①] 通过这一活动，让思政课教师感受到我国改革开放以来的发展变化，切身体会到中国特色社会主义制度优越

---

① 参见于安龙.高校思想政治理论课教师社会实践研修的价值意蕴与实践理路 [J].思想理论教育，2021（5）：65-66.

性，帮助教师从中华民族博大精深的优秀传统文化，以及党带领人民创造的革命文化和社会主义先进文化中获取丰富的第一手资料，在实践中找到鲜活素材，不断培养思政课教师的政治素质、思想素质、理论素质、教育情怀、深厚情感，不断增强思政课的说服力、吸引力和感染力。此外，该学院还鼓励教师到地方或其他部门挂职锻炼，以增加其社会阅历。这些措施都有助于为思政课教师的教学奠定情感基础。

（6）打破用人条框，高度重视思想政治理论课教师队伍建设。做任何事都要实事求是，在马克思主义学院进人问题上也是如此。要为马克思主义学院制定特殊的进人政策，通过"请进来""走出去"，大力实施思想政治理论课名师培养工程；要在进人上出实招，不但要在数量上始终保证1∶350的师生比，而且一定要形成合理的人才梯队。这是提升思想政治理论课教学质量和水平的根本人才保障。

（7）提高科研能力，促进教学发展。夯实学科基础，确立科研方向；加强对外联系，与对口支援学校马克思主义学院对接，形成跨校学术团队；整合校内资源，根据学校、学院实际在马克思主义理论与当代中国发展、中国优秀道德传统与思想政治教育两个研究方向上形成自己的研究特色。通过这些举措提高科研能力，进而提升思政课教学水平。

（8）加强教师管理。要加强思想政治理论课教师的师德师风建设，督促和鞭策思想政治理论课教师用自己的高尚师德、人格魅力、学识风范教育和感染学生；要加强课堂教学督导评价工作，成立思政课教学质量督导小组，进一步建立健全思政课教学评价体系；要鼓励思政课教师开展形式多样的实践教学活动，不断探索思政课实践教学形式，实现实践教学活动项目特色化和品牌化；要加强集体备课，通过集中备课提高教学质量和教学水平。这是提升思政课教学质量和水平的关键一环。另外，该学院还想加强思政课教师同学生的日常联系，如让思政课教师做班主任或辅导员工作，参与学生活动。在面对学生、深入学生的过程中，把握学生思想动态，发现思想问题，找到解决出路，做到有的放矢，最终实现提高教学效果。

三　提高思政课教师理论素质

我国古代对教育的认识是"教，上所施下所效也"①"育，养子使作善也"②。与此精神相一致，联合国教科文组织认为"教育是为了使人学会做事（learn to do）、学会做人（learn to be）、学会与人相处（learn to be with others）、学会学习（learn how to learn）"③。而从事教育的人，即教师，"就是在学校中承担教育、教学任务，以教书育人为主要职责的教育专业人员"④。由于思政课与其他课相比重在用理论说服教育学生，所以，对思政课教师而言，除了"必须具备同别的学科专业教师一样教书育人的职能和素养"，还要"准确地把握和理解党的路线、方针、政策，将政治性与学术性结合起来"⑤，即除了需要具备较高的政治素质之外，还特别要在理论素质上对其提出更高要求。2020 年 3 月，教育部颁布实施的《新时代高等学校思想政治理论课教师队伍建设规定》就明确指出，思政课教师是高等学校教师队伍中开展马克思主义理论教育、用习近平新时代中国特色社会主义思想铸魂育人的中坚力量，要做学习和实践马克思主义的典范。那么，肩负着培养实现建成社会主义现代化强国奋斗目标的社会主义建设者和接班人重要责任的思政课教师要成为这样的中坚力量和典范究竟需要哪些理论素质？怎样才能提高这些理论素质？这些理论素质在思政课教学中又起了什么作用？这三个问题值得我们认真思考。

关于以上三个问题的解答，我们可以通过再学习再领会习近平总书记重要讲话精神和相关文件要求得到重要启示。

---

① （东汉）许慎.说文解字 [M].北京：九州出版社，2006：272.

② （东汉）许慎.说文解字 [M].北京：九州出版社，2006：1209.

③ 转引自蔡中宏，麻艳香.高校思想政治理论课教师专业化发展研究 [M].北京：人民出版社，2019：23.

④ 胡德海.教育学原理（简缩本）[M].兰州：甘肃教育出版社，2008：249-250.

⑤ 蔡中宏，麻艳香.高校思想政治理论课教师专业化发展研究 [M].北京：人民出版社，2019：28.

（一）思政课教师需要具备的三种理论素质

思政课教师肩负着培养德智体美劳全面发展的社会主义建设者和接班人的重要使命，他们所具备的理论素质和思想厚度直接影响培养目标的实现情况。既然思政课教师理论素质的提高势在必行，那么首先就要明确思政课教师需要具备哪些理论素质。当然，随着社会的发展、时代的进步以及教育对象的变化，思政课教师需要具备的理论素质也在不断增加，但是相比较而言以下三种理论素质最为重要。

（1）思政课教师要有较高的马克思主义理论素质。虽然思政课教师讲授马克思主义理论，一般情况下也比其他教师更懂马克思主义理论，但是作为培养德智体美劳全面发展的社会主义建设者和接班人的关键教师，在马克思主义理论的领会和掌握上必须要更扎实，更要树牢科学的世界观、人生观、价值观，更要具备坚定的共产主义信仰，更要深刻理解和深入贯彻党的教育方针，更要自觉学习和践行习近平新时代中国特色社会主义思想，更要用正确的理论武装自己，更要始终走在理论创新前列。这是思政课教师坚持社会主义办学方向、落实立德树人根本任务的前提与要求，做不到这些就无法有效地教育和说服当代思想敏锐，接受能力强，具有鲜明独立性、选择性和差异性的学生。如果思政课教师不注重自己较高的马克思主义理论素质的培养，即使能给学生讲授一些理论，也可能是缺少底气、言不由衷的；即使能给学生做一点说服工作，也只能是勉强和软弱的，达不到把真理讲明、讲透、讲得有力的要求，更达不到"真理的味道是甜的"这样的境界。所以，思政课教师不具备较高的马克思主义理论素质就不可能真正理解"马克思的整个世界观不是教义，而是方法。它提供的不是现成的教条，而是进一步研究的出发点和供这种研究使用的方法"[①]，就很难让学生对思政课教师心服口服，也就很难让学生产生对思政课的由衷热爱。

（2）思政课教师要有较高的哲学方法论素质。哲学既是关于世界观的

---

① 马克思恩格斯选集（第 4 卷）[M]. 北京：人民出版社，2012：664.

学说，又是关于方法论的学说，马克思主义哲学更是为我们提供了科学的世界观和科学的思维方式、工作方法，让我们有了正确认识世界和改造世界的一双"慧眼"、一把"利器"。我们掌握了辩证唯物主义和历史唯物主义世界观与方法论之后，就比较容易把握事物的本质属性和运动规律，能够较快找到解决问题的突破口。习近平总书记指出，要接受马克思主义哲学智慧的滋养，①"坚持战略思维、创新思维、辩证思维、法治思维、底线思维，科学制定和坚决执行党的路线方针政策，把党总揽全局、协调各方落到实处"②。思政课教师给学生讲授理论固然十分重要，但是学生在课堂上掌握的理论往往处于抽象状态，并不能直接用于指导他们的实践。在这种情况下，掌握方法本身就比传授理论显得更为重要，因为只有在正确的方法的作用下，学生才能在有限的实践中对理论本身进行深刻的了解和掌握。例如，需要培养学生学会"通过历史看现实、透过现象看本质，把握好全局和局部、当前和长远、宏观和微观、主要矛盾和次要矛盾、特殊和一般的关系"③。总之，学生对理论掌握和应用的情况如何，与思政课教师是否具有较高的哲学方法论素质关系很大。如果新时代思政课教师不仅自身具备较高的哲学方法论素质，而且还能很好地教会学生掌握这些科学的思维方式和工作方法，那么就会使学生形成辩证思维、做出科学选择，使他们最大限度地将理论与实践联系起来，得到有益收获，为其正确的人生发展道路奠定基础。

（3）思政课教师要有较高的教育科学理论素质。教育不是社会的附件和摆设，它承担着重要的社会功能。作为一种社会实践活动，教育具有一定的时代要求、特定的服务对象、明确的实施目的以及其本身内在的运行规律。《关于深化新时代学校思想政治理论课改革创新的若干意见》提出，要以培养一大批优秀马克思主义理论教育家为目标，制定思政课教师队伍培养

---

① 坚持运用辩证唯物主义世界观方法论 提高解决我国改革发展基本问题本领 [N]. 人民日报，2015-01-25：1.
② 习近平. 决胜全面建成小康社会 夺取新时代中国特色社会主义伟大胜利——在中国共产党第十九次全国代表大会上的报告 [M]. 北京：人民出版社，2017：68.
③ 习近平. 高举中国特色社会主义伟大旗帜 为全面建设社会主义现代化国家而团结奋斗——在中国共产党第二十次全国代表大会上的报告 [M]. 北京：人民出版社，2022：21.

培训规划；要求新时代思政课教师在坚持党的教育方针的基础上，让思政课教学扎根于中国大地，在同生产劳动和社会实践相结合中，坚持为人民服务、为中国共产党治国理政服务、为巩固和发展中国特色社会主义制度服务、为改革开放和社会主义现代化建设服务，培养担当民族复兴大任的时代新人，培养德智体美劳全面发展的社会主义建设者和接班人。《新时代高等学校思想政治理论课教师队伍建设规定》更是从加强教学研究、深化教学改革创新、加强后备人才培养等几方面提出了明确要求和具体办法。当然，教育绝不是盲目的、感性的，而是有其自身的特性和必须遵循的规律。思政课教师要提高自身的理论素质，对教育科学理论的掌握和运用不可或缺，这是形成马克思主义理论教育家情怀的认识基础。思政课教师有了这样的认识基础和马克思主义理论教育家情怀，才能成为政治强、情怀深、思维新、视野广、自律严、人格正的好老师，也才能成为在教学中不断增强思政课的思想性、理论性和亲和力、针对性，有效提升思政课教学效果和水平，在学生心灵中埋下真善美的种子，引导学生扣好人生第一粒扣子的好老师。

（二）思政课教师提高理论素质的两种因素分析

思政课教师理论素质的提高有两方面条件。一是需要有丰厚的与提高理论素质有关的滋养资源，二是需要有积极的与提高理论素质有关的汲取态度。滋养资源是理论素质的生长源，是提高理论素质必备的客观因素。汲取态度是理论素质的提升器，是提高理论素质必要的主观因素。两者相互作用，缺一不可，否则思政课教师提高理论素质将无从谈起。

（1）思政课教师提高理论素质时在滋养资源方面需要把握住四种资源：一要从人类思想发展史、马克思主义经典著作、马克思主义中国化理论成果、中国特色社会主义哲学社会科学文献资料中选择所需要的理论资源；二要从对共产党执政规律、社会主义建设规律、人类社会发展规律的认识和把握中，从中国特色社会主义理论和实践发展成就中，从"四个自信"中选择所需要的自信资源；三要从中华民族五千多年来所形成的优秀传统文化中，从党带领人民所创造的革命文化和社会主义先进文化中选择所需要的文化资源；四要从长期坚持党的教育方针和坚持社会主义办学方向的教育教学实践中，从掌握的一系列教育教学规律，特别是关于思政课教育教学规律和成功经验与案例中选择所需要的符合新时代要求的守正与创新资源。有了这四种资源的滋养，思政课教师就会逐渐形成和构建起比较合理、完整的理论素质体系，就会为思政课教学质量和水平的提升打下坚实的理论根基。

（2）思政课教师提高理论素质时在汲取态度方面必须具备两种积极态度。一是思政课教师要有主动提高理论素质的汲取滋养资源的积极态度。态度决定行动，态度也决定结果。新中国成立后，特别是改革开放以来，思政课已拥有一支可信、可敬、可靠的教师队伍，并得到了党和人民的高度认可，一代代社会主义建设者和接班人不断成长。所以，思政课教师对待滋养资源的态度一贯是认真、积极的，要保持和发扬这种态度，为不辜负党和人民的信任与期望，通过积极汲取滋养资源，主动提高自身的理论素质。不仅如此，教师本身还具有在长期教育教学实践中形成的乐为、敢为和有为的作风，这就使得思政课教师在积极面对滋养资源时总能处于自觉提高理论素质的状态。这种优良作风不仅得到一代代思政课教师的传承，而且在新的教育教学理念和现代信息技术的作用下又被赋予了新的内涵。有了主动提高理论素质的汲取滋养资源的积极态度，思政课教师就有了提高理论素质的可能性。二是思政课教师要有为提高理论素质而主动投身于中国特色社会主义伟大实践的积极态度。实践不仅出真知，还能长才干。唯有在实践中学习，在实践中提高，思政课教师才能具有党和人民期望的满足思政课特殊要求的理论素质，也才能在学生心目中成为值得敬佩的富有人格魅力的引路人。所以，经常组织思政课教师考察调研，深入了解党和人民所取得的伟大实践成就，从中汲取滋养资源，对丰富他们的思想、提高他们的觉悟十分必要。如果有条件，还可以组织思政课教师赴国外调研，拓宽他们的国际视野，这样更有助于他们增强"四个意识"、坚定"四个自信"、做到"两个维护"以及捍卫"两个确立"。在新时代，不断改进和完善思政课教师的实践途径、方式、方法等有着重大意义，因为只有让思政课教师切实体会到国家发展，深刻认识到中国特色社会主义显著的制度优势，并为之而感动和自豪，他们才能把这种感动和自豪带到课程中去并分享给学生，让学生也体会到感动和自豪。这样就会提高思政课的出勤率、抬头率、点头率，也有助于取得良好的教学效果。

（三）思政课教师做到"八个统一"的理论素质支撑

在教学中，思政课教师要做到习近平总书记提出的"八个统一"，不断增强思政课的思想性、理论性和亲和力、针对性，就必须要有马克思主义理论素质、哲学方法论素质、教育科学理论素质以及其他相应的理论素质支撑，否则就难以做到"八个统一"。

（1）在坚持政治性和学理性相统一中，思政课不能不讲政治，讲政治，即具有鲜明的意识形态性是思政课的一个重要特征。但是思政课又不能就政治讲政治，要善于用学理去分析和回应学生的疑惑，用思想理论去说服和教育学生，用真理力量去引导和帮助学生，正确地处理好政治性和学理性的关系，在具体教学中坚持两者的统一。没有或缺少理论素质，思政课就会变成干瘪的说教，教师讲得枯燥，学生听得乏味，根本谈不上什么效果。思政课教师的理论素质是用学理讲政治的基础。

（2）在坚持价值性和知识性相统一中，思政课教师不能以单纯地知识传授为目的，而应寓价值观引导于知识传授中，帮助学生建立起正确的价值观是思政课的重要目标之一。如果思政课教师缺少良好的理论素质，那么就会出现既无法讲深讲透知识中的价值意义，也无法将知识学习纳入价值观培养之中的情况。价值性的显现不是自然过程，而是要在知识性的理论分析后才能有效地显现出来。

（3）在坚持建设性和批判性相统一中，思政课教师既要理直气壮地传授主流意识形态和先进的创新理论，又要敢于直面和批判各种错误观点与思潮，不回避，不遮掩。怎样才能做到这一点，其底气来自哪里？思政课教师除了要有坚定的理想信念，还必须要有较高的理论素质。思政课教师只有具备所需的理论素质，才能拿起批判的武器，富有底气地做到揭示真理、捍卫真理、宣传真理。这是对思政课教师的特殊要求，教师能否做到这一点也是对思政课课程进行评价的重要依据。

（4）在坚持理论性和实践性相统一中，思政课教师一定要明确理论的形成离不开生动的实践，生动的实践性本身就是思政课不同于其他课程的一个显著特征，因此思政课教师在用科学理论培养人的同时，也要重视在火热的社会实践中教育人，要善于把思政小课堂同社会大课堂结合起来，用理论和实践教育、引导学生立鸿鹄之志，做肯奋斗之人。无论是在课堂教学还是在实践教学中，思政课教师都需要具备良好的理论素质，方能从容应对各种情况和挑战，学生不仅需要掌握理论和了解现实，更需要用理论去分析现实，在实践中增长才干。

（5）在坚持统一性和多样性相统一中，理论素质表现在多方面，如思政课教师既要认真落实国家规定的课程设置，使用统一的教材，完成相应的教学目标、教学大纲、教学内容等方面要求，又要理解和贯彻教无定法、贵在得法的基本法则，坚持因时因势因事因人采用不同的施教方法，要在坚持统一性中，做到因时而进、因势而为、因事而变、因人而异。实现教学统一性和多样性相统一需要理论素质的支撑，同时也是思政课教师具有较高理论素质的具体体现。

（6）在坚持主导性和主体性相统一中，思政课教学始终离不开教师的主导，而思政课教师确立主导地位以及引导学生在课堂上发挥主体性确实需要有一定理论的支撑，如对学生的认知规律和接受特点等方面教育教学理论的研究与把握，并通过应用这些教育教学理论形成教师、学生共同参与教学的生动局面。毫无疑问，思政课教师主导性作用的发挥需要依赖其具备的理论素质，而学生主体性地位的确立也需要依靠思政课教师凭其一定的理论素质加以正确引导才能真正实现。坚持主导性和主体性相统一，才能取得有效的教学效果，因为其既可激发学生学习理论的兴趣，又能引导他们提高运用马克思主义立场观点方法的能力。

（7）在坚持灌输性和启发性相统一中，思政课教师要认识到理论灌输是"使青年学生自觉接受马克思主义教育、用马克思主义武装自己，树立正确的世界观、人生观和价值观，抑制各种错误思想的侵蚀和影响"[①] 的重要之举，必须要坚持做好。然而，理论虽需灌输，但又不能仅靠灌输，还需要注重启发，引导学生发现和分析问题，并尽可能解决问题。事实上，灌输和启发都是思政课教师理论素质的迁移与作用发挥的具体体现。灌输要靠思政课教师基于理论素质把理论讲深讲透讲活，讲到骨子里去，让学生真正明白是怎么一回事；启发要靠思政课教师让学生自己把灌输给他们的理论搞清楚弄明白，开启他们的心智，唤起他们对真理以及投身于实践的渴望。

（8）在坚持显性教育和隐性教育相统一中，思政课教师要善于同其他课程教师一起挖掘其他课程中所蕴含的思政教育资源，促进课程思政建设，打通思政课程和课程思政，实现"三全育人"。但是，能否实现这些，又都与思政课教师的理论素质密切相关，他们的理论素质是将思政课程和课程思政中所蕴含的思政教育教学资源融为一体的基础和关键。一般情况下，思政课教师对显性教育更加注重，但是，也确实不能忽视隐性教育，例如，"一名教师的谦虚、公正、自律、自信和尊重他人的人格魅力，也会在课堂教学中发挥潜移默化的作用，有形或无形中影响着学生健康人格的形成"[②]。当然，如果思政课教师的理论素质不够，则显性教育不能得到充分彰显，隐性教育资源也不能得到充分挖掘，两者的教育意义不能得到充分彰显，两者的统一也无从谈起。

总之，思政课教师只有用理论武装自己，才能用理论武装学生。思政课教师不但要具有坚定的理想信念和正确的政治立场，而且一定要具有较高的理论素质，这是其肩负起立德树人使命与担当的必然要求。

---

① 顾海良，余双好. 高校思想政治理论课程教学改革研究 [M]. 武汉：武汉大学出版社，2006：159.

② 滕建勇. 新时期高校思想政治教育探微 [M]. 上海：上海交通大学出版社，2011：206.

第七章

促进东西部高校思政课教师交流是提升西部高校思政课教学质量和水平的必要之举

由于自然条件、历史发展等方面的原因，我国东西部之间在经济、文化等方面存在很大差距，高等教育领域也不例外。因此，加强东西部高校之间的交流十分必要，是促进西部高校教学质量和水平提升的必要之举。

一　开展交流的基础与实践

在东西部高校之间的交流中，由于培养目标的一致性，教材、教学大纲的统一性等，思想政治理论课交流更具有交流的共同基础和条件，因此，通过交流提升西部高校思想政治理论课教学质量和水平也就更有必要性和可行性。

（一）开展交流的政策制定

为了贯彻落实国家西部大开发战略，发挥东部地区高校，包括办学水平高的部分部属高校的领引和带动优势，促进西部高校教学质量和水平提升，早在 2001 年，教育部就启动实施了一个涉及东西部 102 所高校的"对口支援西部地区高等学校计划"，以增加西部优质教育资源，提升西部高等教育发展水平，进一步缩小西部与东部发达地区的差距。北京大学对口支援石河子大学、清华大学对口支援青海大学等为第一批 13 组对口支援关系。经几年实践，至 2009 年，首批受援的 13 所高校综合实力大幅度提升，一级学科博士点从 5 个增加到 46 个，二级学科博士点从 65 个增加到 288 个，二级学科硕士点从 488 个增加到 1493 个，贵州大学、宁夏大学、青海大学、西藏大学和石河子大学等 5 所大学步入"211 工程"院校行列。受援高校的教师队伍结构、社会服务能力和人才培养能力等都得到了进一步的优化或提高，这也确实促进了当地发展。基于此，2010 年教育部为加大对口支援工作的力度，推动此项工作迈上新台阶，又出台了《关于进一步推进对口支援西部地区高等学校工作的意见》。这份文件明确了新的目标和任务，提出要从西部地区现代化建设的大局出发，把服务和促进西部经济社会发展作为对口支援工作的核心目标；要将工作重心从促进受援高校自身发展，转移到增强受援高校服务区域经济社会发展的能力上来。通过强化对口支援各方面的工作，显著提升受援高校的师资队伍水平、人才培养质量、科研服务能力和高校管理水平。努力使受援高校成为地方经济社会发展的依靠力量，成为区域经济建设和社会发展的智力中心和人才中心。《关于进一步推进对口支援西部地区高等学校工作的意见》要求不断提高思想认识，夯实对口支援工作的思想基础，提出对口支援的本质是无私支持和无私奉献，支援高校要认清对口支援工作不仅是政治任务，更是自己的社会责任和历史使命；要勇于肩负起政治任务和社会责任，自觉地履行自己的历史使命。受援高校要充分认识到对口支援的历史机遇性，在主管部门和支援高校的帮助下，科学定位，明确方向，进一步研究、制订或修订学校的中长期战略发展规划，积极利用好支援高校的支援。《关于进一步推进对口支援西部地区高等学校工作的意见》还提出要加强受援高校教师队伍建设，提高受援高校核心办学能力；鼓励支援与受援高校联合培养人才，促进西部受援高校人才培养质量不断提高；充分利用现代信息技术，共享高等学校优质资源；加强科研合作，促进区域经济社会发展；加强互派干部挂职工作，不断提升受援高校管理水平；搭建国际合作平台，增强受援高校国际合作交流能力；健全组织机构，加强对口支援工作的领导和管理。

2016 年，国务院办公厅印发了《关于加快中西部教育发展的指导意见》，又进一步促进了"对口支援西部地区高等学校计划"的执行。2017 年，教育部决定增加部分高校对口支援西部高校，并对部分对口支援高校做出了调整。2020 年，已有 100 多所部属和东部高水平高校参加了该计划，支援西部高校 80 余所，实现了西部 12 个省（区、市）和新疆生产建设兵团全覆盖，形成了"一对一、一对多、多对一"的订单式合作、阶梯式帮扶、滚动式支持、多层次合作的支援帮扶模式，例如，贵州省内的多所高校被教育部列入"对口支援西部地区高等学校计划"，如浙江大学对口支援贵州大学、北京协和医学院和苏州大学对口支援贵州医科大学、中央财经大学对口支援贵州财经大学、华中师范大学对口支援贵州师范大学。自教育部组织部分东部高校对口支援西部高校以来，西部高校受益匪浅，在综合实力、师资队伍、人才培养、科研能力、教学质量和水平提升等方面都取得了长足进步。

（二）签订对口支援协议

甘肃省内的多所高校被教育部列入"对口支援西部地区高等学校计划"，中国农业大学、天津大学、北京交通大学、西南交通大学、合肥工业大学、上海中医药大学、上海财经大学、中国社会科学院大学、大连理工大学等分别对口支援该省不同学校。下面以上海 D 校对口支援甘肃省 C 校为例具体说明东部高校对口支援西部高校的实际效果。2017 年教育部同意并下发了《关于对口支援 C 校等高校工作的通知》，决定由 D 校对口支援 C 校。C 校马克思主义学院借助 D 校对口支援 C 校的契机，与 D 校马克思主义学院签订了对口支援协议。对 C 校马克思主义学院来讲，对口支援使该学院的发展站在了新的历史起点上，迎来了新的发展希望，也为该学院的发展增添了新的活力，促使该学院抢抓学科建设和专业建设的历史机遇，不断向建设省级重点马克思主义学院的目标迈进。

《D 校马克思主义学院对口支援 C 校马克思主义学院协议》签订的目的在于充分利用 D 校对口支援 C 校契机，有效利用 D 校马克思主义学院作为全国重点马克思主义学院的优势平台及其优质资源，尽快帮助 C 校马克思主义学院进行学科、专业建设，提高管理、教学、科研水平和能力，以及积极推动把 C 校马克思主义学院建设成为省级重点马克思主义学院。

《D 校马克思主义学院对口支援 C 校马克思主义学院协议》内容如下。

（1）把 C 校马克思主义学院学科发展方向整体纳入 D 校马克思主义学院学科建设规划，带领和推动 C 校马克思主义学院学科建设。

（2）D 校马克思主义学院主管教学副院长兼任 C 校马克思主义学院教学顾问。

（3）D 校马克思主义学院每学期派教师 1 人来 C 校马克思主义学院驻点支教，其主要工作是授课，听课，指导，参与专业建设、课程建设等教学活动；C 校马克思主义学院每学期可派教师赴 D 校马克思主义学院听课学习。

（4）由 D 校马克思主义学院教师主持的科研项目尽可能邀请 C 校马克思主义学院有关教师参加；由 C 校马克思主义学院教师申请的课题请 D 校马克思主义学院教师助阵。

（5）由 D 校马克思主义学院牵头，C 校马克思主义学院作为协作单位申报国家、教育部或省级重大攻关项目；由 C 校马克思主义学院牵头，D 校马克思主义学院作为重要合作单位申报省、市、厅级重大项目。

（6）由 D 校马克思主义学院主办或承办的重要学术会议，C 校马克思主义学院可派人参加；举办由 D 校马克思主义学院主办、C 校马克思主义学院承办的学术会议。

（7）C 校马克思主义学院不定期派管理人员赴 D 校马克思主义学院进行短期党政、教学、科研、学生等方面管理工作学习与体验。

（8）D 校马克思主义学院与 C 校马克思主义学院互为校外思想政治教育实践基地。

（9）D 校马克思主义学院与 C 校马克思主义学院不定期举行学生多种相互交流活动。

（10）对报考 D 校马克思主义学院研究生（博士、硕士）的 C 校马克思主义学院师生在政策范围内给予一定照顾。

当然，此协议只是一份框架性协议，D校马克思主义学院与C校马克思主义学院还需在实施过程中进一步补充、完善这份协议。

（三）制订精准帮扶方案

随着对口支援的深入，2019年8月甘肃省C校马克思主义学院又与上海D校马克思主义学院在《D校马克思主义学院对口支援C校马克思主义学院协议》基础上协商制订了《D校马克思主义学院精准帮扶C校马克思主义学院学科建设实施方案》。该方案的目标是帮助C校马克思主义学院诊断、设计学科建设规划；指导、帮助C校马克思主义学院在马克思主义基本原理、马克思主义中国化、思想政治教育等学科上的学术研究，形成符合实际且富有特色的学科研究方向，提升研究能力。现在，D校马克思主义学院已帮助C校马克思主义学院在马克思主义基本原理学科上提炼出马克思主义理论与当代社会发展研究方向，帮助马克思主义中国化学科提炼出中国社会主义现代化建设理论与实践研究方向，帮助思想政治教育学科提炼出思想政治教育理论与实践、高校思想政治理论课创新研究两个研究方向。

D校马克思主义学院精准帮扶C校马克思主义学院学科建设实施方案

为了充分发挥D校马克思主义学院的学科综合优势，促进C校马克思主义学院学科建设水平全面提升，双方在全面落实《D校马克思主义学院对口支援C校马克思主义学院协议》基础上，特协商制订《D校马克思主义学院精准帮扶C校马克思主义学院学科建设实施方案》。

一、精准帮扶总目标

1. 帮助马克思主义学院诊断、设计学科建设规划，最终凝聚、形成高峰学科，使之在甘肃乃至西北地区具有比较优势和突出特色。

2. 帮助马克思主义学院思想政治教育、马克思主义基本原理、马克思主义中国化等学科形成可持续发展的规划，凝练富有特色的学科研究方向，提升研究能力，对这些学科方向的团队成员进行学术帮扶，指导学术研究。在申报课题、发表论文和申报奖项等方面进行精准指导，开展重大问题的合作研究，提升本学科团队成员的科研能力。

二、精准帮扶具体目标

帮扶人指导被帮扶学科团队成员三年内完成下列科研成果中任何一项：

1. 导师指导被帮扶人获批省级及以上项目 1 项；

2. 发表国内外核心期刊文章 1 篇；

3. 获得地厅级二等奖及以上的奖励 1 项；

4. 获得横向项目经费 3 万元以上；

5. 帮助完成被地级及以上政府部门采纳并产生重要影响的研究报告或智库报告 1 篇。

三、精准帮扶的具体形式

1. 帮扶学科：马克思主义基本原理、马克思主义中国化、思想政治教育。

2. 帮扶导师要求：博导或硕导。

3. 帮扶形式：帮扶导师与被帮扶学科组成员精准对接帮扶。

四、具体帮扶学科及团队成员

（一）马克思主义基本原理

研究方向：

马克思主义理论与当代社会发展。

（二）马克思主义中国化

研究方向：

中国社会主义现代化建设理论与实践研究。

（三）思想政治教育

研究方向：

1. 思想政治教育理论与实践研究；

2.高校思想政治理论课创新研究。

五、精准帮扶时间

2019年9月至2023年9月。

六、精准帮扶经费预算

指导费和交流费每年一个学科1万元，3个学科5个方向每年共5万元，3年共15万元，此经费从D校对口支援C校项目费用和学院相关经费中支付。

七、其他

定期召开一年一度两个学院精准帮扶工作联席会议，不断完善精准帮扶机制，厘清工作思路，推动方案实施。

八、相关说明

1.本方案可在D校马克思主义学院与C校马克思主义学院实施的过程中进一步补充、完善。

2.本方案自D校马克思主义学院与C校马克思主义学院双方代表签字后生效。

3.本方案一式两份，D校马克思主义学院与C校马克思主义学院各持一份，并报备各自学校。

二　东西部高校交流的实践与实效

东西部高校交流既要注重实际过程，又要注重实际成效，即将过程和实效统一起来。上海D校马克思主义学院对口支援甘肃省C校马克思主义学院基本做到了这一点，具有一定的代表性和借鉴意义。

（一）东西部高校交流的实践过程

在D校马克思主义学院对口支援C校马克思主义学院的过程中，两院之间多次交流、合作，包括同上一堂课，派教师挂职、访学，帮助培养博士生，D校马克思主义学院在硕士研究生招生政策上向C校马克思主义学院倾斜等。

随着 D 校对口支援 C 校工作的启动，两校马克思主义学院也开始商议、启动彼此之间的对口支援工作。其过程具体如下。

（1）2017 年 11 月 7 日，C 校马克思主义学院院长一行 3 人赴 D 校马克思主义学院，与该学院领导接洽对口支援事宜。

（2）2018 年 5 月 21 日，D 校马克思主义学院常务副院长应邀来 C 校马克思主义学院签署《D 校马克思主义学院对口支援 C 校马克思主义学院协议》，并做题为"高校思想政治理论课教学与实践"的报告。

（3）2018 年 6 月 15 日，"学习新思想千万师生同上一堂课活动"在 D 校举行，通过网络同步直播，D 校和西部对口支援高校的 2000 余名师生参加了活动。上海市委党校教授、华东师范大学兼职教授黄力之做了题为"马克思主义的三个'完全正确'"的报告，阐释了习近平总书记关于马克思主义的"三个完全正确"的论断，即历史和人民选择马克思主义是完全正确的，中国共产党把马克思主义写在自己的旗帜上是完全正确的，坚持马克思主义同中国具体实际相结合、不断推进马克思主义中国化时代化是完全正确的。黄力之教授依据马克思主义基本原理，对世界文明史和中国现代史的大量史实进行了深入解读。观看了讲课直播的师生表示，要深入学习贯彻好习近平总书记在北京大学师生座谈会和纪念马克思诞辰 200 周年大会上的重要讲话精神，自觉用习近平新时代中国特色社会主义思想武装头脑，以实际行动为夺取新时代中国特色社会主义伟大胜利、实现中华民族伟大复兴贡献力量。

"学习新思想千万师生同上一堂课活动"师生的听课感言

D 校马克思主义学院一教师说："黄力之老师的这堂课从世界性、时代性、现实性相结合的角度全方位深刻阐述了马克思主义在当代的价值与意义，课堂内容所运用的资料新鲜，极具现代感，很能引起青年大学生的兴趣，将理论观点精准灵活地渗透于案例之中，令人久久回味。"

D校马克思主义学院一2017级硕士研究生说:"'学习新思想千万师生同上一堂课'让我们更加深刻地理解到马克思主义的发展未来在每一个新时代新青年的身上。但是,前行的道路并不总是如人所愿。选择了这条路,就要以理解为基础、以信任为升华、以信念为支撑,做好吃苦的打算。这条路,很寂寞、很辛苦,却是最大的幸福。为马克思主义中国化时代化做贡献,是我们肩上的责任,更是人生的信条。"

新疆师大历史学院一本科生说:"听完黄教授的课,我懂得了马克思主义不是书本教条,它是与时俱进的理论,与我们息息相关。作为当代大学生,更加应该加强理论学习,坚定马克思主义的科学信仰,以理论指导实践,为新疆社会稳定和长治久安做出应有的贡献。"

C校马克思主义学院一本科生说:"听了黄力之教授的本次讲课,我深受震撼。黄教授的课程视野开阔,遍及全球,内容涉及古今中外。通过观看此次讲座,我们明白了马克思主义的'三个完全正确'中所包含的科学道理,认识到应该通过深入学习马克思主义理论,努力提高思想觉悟。"

C校马克思主义学院一本科生说:"正因为高举马克思主义理论旗帜,有了辩证唯物主义与历史唯物主义的科学世界观和方法论,中国共产党才能始终坚持为中国人民谋幸福,为中华民族谋复兴,不畏艰险,敢于牺牲,领导中国人民找到一条正确的革命道路,中国的面貌才焕然一新。"

C校马克思主义学院一本科生说:"马克思主义是历史的选择、人民的选择。在特定的历史条件下,我们选择了马克思主义,在实践中,我们又检验了马克思主义的正确性。马克思主义为中国人民指明了前进方向,因此,我们坚信马克思主义,在中国共产党的领导下,我们的国家会越来越富强,我们的人民会越来越幸福!"

贵阳学院文化传媒学院一2017级本科生说:"实践证明,马克思主义为中国革命、建设、改革提供了强大的思想武器,使中国创造出了历史上前所未有的发展奇迹。我们要不忘初心,坚持高扬马克思主义伟大理论旗帜，坚持以共产主义为崇高理想和奋斗目标，坚持走中国特色社会主义道路，不断推进马克思主义中国化时代化，为实现伟大复兴的中国梦奋斗一生。"

（4）2018年11月6~12日，C校马克思主义学院党委书记一行7人前往D校马克思主义学院学习考察，围绕党建、专业建设、研究生教育、新教材使用等内容与D校马克思主义学院同行进行深度交流。

（5）2019年3~7月，C校马克思主义学院一教师到D校马克思主义学院进修。

（6）2019年6月23日，应C校马克思主义学院邀请，D校党委常委、宣传部部长兼马克思主义学院院长到学院指导学科建设。交流中，提出要打造特色学科，要结合学院教师的研究成果以及本区域的基本情况确定和提炼具有一定特色的学科方向，同时该院长还在人才培养、课程建设、科研能力、课题申报等方面对C校马克思主义学院进行了指导。

（7）2019年10月23~25日，C校马克思主义学院副院长一行6人到D校马克思主义学院参加学科精准帮扶联席会议，D校马克思主义学院常务副院长表示愿意帮助C校马克思主义学院建立稳定的学科队伍，找准目标，突出优势，聚焦西部，形成特色学科；邀请C校马克思主义学院老师参与D校马克思主义学院老师的国家级和部级项目研究。

（8）2019年12月2日上午，D校马克思主义学院一名被评为高校思想政治理论课教师2017年度影响力人物、第四届全国高校青年教师教学竞赛一等奖获得者的教授应邀来C校马克思主义学院给师生做了题为"使命、目标与路径：新时代高校思想政治理论课的新思考"的讲座。讲座通过生动事例，讲明了把马克思主义信仰和中国特色社会主义信念作为我们信仰的重要意义，进一步增强了该学院师生对专业的认同和责任感、使命感。

（9）2019年12月2日下午，D校马克思主义学院副院长来C校马克思主义学院做了题为"新时代思政课改革的多维视角"的讲座，并与学院教师就思政课教师的素质、价值以及教育的意义，大中小学思政课一体化建设等问题进行了深入探讨和交流。

（10）2020年5月16日，D校马克思主义学院常务副院长来C校马克思主义学院做了"D校马克思主义理论学科发展的思考"专题报告，并具体指导该学院学科建设。

（11）2020年6月19日，D校马克思主义学院一教授（博士生导师）来C校马克思主义学院做题为"立德树人、家国情怀——谈思政课教师的六要素质和八个统一"的专题讲座。

（12）2021年8月2~8日，由教育部高校思想政治工作队伍培训研修中心（D校）主办的C校宣传思想和意识形态工作专题研修班、思想政治理论课教师政治素养与教学能力提升研修班在D校马克思主义学院以在线直播形式举行。此次研修班旨在进一步贯彻落实习近平新时代中国特色社会主义思想、贯彻落实党的教育方针，提升中层干部开展思想宣传和意识形态工作的能力、水平，加强思想政治理论课教师队伍建设。

（13）2022年7月10日，D校马克思主义学院一教授通过腾讯会议为C校马克思主义学院教师做题为"马克思主义理论学科教师教学与科研能力提升的若干思考"的讲座。讲座分别对马克思主义学科的发展现状、教师教学和科研能力提升等方面做了分析和讲解，对老师们的教学、科研工作起到了指导和推动作用。

（二）西部高校在交流中取得的实际成效

上海D校马克思主义学院对口支援甘肃省C校马克思主义学院所采取的一系列实质性举措，确确实实地推动了C校马克思主义学院建设与发展。省第一批思想政治理论课名师工作室的获批、省第三批重点马克思主义学院培育对象的入选、省高等学校教学质量提高项目（教学团队）的获立、教育部高校思政课教师研究专项一般项目和省哲学社会科学规划项目重点课题的获立，以及该学院青年教师进入D校马克思主义学院深造，思想政治教育专业学生考研率连续位于全校第一，且有多名学生考入包括D校在内的双一流高校等成绩的取得都与D校马克思主义学院的无私帮助分不开。实践充分证明，西部高校思政课教学质量和水平提升借力于东部高校对口支援是十分必要与可行的。这条路两校马克思主义学院还会继续走下去，在实践中还会探索出更多的有利于东西部高校马克思主义学院之间的交流和帮助以及促进西部高校马克思主义学院建设、发展和提升的举措。

（三）东西部高校交流的加强与改进

实践证明，东西部高校交流是一项利于西部高校教学质量和水平提升等的非常好的措施，西部许多高校在得到东部高校的对口支援之后确实实现了较快发展和教学水平的大幅度提升。对于此项工作，国家重视，各援助学校也十分认真，积极予以支援和帮助，各受助学校更是十分珍惜这样的机会。所以，总体上应该肯定此项工作的成果，并应该将这种交流作为一项长期计划坚持下去，但是从加强东西部高校交流的角度来看其还存在需要改进的地方。

一是要切实加强组织领导。在东西部高校交流中，从教育部层面来讲，不仅要牵线，还要搭桥，为对口支援双方做实际的组织者、中介人和监督员，帮助落实双方达成的协议，协调解决关键问题和难题。从各省（区、市）层面来讲，要成立对口支援专班，由对口支援关系中两所高校所在地方领导和教育行政主管部门、两所高校主要负责人组成，具体谋划工作思路，解决实际困难以及支援所涉及的其他领域、部门的问题。因为，在对口支援中有些实际问题是高校自己能解决的，同时也确实存在学校层面解决不了的问题。从双方学校层面来讲，一定要有专门机构和专人具体负责对口支援工作，各部门各学院一定要对接上，落实责任人。

二是要切实制订可行方案。对口支援不是双方直接有一事说一事，而是一定要从整体考虑，从双方实际出发制订出可行方案，一定要有目标，要有重点，要有计划和举措。从援助方方面讲，其所给予西部受助学校的一定是基于它的强项和优势的，其应在这方面有足够的师资力量、成功经验、科研能力、教学水平，并在世界或国内处于一定领先地位或具有一定影响力，这样才能帮助受助学校解决相关的具体问题，收到实效，见到成效。从受助方方面讲，一定要坦诚，要与援助学校积极、主动地充分沟通，要敢于暴露自身的弱点和不足，绝不能遮遮掩掩，更不能打肿脸充胖子，要珍惜传经送宝的机会，要有长远计划和目标，要有实事求是、虚心学习的态度，要有自我批判的精神，要有说干就干、雷厉风行的做派。

三是要切实执行帮扶计划。对口支援方案制定好之后，一定要执行，要落到实处。从援助方方面讲，要诚心实意地帮，不能应付差事，做表面文章，摆花架子，也不能只是指手画脚，蜻蜓点水，必须要伏下身子手牵手地领、手把手地教。从受助方方面讲，要真心实意地学，不能不懂装懂，一知半解，不能自己糊弄自己，糊弄援助学校和上级部门，要做到不懂就问、不会就学，特别是要改变自己的认知，使自己在思想观念上同援助单位缩小距离，根据实际情况学着做、照着做，更要主动作为，同时发挥积极的创新精神，在援助学校帮扶的基础上走出自己的发展之路。

加强教学针对性　　第四编

·第八章·

铸牢中华民族共同体意识是提升西部高校
思政课教学质量和水平的思想共识基础

我国是一个统一的多民族国家，处理好民族问题、做好民族工作、加强民族团结、凝聚思想共识对国家长治久安和中华民族伟大复兴中国梦的实现具有重要意义。特别是在西部高校，为铸牢青年大学生的中华民族共同体意识而开展的思想政治教育给提升西部高校思政课教学质量和水平奠定了坚实的思想共识基础。通过铸牢青年大学生的中华民族共同体意识来提升西部高校思政课教学质量和水平是十分必要和可行的。

一 正确理解铸牢中华民族共同体意识的实践要义

党的十八大以来，以习近平同志为核心的党中央着眼于新时代民族工作面临的新形势新特点，深刻把握党和国家事业发展对民族工作提出的新任务新要求，谋长远之策，行固本之举，在强调中华民族大家庭、中华民族共同体的基础上创造性地提出了"铸牢中华民族共同体意识"这一要求，引领我国民族工作在创新发展中迈上了新台阶，开辟了马克思主义民族理论中国化时代化的新境界。习近平总书记指出，铸牢中华民族共同体意识是新时代党的民族工作的"纲",所有工作要向此聚焦。[①] 高校思政课教师,特别是西部高校思政课教师必须要认真领会和践行习近平总书记的重要指示,要将习近平总书记关于加强和改进民族工作的重要思想在思政课中全面贯彻,做到教学中紧扣铸牢中华民族共同体意识的工作主线,引导教育青年大学生准确、完整地理解铸牢中华民族共同体意识的重大实践要义。

(一)坚持党的领导是铸牢中华民族共同体意识的根本保证

"党政军民学,东南西北中,党是领导一切的。"[②] 党的民族工作取得的最大成就,就是走出了一条中国特色解决民族问题的正确道路。党的十八大以来,习近平总书记关于加强和改进民族工作的重要思想之一就是把铸牢中华民族共同体意识作为新时代党的民族工作的主线,而要做好这项工作必须坚持党的领导。坚持党的领导是铸牢中华民族共同体意识的必然要求和应有之义。

中国共产党之所以能领导中华民族铸牢共同体意识,就是因为她是马克思主义政党,是中华民族的先锋队,她代表着最广大人民的利益,有着为人民服务的根本宗旨。习近平总书记指出:"中国共产党一经诞生,就把为中国人民谋幸福、为中华民族谋复兴确立为自己的初心使命。一百年来,中国共产党团结带领中国人民进行的一切奋斗、一切牺牲、一切创造,归结起来就是一个主题:实现中华民族伟大复兴。"[③] 为此,"党领导人民浴血奋战、百折不挠,创造了新民主主义革命的伟大成就;自力更生、发愤图强,创造了社会主义革命和建设的伟大成就;解放思想、锐意进取,创造了改革开放和社会主义现代化建设的伟大成就"[④]。今天,在新时代,中国共产党继续团

---

① 以铸牢中华民族共同体意识为主线　推动新时代党的民族工作高质量发展 [N]. 人民日报,2021-08-29:1.

② 习近平. 决胜全面建成小康社会　夺取新时代中国特色社会主义伟大胜利——在中国共产党第十九次全国代表大会上的报告 [M]. 北京:人民出版社,2017:20.

③ 习近平. 在庆祝中国共产党成立 100 周年大会上的讲话 [M]. 北京:人民出版社,2021:3.

④ 中共中央关于党的百年奋斗重大成就和历史经验的决议 [M]. 北京:人民出版社,2021:1-2.

结带领中国人民，自信自强、守正创新，通过战胜一系列重大风险、挑战和困难，取得了历史性成就、带来了历史性变革，为实现中华民族伟大复兴提供了更为完善的制度保证、坚实的物质基础、强大的精神力量。在党的百年奋斗历史中，中华民族迎来了从站起来、富起来到强起来的伟大飞跃。总之，在这一系列的历史进程中，全国各族人民摆脱奴役、实现独立，翻身解放、当家做主，消灭贫困、实现小康，满怀信心、再创辉煌的巨大变化都与中国共产党的领导密不可分，中国共产党成了全国各族人民的主心骨。

人民选择了中国共产党，中国共产党也从未辜负人民的选择。正是在中国共产党的领导下，中华民族成为一个完整、不可分割、谁也离不开谁的共同进步、繁荣与发展的共同体，实现了中华民族真正意义上的大团结，能够坚强抵御来自任何人任何政治势力对我国民族关系的挑拨与破坏。由此可见，民族团结是民族关系的生命线，而要始终维护民族团结，保障全国各族人民的根本利益，实现中华民族伟大复兴中国梦，巩固和发展平等团结互助和谐的社会主义民族关系，开创我国民族工作新局面，必然要求中国共产党领导中国人民铸牢中华民族共同体意识，党的领导是铸牢中华民族共同体意识的根本保证，其地位和作用不可替代。

（二）树立"四个与共"共同体理念是铸牢中华民族共同体意识的理念基础

习近平总书记指出，铸牢中华民族共同体意识就是要引导各族人民牢固树立休戚与共、荣辱与共、生死与共、命运与共的共同体理念。[①] 这些共同体理念是符合中国历史发展趋势、中华文化特点、中华民族精神的，也是符合时代特征和要求的，是在交往、交流、交融中形成的。在我们伟大的中华民族发展史上，辽阔的疆域是各民族共同开拓的，悠久的历史是各民族共同书写的，灿烂的文化是各民族共同创造的，伟大的精神是各民族共同培育的。我们各民族胼手胝足、披荆斩棘，共同开拓的祖国锦绣河山、广袤疆

---

①　以铸牢中华民族共同体意识为主线　推动新时代党的民族工作高质量发展 [N]. 人民日报，2021-08-29：1.

域，使中华民族有了赖以生存和发展的美丽家园；共同书写了中国统一多民族国家发展历程，倡"六合同风、九州共贯"，携手前行；共同创造的中华文化兼容并蓄、精彩纷呈、博大精深，展现的是各民族文化的互鉴融通、交相辉映，且历久弥新，成为自信之源；在历史长河中，各民族又将勤劳质朴、崇礼亲仁、热烈奔放、勇猛刚健、海纳百川、敢闯敢拼等品质源源不断地注入我们自身的特质和禀赋，共同培育出以爱国主义为核心的中华民族精神，从此，各族人民共御外侮、共赴国难、共筑家园，共同为民族独立和人民解放、国家富强和民族复兴做出了不可磨灭的历史贡献。

由此可见，在中华民族的历史进程中，各民族有着文化上的兼收并蓄、认知上的相互融合、经济上的相互依存、情感上的相互亲近。我国的历史就是各民族共同缔造、发展而成的，就是各民族通过交往、交流、交融而创造的。共同的历史，把各民族紧紧连在一起，构成了多元一体的格局，而这其中的民族关系，就是习近平总书记所强调的在中华民族多元一体的格局中"一体包含多元，多元组成一体，一体离不开多元，多元也离不开一体，一体是主线和方向，多元是要素和动力，两者辩证统一"[①]。

在中央民族工作会议上，习近平总书记在强调树立"四个与共"共同体理念的基础上，更是站在党和国家事业发展全局的战略高度，深入阐明铸牢中华民族共同体意识的重大意义，指出必须以铸牢中华民族共同体意识为新时代党的民族工作的主线，推动各民族坚定对伟大祖国、中华民族、中华文化、中国共产党、中国特色社会主义的高度认同，不断推进中华民族共同体建设。[②] 所以，牢固树立"四个与共"的共同体理念能进一步增强各民族的政治归属感和政治认同，增强各民族的社会归属感和文化归属感，进一步推动各民族树立起正确的国家观、历史观、民族观、文化观、宗教观，进一步增强各民族的国家意识、公民意识和法治意识。所以，树立"四个与共"共同体理念就是铸牢中华民族共同体意识的理念基础。

---

① 习近平关于社会主义政治建设论述摘编 [M]. 北京：中央文献出版社，2017：150.

② 以铸牢中华民族共同体意识为主线　推动新时代党的民族工作高质量发展 [N]. 人民日报，2021-08-29：1.

（三）实行民族平等是铸牢中华民族共同体意识的现实基础

从理论上讲，民族平等是马克思主义民族理论的根本原则和中国共产党民族理论的重要基石；从实践上讲，实行民族平等是处理现实民族问题的根本遵循。作为马克思主义政党，中国共产党自成立之日起就积极坚持和践行马克思主义民族平等思想，提出了在各民族一律平等的基础上解决中国民族问题的主张。习近平总书记指出："70 年前，我国各族人民在中国共产党领导下，共同缔造了新中国。我们党创造性地把马克思主义民族理论同中国民族问题具体实际相结合，走出一条中国特色解决民族问题的正确道路，确立了党的民族理论和民族政策，把民族平等作为立国的根本原则之一，确立了民族区域自治制度，各族人民在历史上第一次真正获得了平等的政治权利、共同当家做了主人，终结了旧中国民族压迫、纷争的痛苦历史，开辟了发展各民族平等团结互助和谐关系的新纪元。"[1] 在 2021 年中央民族工作会议上，习近平总书记又强调，必须坚持各民族一律平等，保证各民族共同当家做主、参与国家事务管理，保障各族群众合法权益。[2] 铸牢中华民族共同体意识离不开坚持各民族一律平等，包括各民族在政治地位上的一律平等，在经济、文化、社会生活等各领域以及在法律面前的一律平等。平等是团结、互助、和谐的基础，中华民族大团结就是在坚持各民族一律平等的坚实基础上实现的，在坚持各民族一律平等的坚实基础上，各族人民才能像石榴籽一样紧紧抱在一起。否则，民族团结就无从谈起。

事实上，各民族平等不是从来就存在的，也不是在社会历史发展过程中自然形成的，而是在中国共产党领导下在伟大革命中确立的，在伟大建设中巩固的，在伟大改革中完善的，也必将在伟大梦想的实现中进一步发展。中国共产党的领导是民族平等的根本保证。在中华民族的历史上，各民族取得了许多共同的胜利和成就，胜利和成就的取得，就是在民族平等的基础上实

---

① 习近平 . 在全国民族团结进步表彰大会上的讲话 [M]. 北京：人民出版社，2019：1-2.

② 以铸牢中华民族共同体意识为主线　推动新时代党的民族工作高质量发展 [N]. 人民日报，2021-08-29：1.

现的。新中国成立以来所取得的任何成就，都与准确把握我国是一个统一的多民族国家的基本国情，坚持各民族平等交往、交流、交融，铸牢中华民族共同体意识分不开。

中华民族共同体意识强调的是"共"与"同"，体现的是民族平等的本质要求。习近平总书记指出，要正确把握共同性和差异性的关系，增进共同性、尊重和包容差异性是民族工作的重要原则。[①] 增进共同性，意见就容易达成一致，问题就容易得到解决；强调差异性，问题就难以解决，甚至还会产生新的分歧和斗争。这是马克思主义哲学告诉我们的一般原理，世界上任何事物都是如此。当然，我们在讲共同性的时候，不能不考虑到差异性，因为差异性也是客观存在的，但是，我们又不能过分强调或突出差异性，而忽视或否定事物得以存在和发展的共同前提。也正是认识和遵循了这个道理，各民族才可能在平等的基础上进行共同活动，形成多元一体的中华民族。正因如此，多元一体的中华民族才可能共同开拓辽阔的疆域，共同书写悠久的历史，共同创造灿烂的文化，共同培育伟大的精神。因此，要沿着增进共同性的方向改进民族工作，做到共同性和差异性的辩证统一、民族因素和区域因素的有机结合，把新时代党的民族工作做好、做细、做实。总之，坚持各民族一律平等是铸牢中华民族共同体意识的重要现实基础，在此基础上，各民族团结携手，共同创造中华民族美好未来，共同享有民族复兴伟大荣光。

（四）构筑共有精神家园是铸牢中华民族共同体意识的精神纽带

铸牢中华民族共同体意识必须构筑中华民族共有精神家园。习近平总书记指出，必须构筑中华民族共有精神家园，使各民族人心归聚、精神相依，形成人心凝聚、团结奋进的强大精神纽带。[②] 精神是一个民族赖以长久生存

---

① 以铸牢中华民族共同体意识为主线　推动新时代党的民族工作高质量发展 [N]. 人民日报，2021-08-29：1.

② 以铸牢中华民族共同体意识为主线　推动新时代党的民族工作高质量发展 [N]. 人民日报，2021-08-29：1.

的灵魂。在中国五千年的历史长河中，各民族通过交往、交流、交融形成了一个相互关联、不可分割的文明共同体，其中最为重要的核心要素就是"四个伟大精神"这一中华民族所特有的重要精神标识，即中华民族所共同培育的革故鼎新、勇于发明的伟大创造精神，勤劳坚韧、自强不息的伟大奋斗精神，齐心协力、同舟共济的伟大团结精神，向往美好、不懈追求的伟大梦想精神。这"四个伟大精神"又与集中华优秀传统文化、革命文化、社会主义先进文化于一体的中华文化共同构成了中华民族共有精神家园的重要内涵。当然，构筑中华民族共有精神家园是一个需要各族人民广泛参加、互学互鉴、全面推进的系统工程。习近平总书记特别强调，全面推进中华民族共有精神家园建设，要在党史、新中国史、改革开放史、社会主义发展史学习教育中，深入总结我们党百年民族工作的成功经验，深化对我们党关于加强和改进民族工作重要思想的研究，加强现代文明教育，深入实施文明创建、公民道德建设、时代新人培育等工程，引导各族群众在思想观念、精神情趣、生活方式上向现代化迈进。①

　　构筑中华民族共有精神家园特别需要不断增强对中华文化的认同。文化是意识的重要构成与体现，是一个国家、一个民族的灵魂。在意识形态中，坚定"四个自信"说到底就是坚定文化自信。《中共中央关于党的百年奋斗重大成就和历史经验的决议》指出："文化自信是更基础、更广泛、更深厚的自信，是一个国家、一个民族发展中最基本、最深沉、最持久的力量，没有高度文化自信、没有文化繁荣兴盛就没有中华民族伟大复兴。"② 对中华民族而言，中华文化是中国大地上的各民族共同创造的，是集各民族优秀文化之大成的有机结合体，源于灿烂辉煌、影响深远的中华文明。这是我们文化自信的深厚渊源。

　　习近平总书记指出："文化是一个民族的魂魄，文化认同是民族团结的

---

① 以铸牢中华民族共同体意识为主线　推动新时代党的民族工作高质量发展 [N]. 人民日报，2021-08-29：1.

② 中共中央关于党的百年奋斗重大成就和历史经验的决议 [M]. 北京：人民出版社，2021：44.

根脉。各民族在文化上要相互尊重、相互欣赏，相互学习、相互借鉴。"① 在
我国，各民族秉持着中华民族共有的讲仁爱、重民本、守诚信、崇正义、尚
和合、求大同的价值理念，在平等交往、交流、交融中共同创造的集各民族
优秀文化之大成的中华文化，不仅是中华民族的根与魂，也形成了铸牢中华
民族共同体意识的深厚的精神基础。如果忽视或丢掉在民族平等基础上各
民族共同构建起来的能够反映中华文化特征、中华民族精神、中国国家形
象的共同的中华文化符号、中华民族形象及其表达体系等文化认同载体，就
意味着我们割断了自己民族的精神命脉。"社会主义核心价值观作为一种社
会主义运动实践的理想性宣言，作为一种社会主义曲折发展的目标性指向，
作为一种民族国家选择建构的精神性产品"②，在反映出人类文明发展趋势和
全人类的共同价值观时，植根于我们民族文化的土壤中，具有中华民族的
文化特质，"凸显出有中国特色的价值旨归和价值指向"③。正是在此意义上，
习近平总书记特别强调要在各族群众中加强社会主义核心价值观教育，让各
族群众牢固树立起正确的祖国观、民族观、文化观、历史观，这对构筑各民
族共有精神家园、铸牢中华民族共同体意识能起到至关重要的作用，④ 是铸
牢中华民族共同体意识的精神纽带。

　　基于上述理解和认识，培养社会主义建设者和接班人的高校，特别是
西部高校对青年大学生进行铸牢中华民族共同体意识教育具有十分重要的意
义，它为思政课教学以及提升其质量和水平奠定了一种思想共识。

二　积极探索铸牢中华民族共同体意识的途径

　　习近平总书记在 2021 年 8 月召开的中央民族工作会议上强调，要准
确把握和全面贯彻我们党关于加强和改进民族工作的重要思想，以铸牢中

---

① 习近平 . 在全国民族团结进步表彰大会上的讲话 [M]. 北京：人民出版社，2019：9.
② 王学俭 . 社会主义价值论纲 [M]. 北京：人民出版社，2016：233.
③ 王学俭 . 社会主义价值论纲 [M]. 北京：人民出版社，2016：229.
④ 习近平 . 在全国民族团结进步表彰大会上的讲话 [M]. 北京：人民出版社，2019：9.

华民族共同体意识为主线，坚定不移走中国特色解决民族问题的正确道路，构筑中华民族共有精神家园，促进各民族交往、交流、交融，推动民族地区加快现代化建设步伐，提升民族事务治理法治化水平，防范化解民族领域风险隐患，推动新时代党的民族工作高质量发展，动员全党全国各族人民为实现全面建成社会主义现代化强国的第二个百年奋斗目标而团结奋斗，[①] 这特别需要各民族青少年铸牢中华民族共同体意识，而这一任务责无旁贷地落在思政课上，因为思政课本身就是落实立德树人根本任务的关键课程，各民族青少年能否铸牢中华民族共同体意识，甚至中华民族能否永续铸牢中华民族共同体意识，都与思政课教学有着十分重要的关系，做好思政课教学是铸牢中华民族共同体意识的一条重要实践途径，对西部高校思政课而言更是如此。

（一）把党的民族工作的重要思想融入思政课教学

西部高校思政课必须要对党的创新理论和方针政策进行积极的阐释和宣传，并引导大学生认真领会和掌握。回顾党的历史，党在民族工作上走出了一条有中国特色的解决民族问题的正确道路。西部高校思政课要把党的民族理论与政策、民族工作的宝贵经验以及由此形成的关于加强和改进民族工作的重要思想与思政课课程内容相结合，通过一定的教学方式将其教授给学生。概括而言，这些重要思想就是习近平总书记讲的"十二个必须"。在中央民族工作会议上，习近平总书记指出："一是必须从中华民族伟大复兴战略高度把握新时代党的民族工作的历史方位，以实现中华民族伟大复兴为出发点和落脚点，统筹谋划和推进新时代党的民族工作。二是必须把推动各民族为全面建设社会主义现代化国家共同奋斗作为新时代党的民族工作的重要任务，促进各民族紧跟时代步伐，共同团结奋斗、共同繁荣发展。三是必须以铸牢中华民族共同体意识为新时代党的民族工作的

---

① 以铸牢中华民族共同体意识为主线　推动新时代党的民族工作高质量发展 [N]. 人民日报，2021-08-29：1.

主线，推动各民族坚定对伟大祖国、中华民族、中华文化、中国共产党、中国特色社会主义的高度认同，不断推进中华民族共同体建设。四是必须坚持正确的中华民族历史观，增强对中华民族的认同感和自豪感。五是必须坚持各民族一律平等，保证各民族共同当家做主、参与国家事务管理，保障各族群众合法权益。六是必须高举中华民族大团结旗帜，促进各民族在中华民族大家庭中像石榴籽一样紧紧抱在一起。七是必须坚持和完善民族区域自治制度，确保党中央政令畅通，确保国家法律法规实施，支持各民族发展经济、改善民生，实现共同发展、共同富裕。八是必须构筑中华民族共有精神家园，使各民族人心归聚、精神相依，形成人心凝聚、团结奋进的强大精神纽带。九是必须促进各民族广泛交往、交流、交融，促进各民族在理想、信念、情感、文化上的团结统一，守望相助、手足情深。十是必须坚持依法治理民族事务，推进民族事务治理体系和治理能力现代化。十一是必须坚决维护国家主权、安全、发展利益，教育引导各民族继承和发扬爱国主义传统，自觉维护祖国统一、国家安全、社会稳定。十二是必须坚持党对民族工作的领导，提升解决民族问题、做好民族工作的能力和水平。"①

在讲授过程中，西部高校思政课教师对这"十二个必须"可根据各门课的具体教学内容和特点有不同侧重。对于"马克思主义基本原理"这门课，在群众史观的内容学习中，重点阐述中华民族勠力同心、团结奋斗的伟大历史，增强学生对中华民族的认同感和自豪感；在认识论的内容学习中，重点阐述中华民族伟大复兴过程中艰苦卓绝、披荆斩棘的认识与实践过程，并让学生从这一实践主题的战略高度把握新时代党的民族工作的历史方位，了解以实现中华民族伟大复兴为出发点和落脚点，统筹谋划和推进新时代党的民族工作的重要意义。对于"毛泽东思想和中国特色社会主义理论体系概论"这门课，在当代中国历史方位的内容学习中，重点阐述

---

① 以铸牢中华民族共同体意识为主线　推动新时代党的民族工作高质量发展 [N]. 人民日报，2021-08-29：1.

中华民族进入波澜壮阔、继往开来的新时代，必须把推动各民族为全面建设社会主义现代化国家共同奋斗作为新时代党的民族工作的重要任务，促使各民族紧跟时代步伐，共同团结奋斗、共同繁荣发展的壮丽画卷徐徐展开；在坚持走中国特色社会主义政治发展道路的内容学习中，重点阐述人民民主是社会主义的生命，中国特色社会主义政治建设的一大亮点就是坚持各民族一律平等，保证各民族共同当家做主、参与国家事务管理，保障各族群众合法权益，这是由我国的社会构成、历史传承、文化传统等因素决定的。对于"思想道德与法治"这门课，在做新时代的忠诚爱国者的相关内容学习中，结合新时代爱国主义的重要着力点和落脚点在于坚持维护祖国统一和民族团结，重点阐述维护国家主权、安全、发展利益的重要性，教育和引导青年大学生继承和发扬爱国主义传统，自觉维护祖国统一、国家安全、社会稳定；在我国社会主义法律本质的内容学习中，通过讲授坚持和完善民族区域自治制度相关内容，重点阐述社会主义法律的本质是党的主张和人民意志的统一，确保党中央政令畅通，确保国家法律法规实施，保障和支持各民族发展经济、改善民生，实现共同发展、共同富裕不仅是全体人民的共同愿望，而且已成当下现实。对于"中国近现代史纲要"这门课，在中华民族反抗外国武装侵略的斗争的相关内容学习中，重点阐述中国人民的民族意识是怎样觉醒的，在中国人民众志成城、团结一致抗击外辱的艰辛过程中中华民族是如何构筑起共有精神家园，从而使各民族人心归聚、精神相依，形成人心凝聚、团结奋进的强大精神纽带的；在社会主义建设和社会主义道路的艰辛探索的相关内容学习中，重点阐述在党领导的社会主义建设中，任何一个民族都是祖国建设的重要力量，谁也离不开谁，在激情燃烧的岁月，在祖国各地，各族人民确实进行了广泛交往、交流、交融，促进了各民族人民在理想、信念、情感、文化上高度认同中华民族，团结统一、守望相助、手足情深。

此外，"形势与政策"课要强调坚持党对一切工作的领导是新时代坚持和发展中国特色社会主义的一条基本方略和坚持党的集中统一领导是我国国家制度和国家治理体系的显著优势之一，深入阐释和讲好必须坚持党对民族工作的领导，提升解决民族问题、做好民族工作的能力和水平，推进民族事务治理体系和治理能力现代化的问题；要结合已取得的辉煌成就、宝贵经验，珍惜现实，展望未来，重点阐明铸牢中华民族共同体意识是新时代党的民族工作的主线，应推动各民族坚定对伟大祖国、中华民族、中华文化、中国共产党、中国特色社会主义的高度认同，不断推进中华民族共同体建设。相比较而言，"形势与政策"课与铸牢中华民族共同体意识在现实方面联系得更紧密，这就要求该课程必须要紧紧围绕党的大政方针，结合实际和成就，使铸牢中华民族共同体意识这条党的民族工作的主线贯穿其中，挖掘和讲好民族团结故事。要让青年大学生认识到铸牢中华民族共同体意识是维护各民族根本利益的必然要求，只有铸牢中华民族共同体意识，构建起维护国家统一、社会稳定和民族团结的坚固长城，才能有效抵御各种极端、分裂思想的渗透颠覆，不断实现各族人民对美好生活的向往；要让青年大学生认识到铸牢中华民族共同体意识是巩固和发展平等团结互助和谐社会主义民族关系的必然要求，只有铸牢中华民族共同体意识，才能增进各民族对中华民族的自觉认同，夯实我国民族关系发展的思想基础，推动中华民族成为认同度更高、凝聚力更强的命运共同体；要让青年大学生认识到铸牢中华民族共同体意识是党的民族工作开创新局面的必然要求，只有顺应时代变化，向着增进共同性的方向改进民族工作，做到共同性和差异性的辩证统一、民族因素和区域因素的有机结合，才能把新时代党的民族工作做好做细做扎实。现在，"习近平新时代中国特色社会主义思想概论"课程已开设，在这门课中，思政课教师更要把党的创新理论讲好，为铸牢中华民族共同体意识注入更强自信和底气。如要以党的二十大报告为指导，讲清新时代爱国统一战线的巩固与拓展、民族团结进步所呈现出的新气象；讲清以铸牢中华民族共同体意识为主线，坚定不移走中国特色解决民族问题的正确道路，坚持和完善民族区域自治制度，加强和改进党的民族工作，全面推进民族团结进步事业对发展全过程人民民主，保障人民当家做主，以及完成党的团结带领全国各族人民全面建成社会主义现代化强国、实现第二个百年奋斗目标，以中国式现代化全面推进中华民族伟大复兴[①]这一中心任务的重要意义。通过这门课的学习，要让青年大学生成为巩固和发展各民族大团结、铸牢中华民族共同体意识的积极践行者，将自己的力量融入实现中华民族伟大复兴的磅礴伟力中。

（二）加强关于铸牢中华民族共同体意识的课程建设

铸牢中华民族共同体意识教育不仅要体现在思政课教学中，还要体现在其他课程中。其他课程在铸牢中华民族共同体意识教育上也要与思政课同向同行、同频共振，共同形成合力作用，要让各民族青年大学生全方位地认识到中国特色解决民族问题道路的正确性、党关于加强和改进民族工作重要思想的科学性等。通过各门课程的教学，共同把各民族青年大学生培养成为铸牢中华民族共同体意识坚定的实践者，并使他们发挥出一定的社会引领作用。这一工作需要在相关的课程建设中体现出来，特别是社会科学的相关课程建设要做好，其中在民族院校开设的"中华民族共同体概论"课程不但要做好，而且还要做优做强。这不仅是正确的科学理论传承的要求，而且是思想政治教育的要求。

现在，民族院校开设的"中华民族共同体概论"课程是由"民族理论与民族政策"课转变和发展而来的，"中华民族共同体概论"课对铸牢中华民族共同体意识的讲解、阐释更要义不容辞地做到全面、准确、客观、深刻，对为民族院校青年大学生铸牢中华民族共同体意识打下理论基础和凝聚思想共识起到独特作用。也正因如此，国家对"中华民族共同体概论"课程教材——《中华民族共同体概论》编写工作非常重视，国家民委召开该教材编写专题会，集中部署教材编写工作，特别强调，要按照高质量思政课教材标准做好该教材的编写工作。在《中华民族共同体概论》的编写上，一要体现政治性，坚持以习近平总书记关于加强和改进民族工作的重要思想为根本遵循，树立正确的中华民族历史观；二要增强学理性，

---

① 习近平.高举中国特色社会主义伟大旗帜　为全面建设社会主义现代化国家而团结奋斗——在中国共产党第二十次全国代表大会上的报告[M].北京：人民出版社，2022：21.

借鉴运用多学科理论、思维和观点，充分吸收学界主流最新研究成果，增强铸牢中华民族共同体意识的理论说服力；三要强化历史感，要站在中华民族共同体整体发展的高度，凸显各民族交往、交流、交融的历史，让青年大学生充分认识到历史上我们开拓疆域的共同性、书写历史的共同性、创造文化的共同性、培育精神的共同性；四要突出针对性，要坚持问题导向，敢于直面问题，引导青年大学生在理论上、观点上、方法上有正确的认知和判断，形成正确的历史观、民族观、国家观、文化观；五要提升可读性，要把握受众阅读习惯和接受程度，确保文风和内容符合青年大学生的知识水平和思维习惯，帮助他们尽快构建起有助于铸牢中华民族共同体意识的思维方法和实践逻辑。有学者还提出建议：将党的民族理论创新成果融入各级各类思政课教学体系、课程体系、教材体系，以"中华民族共同体概论"课程为核心，深化学科融合、史论结合、理论现实结合，编好用好"中华民族共同体概论"及相关课程教材，构建铸牢中华民族共同体意识思政课课程群。[①] 不仅如此，还应该构建起铸牢中华民族共同体意识的学科体系。

（三）民族院校铸牢中华民族共同体意识的实践探索

在民族院校思政课教学中，"要把加强民族团结进步教育和铸牢中华民族共同体意识教育作为思政课教学重点，将习近平在中央民族工作会议、中央第七次西藏工作座谈会、第三次中央新疆工作座谈会等重要讲话精神融入思政课教学，引导学生树立正确的历史观、民族观、国家观、文化观，树立休戚与共、荣辱与共、生死与共、命运与共的共同体理念"[②]，特别是要讲清其中的深刻道理。民族院校该怎样有效铸牢中华民族共同体意识，还在实践探索中。如有学者提出成立由党政一把手负责的领导机构，统筹规划、全面推动，形成党政团学共建、教学科研主导、全员推动的铸牢中华民族共同体意识的教育工作体系；有学者提出建立课堂教学实践环节、专业课、第二课

① 魏大江. 做好铸牢中华民族共同体意识教育工作 [N]. 中国民族报，2023-05-09：5.

② 孙秀玲. 新时代民族地区高校思想政治理论课改革创新的五重维度 [J]. 思想教育研究，2022（6）：108.

堂和实践教学"四位一体"的教学模式；有学者提出创新展示交流平台、学习研修平台、实践体验平台，形成"纵向到底，横向到边"的教育组织体系；等等。[①] 就西部地区民族院校而言，其在铸牢中华民族共同体意识中居于重要地位，发挥着重要作用，在具体实践中究竟应该怎样做，又取得了哪些经验，也需要我们认真总结。现在，西部地区民族院校都在探索阶段，及时总结相关经验有助于铸牢中华民族共同体意识。下面以甘肃省民族院校为例来具体了解和认识西部地区民族院校的铸牢中华民族共同体意识的实践。甘肃省位于祖国西北，周边与多个省（区）相连，还与一个内陆国家接壤，地势自西南向东北倾斜，地形呈狭长状。从历史上来看，这里曾是连接中原与西域的交通要道，而且是一个多民族聚居区。新中国成立后，各民族在交往、交流、交融中，早已形成了"三个离不开"和中华民族一家亲的观念与认识，共同建设着幸福美好新生活，铸牢中华民族共同体意识也就成为甘肃省的一项重要工作。青少年是民族的未来和希望。党的十八大以来，甘肃省的民族院校结合国情、省情和校情，通过走"大思政"之路，开展多种形式的思想政治教育，在铸牢中华民族共同体意识方面发挥了积极作用。

1. M 校让学生在实践中铸牢中华民族共同体意识

位于甘肃省省会的 M 校在 70 多年的办学实践中，尤其近年来在教学实践中不断认识到中华民族共同体意识是国家统一之基、民族团结之本、精神力量之魂，铸牢中华民族共同体意识是新时代党的民族工作的主线，各民族共同团结进步、共同繁荣发展是中华民族的希望与力量所在。同时，M 校也不断认识到铸牢中华民族共同体意识对建立平等团结互助和谐的社会主义民族关系的重要作用、对培养好社会主义建设者和接班人的重要作用、对提升教学质量和教学效果的重要作用。思想是行动的先导，认识是行动的动力。基于这些思想认识与工作体会，M 校以在青春实践中铸牢中华民族共同体意识的社会实践活动为抓手，进一步完善铸牢中华民族共同体意识的育人机制，促进学校思想政治教育高质量发展。

---

① 参见冯刚.思想政治教育研究热点年度发布 2019[M].北京：团结出版社，2020：195.

2021年暑期，M校志愿服务团依托共青团"三下乡"社会实践活动平台，心怀国之大者，在志愿服务中践行"请党放心，强国有我"的铮铮誓言，将铸牢中华民族共同体意识的青春华章写在祖国大地上。如志愿服务团通过"返家乡"爱心支教、开展"好伙伴·共成长"优秀大学生结对留守儿童活动、推广普及国家通用语言文字、文艺展演、红色革命文化教育等形式增进各族人民对伟大祖国、中华民族、中华文化、中国共产党、中国特色社会主义的认同，为铸牢中华民族共同体意识贡献青春力量。

学校音乐学院师生穿越河西走廊，重走红西路军浴血奋战之路，在甘肃省一自治县举办"送红色经典"和"颂党恩·中华民族一家亲"两场主题音乐会，用八音国乐奏响各民族共同团结奋斗、共同繁荣发展的主旋律。

该校中国语言文学学部学生在甘肃省一个自治州和一个自治县通过座谈交流、入户调研、经典诵读、红歌传唱、规范字书写教学等形式开展国家通用语言文字推广普及活动，共系民族心，共书大中华。学部西藏籍学生秉持民族团结进步创建工作"重在平时、重在交心、重在行动、重在基层"的理念，坚持在西藏昌都类乌齐县开展政务实践和爱心支教服务，将铸牢中华民族共同体意识的青春足迹印在祖国边疆。2022年，共青团中央印发《关于2022年全国大中专学生志愿者暑期文化科技卫生"三下乡"社会实践活动的通报》，其中该校的一个志愿服务实践团入选优秀团队名单。团队成员不畏艰难险阻，在祖国边疆地区开展铸牢中华民族共同体意识生动实践，用青春行动诠释了"老西藏精神"，展现了该校青年大学生"喜迎二十大、永远跟党走、奋进新征程"的责任担当和精神风貌，得到了国家民委、中国青年网、中国教育电视台、省教育厅、省学联等的广泛关注和宣传报道，产生了良好的社会影响。

这些实践活动对学生铸牢中华民族共同体意识起到了积极作用，也为提升思政课教学质量和水平奠定了坚实的思想共识基础，是西部民族院校进一步做好包括思政课教学在内的思想政治教育的有益探索。

2.Y校将铸牢中华民族共同体意识教育搬上舞台

甘肃省Y校马克思主义学院将铸牢中华民族共同体意识教育与学校思

想政治教育，特别是思政课建设紧密结合，根据学校所在地的红色资源精心打造出一部蕴含地方红色文化、赓续红色血脉的优秀歌剧《红色卓尼》。该剧是以 1935 年红军长征进入甘南，土司杨积庆得知红军是"不压迫番民的红汉人"，毅然决定开仓放粮帮助工农红军的故事为素材而编排的一部四幕原创教学歌剧。该歌剧采用藏族传统民歌形式，唱词优美，民族风格浓郁，褒扬了甘南藏族同胞积极参加和支持革命的精神，表现了汉藏同胞血浓于水的民族团结精神和共同实现中华民族伟大复兴的家国情怀。该歌剧立足思想政治理论课教学，结合地域特点、文化资源、专业优势，融思想政治教育于艺术课堂，成为民族院校铸牢中华民族共同体意识教育的经典案例。该剧取材于真实事件，故事背景又设定在当地，通过师生用情用心的编排，这部作品不仅打动了参演师生自己的心，也深深感染了现场观看演出的各族师生。师生认为，这样的思想政治教育做到了晓之以理、动之以情，既让人感动，又让人难忘，更会让人自觉地铸牢中华民族共同体意识。可见，思想政治理论课不仅能在课堂上讲好，还可以在舞台上演好。这是一次思政课的创新，也证明了思政课教学质量和水平的提升，决不是靠教师一人，而是需要教师和学生共同努力；思政课教学质量和水平的提升，决不是只有课堂教学一条途径，还可以有多条途径和更多的方式方法。总之，思政课要活学活教，要注重教学质量和教学效果。该教学歌剧在庆祝中华人民共和国成立 70 周年"石榴杯"甘肃省少数民族文艺会演中荣获三等奖和最佳编剧编导奖。

近年来，Y 校马克思主义学院积极促进各民族师生交往、交流、交融，在铸牢中华民族共同体意识方面做了许多工作。该学院结合学校民族团结进步宣传教育工作，将民族团结进步教育贯穿于教学全过程，持续开展"中华民族共同体概论"课集体备课活动，积极探索通过优化实践教学环节，完善实践教学体系，落实立德树人根本任务，与地方民族中小学思政课教师协同开展同备一堂课活动，创新推进铸牢中华民族共同体意识进课堂进头脑。同时，该学院还积极承办本省藏区民族团结进步教育宣讲活动，不断加强人才培养，在民族团结进步教育方面走在了前列，起到了积极维护民族地区和谐稳定的作用。2019 年 9 月，在全国民族团结进步表彰大会上该学院荣获"全国民族团结进步模范集体"称号。

图 8-1　Y校马克思主义学院荣获"全国民族团结进步模范集体"称号的奖牌

第九章

将"四史"教育纳入教学是提升西部高校思政课教学质量和水平的应有之义

历史是最好的教科书，也是最好的营养剂。高校思想政治理论课要走深、走实，取得好的教学效果，必须要把"四史"教育纳入教学，并形成常态。对西部高校而言，更需如此，这样更能体现社会主义中国的伟大历史是各族人民在中国共产党的领导下共同谱写的。

一 "四史"教育及其意义

"四史"，即中国共产党史、新中国史、改革开放史、社会主义发展史。习近平总书记非常重视"四史"教育，并指出要"加强党史、国史、改革开放史、社会主义发展史教育"①，"要在学生中加强中国历史特别是中国近现代史、中国革命史、中国共产党史、中华人民共和国史、中国改革开放史等的教育"②，"要把学习贯彻党的创新理论作为思想武装的重中之重，同学习马克思主义基本原理贯通起来，同学习党史、新中国史、改革开放史、社会

---

① 习近平. 论中国共产党历史 [M]. 北京：中央文献出版社，2021：158.
② 习近平. 论中国共产党历史 [M]. 北京：中央文献出版社，2021：10.

主义发展史结合起来，同新时代我们进行伟大斗争、建设伟大工程、推进伟大事业、实现伟大梦想的丰富实践联系起来"①，"希望广大党员特别是青年党员认真学习马克思主义理论，结合学习党史、新中国史、改革开放史、社会主义发展史，在学思践悟中坚定理想信念，在奋发有为中践行初心使命"②。学习"四史"就要在学懂弄通做实上下苦功夫，真正将学习效果贯彻落实，做到不忘初心、牢记使命，使其成为我们的思想和行动自觉。

（一）"四史"教育的基本内涵

在"四史"教育中，青年大学生首先要明确知道"四史"告诉了他们什么。如果对这个问题不清楚，就很难学好"四史"。

第一，中国共产党史是一部中国共产党从无到有、从小到大、从弱到强、不断走向成熟的伟大斗争史。党以马克思主义思想为指导，在中国革命、建设和改革中通过不断学习、实践，吸取历史经验与教训，不断顺应时代变化新要求；通过不断推进党的政治、思想、组织、作风、纪律等建设和把制度建设贯穿其中，不断发展壮大党自身；通过不断以实事求是的态度正视错误，化解危机，解决问题，以全心全意为人民服务为根本宗旨来不断加强党的建设。习近平总书记说："我们党在百年奋斗中，培育形成了一系列各有特点的革命精神，集中体现了党的坚定信念、根本宗旨、优良作风，是激励我们不懈奋斗的宝贵精神财富。"③ "这些宝贵精神财富跨越时空、历久弥新，集中体现了党的坚定信念、根本宗旨、优良作风，凝聚着中国共产党人艰苦奋斗、牺牲奉献、开拓进取的伟大品格，深深融入我们党、国家、民族、人民的血脉之中，为我们立党兴党强党提供了丰厚滋养。"④ 将党史纳入思政课教学，就是要让学生了解这些，了解中国共产党的伟大。

第二，新中国史是一部中华民族从站起来到富起来再到强起来的伟大成

---

① 习近平. 论中国共产党历史 [M]. 北京：中央文献出版社，2021：159.

② 习近平. 论中国共产党历史 [M]. 北京：中央文献出版社，2021：160.

③ 习近平谈治国理政（第4卷）[M]. 北京：外文出版社，2022：520.

④ 习近平谈治国理政（第4卷）[M]. 北京：外文出版社，2022：514-515.

长史。新中国成立后，党领导人民确立了社会主义基本制度，逐步建立起新中国的国体、政体、根本制度、基本制度和重要制度，成功实现了中国历史上最深刻最伟大的社会变革，为当代中国的发展进步奠定了根本政治和制度基础。在新中国的建设中，党领导中国人民提出了社会主义现代化奋斗目标，制定了实现社会主义现代化发展战略，实现了从站起来、富起来到强起来的伟大飞跃。

第三，改革开放史是一部中国人民从温饱不足到小康富裕，推进社会主义制度自我完善和发展的伟大实践史。党的十一届三中全会后，我国开启了改革开放新阶段，中国共产党走上了在新的历史条件下更好地为中国人民谋幸福、为中华民族谋复兴的发展之路。党的十八大以来，根据我国社会主要矛盾的变化，中国共产党进一步全面深化改革，实施创新驱动，提高国家治理能力和治理水平，提高国家综合国力，稳步实现全面建成小康社会，并开始向全面建成社会主义现代化强国迈进。改革开放是具有一定的长期性、艰巨性的繁重事业，需要我们每一代人接力，当代青年就是未来改革开放的接力者和主力军。

第四，社会主义发展史是一部社会主义从空想到科学，特别是中国特色社会主义从创立、发展到完善的伟大飞跃史。1516 年英国人托马斯·莫尔发表《乌托邦》后，社会主义一词便开始进入人心。1848 年马克思、恩格斯发表《共产党宣言》后，科学社会主义诞生。1917 年十月革命后诞生了人类历史上第一个社会主义国家——苏俄，开创了人类历史的新纪元，为世界各国无产阶级革命、殖民地和半殖民地的民族解放运动开辟了胜利道路。十月革命给中国送来了马克思列宁主义。从此，中国人民在以马克思列宁主义为指导思想的中国共产党的领导下走上了一条具有中国特色的争取民族独立和人民解放的道路。新中国成立以后，我国在完成三大改造、确立起社会主义制度的基础上，开始积极探索建设社会主义的道路。改革开放后，社会主义已不再是外来的了，而是已逐渐扎根于中国大地，产生了中国特色社会主义。历史和现实都已证明，党不仅是中国特色社会主义事业的领导核心，而且作为当今社会主义事业发展最重要的参与者、最强大的引领力量和振兴世界社会主义的中流砥柱，在社会主义发展史上必将居于重要地位、发挥重要作用、产生重要影响。

进入 21 世纪，在中国共产党的正确领导下，科学社会主义在中国焕发出强大生机与活力。中国特色社会主义已成为当代科学社会主义发展的一面旗帜，"给世界上那些既希望加快发展又希望保持自身独立性的国家和民族提供了全新选择，为解决人类问题贡献了中国智慧和中国方案"①。

（二）"四史"教育的目标要求

明确"四史"教育的目标要求也是一个很重要的问题，其同样关乎"四史"教育的效果。

首先要从"四史"教育中汲取共产党人的精神力量，始终保持一种锐意进取、永不懈怠的精神状态。伟大的事业离不开伟大的精神支撑。中国共产党成立后，"深刻改变了近代以后中华民族的方向和进程，深刻改变了中国人民和中华民族的前途和命运，深刻改变了世界发展的趋势和格局"②，带领中国人民取得了新民主主义革命的胜利、社会主义革命和社会主义建设的巨大成就，推进了改革开放和社会主义现代化建设。所有这些成就的取得与中国共产党人始终坚定理想信念，牢记初心使命，保持奋斗精神分不开。通过"四史"教育，要让青年大学生深刻认识党的先进性，以及崇高的政治理想、高尚的政治追求、纯洁的政治品质，激发他们爱党爱国的热情；要让青年大学生深刻感悟中国共产党人高尚的人格风范，做"一个高尚的人，一个纯粹的人，一个有道德的人，一个脱离了低级趣味的人，一个有益于人民的人"③。

其次要从"四史"教育中汲取共产党人的经验智慧，全面把握中国特色社会主义的历史逻辑、理论逻辑和实践逻辑，坚定"四个自信"。"四史"

---

① 习近平.决胜全面建成小康社会　夺取新时代中国特色社会主义伟大胜利——在中国共产党第十九次全国代表大会上的报告 [M].北京：人民出版社，2017：10.

② 习近平.在庆祝中国共产党成立 100 周年大会上的讲话 [M].北京：人民出版社，2021：3.

③ 毛泽东选集（第 2 卷）[M].北京：人民出版社，1991：660.

教育要让青年大学生清楚地认识到中国特色社会主义与中国实际、中国文化密切相关，是由中国的历史、文化、社会、经济发展水平等决定的，是在中国的革命、建设、改革长期实践中形成的，是马克思主义基本原理同中国具体实际和中华优秀传统文化相结合的产物，是中国共产党理论创新、实践创新、制度创新相统一的成果，其中凝结着中国共产党和中国人民的无穷智慧。让青年大学生清楚地认识到社会主义作为人类文明历史发展的产物，是人类对理想社会不懈追求的成果。在中国共产党的领导下，中国特色社会主义制度和国家治理体系以其显著优势，推进着社会主义的创造性发展。中国特色社会主义制度是当代中国一切发展进步的根本制度保障，其本身已具有为世人所瞩目的鲜明的中国特色、明显的制度优势。正因如此，中国共产党领导中国人民创造出了人类发展史上经济快速发展和社会长期稳定的奇迹。

最后要从"四史"教育中汲取马克思主义的真理力量，用马克思主义理论武装头脑，使自己成为坚定的马克思主义者。马克思主义对人类社会历史的发展规律做出了科学揭示，指出了人类社会发展方向。"中国共产党是用马克思主义武装起来的政党，马克思主义是中国共产党人理想信念的灵魂"[1]，也是中国共产党人的看家本领。因此，"四史"教育就是要让青年大学生清楚地认识到"马克思及其思想并非遥不可及，也并未过时，而是与我们的生活密切相关，对我们的生活具有指导作用……因此，我们说追寻马克思，学习和研究马克思经典著作，就是要掌握和精通马克思主义基本原理，进而用马克思主义的立场、观点、方法分析问题、解决问题"[2]；要让青年大学生成为坚定的青年马克思主义者，具有正确的世界观、人生观和价值观，对今天的青年大学生来讲，还要让他们有正确的历史观，深刻领会中国共产党对共产党执政规律、社会主义建设规律、人类社会发展规律的深刻理解和结合中国实践所做出的科学回答，激励他们立志做中国式现代化建设的积极践行者、开拓者，做有理想、敢担当、能吃苦、肯奋斗的新时代好青年。

---

[1]　习近平谈治国理政（第3卷）[M]. 北京：外文出版社，2020：74.

[2]　陈先达. 马克思与生活 [N]. 北京日报，2018-05-07：15.

（三）"四史"教育的重要意义

历史是最好的教科书。将"四史"教育纳入高校思政课教学是落实立德树人根本任务的需要。高校要全面贯彻党的教育方针，坚持社会主义办学方向，落实立德树人的根本任务，坚持用马克思主义理论中国化时代化的最新成果——习近平新时代中国特色社会主义思想教育学生，武装头脑，除了需要开设"马克思主义基本原理"等课程奠定思想理论基础外，还需要通过开展"四史"教育让学生的学习有思想的、历史的、文化的根基，在此基础上，教育当代大学生更加深刻认识和理解中国共产党人的初心与使命，也更加自觉地投身于中华民族伟大复兴的历史伟业。具体来讲其意义如下。

1. "四史"教育有助于大学生树立坚定理想信念

中国共产党的历史就是一部教科书，既丰富生动，又感人至深，蕴含着中国共产党人一百多年来的艰辛奋斗，彰显着中国共产党人在百余年的奋斗中对马克思主义的坚持、对共产主义理想信念的坚守。这些都写在高高飘扬的中国共产党的旗帜上，未有丝毫动摇，即使面对敌人的屠刀，即使有再大的困难，中国共产党人也能坚定不移地坚持马克思主义，坚守共产主义，甚至不惜为国家、为民族、为人民献出自己宝贵的生命，始终保持其先进性与纯洁性。这些可歌可泣的历史都被忠实地记录在"四史"里面。可以说，"四史"实际上就是中国共产党领导中国人民在长期实践中不懈奋斗的历史，是党和人民弥足珍贵的精神财富和智慧结晶。将"四史"教育纳入高校思政课就是让大学生懂得这段历史，懂得今天的幸福生活来之不易，理应倍加珍惜，教育他们时刻准备着努力做共产主义事业接班人。

2. "四史"教育有助于大学生学会勇担历史使命

中国共产党人始终义无反顾、一往直前，勇敢承担起推动国家独立、民族解放、人民幸福的历史使命。所以，开展"四史"教育就是要教育大学生学习中国共产党人勇敢的担当精神，在未来投身于中国特色社会主义伟大实践时勇于负责，积极作为，像共产党人那样敢于直面风险挑战，能以坚强的意志和无畏的勇气战胜前进路上一切困难，奋力实现中华民族伟大复兴。

习近平总书记强调，改革开放是一项长期的、艰巨的、繁重的事业，必须一代又一代人接力干下去。学习历史是为了更好地检视现在。站在新时代的历史起点上，进行"四史"教育有助于当代大学生汲取伟大的建党精神，不断自我净化、自我完善、自我革新、自我提高，更好地走在时代前列，更好地展望未来，更勇敢地迎接风险和挑战，更严格地磨炼意志和品质，更顽强地锻炼体魄和耐力，以"功成不必在我""功成必定有我"的责任与担当，努力书写中华民族新的辉煌，创造新的伟业。

3. "四史"教育有助于大学生投入积极创新发展

世界潮流，浩浩荡荡。习近平总书记说："历史总是要前进的，历史从不等待一切犹豫者、观望者、懈怠者、软弱者。只有与历史同步伐、与时代共命运的人，才能赢得光明的未来。"[①] 人类社会发展史，就是一部以先进生产力不断取代落后生产力、以文明取代蒙昧、从隔绝到联通、由封闭到开放的历史，其中每一次进步都离不开创新。要通过"四史"教育，让大学生认识到社会主义的历史、党的历史、新中国的历史、改革开放的历史都是创新的历史。今天，我们更是要继续保持创新的意识和姿态，在把握历史脉搏的基础上，与时代共命运。唯有如此，才能赢得现在、赢得未来，才能赢得主动、赢得进步。创新才能推动发展。要通过"四史"教育告诉当代大学生，教条主义是对事物发展和社会进步的阻碍，任何权威的论断都有存在条件，任何真理都需实践检验。青年人只有识世界之大势，与时代同步伐，紧跟时代之潮流，顺势而为，才能辨明时代发展的方向，跟随时代前进的脚步，才能成为时代的"弄潮儿"，引领时代进步。所有这些都离不开创新，否则就会脱离时代，故步自封，背离发展趋势，成为时代弃儿。所以，"四史"教育有助于大学生在展望与梦想中投身于创新、创造，奋力谱写出新时代中国特色社会主义事业新篇章。

4. "四史"教育有助于高校推进思政课改革创新

"四史"课程本身就是一个有思想、有学理、有逻辑、有体系的相互联

---

① 习近平谈治国理政（第 2 卷）[M]. 北京：外文出版社，2017：32.

系、有机统一的课程群，把它们纳入高校思政课教学体系，就是对高校思政课的有益补充和向有深度、有广度、有事实、有情感方向的延伸，有助于新时代高校思政课改革创新。这一作用主要体现在以下两方面。一是为高校思政课改革创新提供了新视野。高校思政课把"四史"教育融入教学，即可使教学做到史论结合、论从史出、以史育人，从而能有效地帮助学生树立起马克思主义历史观、国家观、政党观、民族观、文化观，更能让他们增强"四个意识"、坚定"四个自信"、做到"两个维护"，更好地捍卫"两个确立"。二是以改革创新丰富了高校思政课体系。高校开设"四史"课程，使思政课由原来单一的必修课程，变为"必修课程+选择性必修课程"体系，这就推动了高校进一步完善思政课课程体系。不仅如此，思政课教师也可以通过"四史"教育，大大丰富课程的内容体系，这使他们讲授必修课程时有了更多的选择，内容也得到极大的充实，政治性和学理性相统一的水平同样能得到相应提高，同时，还能增强大学生学习上的积极性、情感上的认同感和教育上的实效性。总之，把"四史"教育纳入高校思政课教学，不仅符合中国共产党历来高度重视思想政治教育的传统，更有利于新时代思政课完成立德树人根本任务。

二 将"四史"教育纳入教学的实践理路

习近平总书记在学校思想政治理论课教师座谈会上强调，党史、国史、改革开放史、社会主义发展史是新时代高校思政课教学应涉及的内容。① 为加强"四史"教育，推进思政课深入发展，党和国家先后制定了相应文件和实施方案。如《关于深化新时代学校思想政治理论课改革创新的若干意见》就要求各高校要重点围绕"四史"设定课程模块，开设系列选择性必修课程。教育部等八部门联合印发的《关于加快构建高校思想政治工作体系的意见》把加强"四史"教育作为构建理论武装体系的重要举措，提出将加强党

---

① 习近平.思政课是落实立德树人根本任务的关键课程[J].求是，2020（17）：4-16.

史、新中国史、改革开放史、社会主义发展史教育纳入高校思政课,推动理想信念教育制度化、常态化,引导师生增强"四个自信"。《新时代学校思想政治理论课改革创新实施方案》又具体提出高校应围绕"四史"开设选择性必修课程,确保学生至少从"四史"中选修一门课程等具体要求。可见,把"四史"教育纳入高校思政课教学,已有了国家层面的顶层设计和政策要求,这为各高校推进思政课改革与创新指明了方向。

如何将"四史"教育纳入高校思政课?对这个问题的解答还在探索中,也确实需要专家、学者和思政课教师认真研究,提出有效举措。如有专家认为,"党的十九届六中全会通过的《中共中央关于党的百年奋斗重大成就和历史经验的决议》融入'马克思主义基本原理'课教学应紧紧围绕如何坚持唯物史观和正确党史观,从党的百年奋斗中看清楚过去我们为什么能够成功、弄明白未来我们怎样才能继续成功,从而更加坚定、更加自觉地践行初心使命,在新时代更好坚持和发展中国特色社会主义"[①]。总的来讲,将"四史"教育纳入高校思政课要有逻辑化的思维、系统化的组织。所谓逻辑化的思维就是按照历史逻辑讲清"四史"发展线索,旨在增加高校思政课教学的历史厚度;按照理论逻辑阐释"四史"关键问题,旨在体现高校思政课教学的理论深度;按照实践逻辑提炼"四史"时代价值,旨在保持高校思政课教学实践广度。所谓系统化的组织就是精心打好将"四史"教育纳入高校思政课教学的组合拳,即建好学科体系、培养教师队伍、改善教学方法、加强组织领导。必须要有整体性考虑、协同性组织、前瞻性设计。

(一)将"四史"教育纳入教学的逻辑思维

习近平总书记在学校思想政治理论课教师座谈会上强调指出:"要推动思想政治理论课改革创新,不断增强思政课的思想性、理论性和亲和力、针对性。"[②]"四史"学习融入思政课教学,要坚持政治性和学理性相统一、理

---

① 孙熙国.党的十九届六中全会精神融入"马克思主义基本原理"课的教学建议 [J].北京教育(德育),2022(2):14.

② 习近平.思政课是落实立德树人根本任务的关键课程 [J].求是,2020(17):4-16.

论性和实践性相统一，以历史的、理论的、实践的、育人的逻辑来增强政治理论的说服力，这有助于提升思政课教学的针对性、有效性，为思政课改革创新注入一种新的动力和活力。

1. 按照历史逻辑讲清"四史"发展线索，增加高校思政课教学的历史厚度

"四史"包含的内容十分丰富，具体包括社会主义从空想到科学、从理论到实践、从一国到多国的历史进程；包括中国共产党从诞生到成熟，从领导人民同帝国主义、封建主义和官僚资本主义斗争并站了起来，到带领人民进行社会主义革命、建设和改革开放并富了起来，再到进入新时代全面建成小康社会并进而带领人民开始走上全面建成社会主义现代化强国新征程的历程。新中国的历史和改革开放的历史中也贯穿着将马克思主义基本原理同中国具体实际相结合、同中华优秀传统文化相结合的创造性发展社会主义的历史。要通过典型历史事件的学习，使大学生形成正确的历史认识，并从中深刻体会到社会主义是人类历史发展的必然选择，深刻体会到中国共产党的领导是中国历史和中国人民的必然选择，深刻体会到中国共产党领导中国人民不懈奋斗历史过程的艰辛与曲折，取得今天的社会主义发展的辉煌成就之艰难与不易。还要通过对历史发展线索的梳理，使大学生形成关于历史发展的一系列清晰线索，包括马克思主义的、中国共产党的、社会主义建设的、改革开放的历史线索等，此外，还需要形成马克思主义中国化的历史线索。通过讲清这些历史，使学生明确什么是马克思主义，为什么要学习马克思主义，中国共产党是怎样的一个党，她又是怎样产生、发展和壮大的，中国特色社会主义是怎样发展的，马克思主义中国化是如何得以实现的等一系列问题。

2. 按照理论逻辑阐释"四史"关键问题，体现高校思政课教学的理论深度

"四史"教育离不开历史的讲述，但是它又不是单纯的历史学习，而是要站在历史发展的高度，用理论逻辑把握历史，要从理论深度上阐释历史的必然问题，特别是要在理论阐释中，帮助学生建立起科学的世界观、人生观和价值观，使他们通过对历史唯物主义的学习正确评价历史事件、历史人物，把握历史规律，并将自己的发展融入社会历史发展中，同国家的需要、人民的愿望紧紧连在一起；要在理论阐释中，科学阐释毛泽东思想与中国特色社会主义理论体系的关系等关键问题以及新民主主义革命理论、社会主义改造理论、改革开放理论等重要理论，帮助学生从党的历史成就、历史经验以及优良传统中深刻领悟"中国共产党为什么能，中国特色社会主义为什么好，归根到底是马克思主义行，是中国化时代化的马克思主义行"[①] 等道理；要在理论阐释中，讲清道德、法律、理想、人生等诸多方面的理论问题，并对诸多方面的实际问题进行剖析，帮助学生用正确的理论来抵制各种错误思想和观念的侵蚀，树立起远大的理想和奋斗的目标。可见，用理论逻辑阐释"四史"中的关键问题，可以使高校思政课教学更具理论深度，由此，高校思政课铸就的思想大厦就有了一定的理论根基，接受过思政课思维训练的人，就可以经得住风雨，守得住崇高理想信念的阵地。

3. 按照实践逻辑提炼"四史"时代价值，保持高校思政课教学的实践广度

"四史"教育的目的不仅仅是使大学生了解社会主义、中国共产党、新中国和改革开放的历史，而且更主要的是使大学生从其中获得源源不断的精神动力和历史启示来走好现实的路与未来的路。习近平总书记说："历史、现实、未来是相通的。历史是过去的现实，现实是未来的历史。"[②] 因此，把"四史"教育纳入高校思政课教学的一个重点就是应充分关注实践的广度，体现出"四史"教育的时代价值，让大学生积极学习、积极实践，准备以昂扬的斗志和坚定的信心投身于建设中国特色社会主义现代化强国的伟大实践。为提炼出"四史"时代价值，需要按照实践逻辑，不断提升实践广度。这个过程一是有助于培养大学生历史思维，增强他们的历史意识。将"四

① 习近平.高举中国特色社会主义伟大旗帜 为全面建设社会主义现代化国家而团结奋斗——在中国共产党第二十次全国代表大会上的报告 [M].北京：人民出版社，2022：16.
② 以更大的政治勇气和智慧深化改革 朝着十八大指引的改革开放方向前进 [N].人民日报，2013-01-02：1.

史"教育纳入高校思政课教学后，高校思政课教师需要以习近平总书记所倡导的历史思维引导大学生将历史的方法与逻辑的方法统一起来，应用于实践中，进行正确的价值观构建。二是有助于大学生学习总结经验，加深对历史、现实以及未来的认识。习近平总书记指出："历史是最好的老师，它忠实记录下每一个国家走过的足迹，也给每一个国家未来的发展提供启示。"①事实上，无论我们是尊重历史还是憧憬未来，都要站在现实的实践层面上，以实践逻辑把从历史中汲取的自信转变为实现未来目标的自信。党史见证了中国共产党从幼稚走向成熟的历史实践，新中国史展现了中国共产党领导人民进行新中国建设的历史实践，改革开放史体现了社会主义制度自我完善和发展的历史实践，社会主义发展史体现了社会主义制度具有持续发展的实践优势。这些都将转化成当代大学生永远听党话、跟党走和强国有我、请党放心的自信实践。

总之，将"四史"教育纳入思政课教学的基本逻辑就是"从讲党的历史知识开始，从建立学生的正确历史观着眼，最后落脚到让学生为实现中华民族伟大复兴而努力奋斗"②。

（二）将"四史"教育纳入教学的系统组织

把"四史"教育纳入高校思政课教学需要从整体上进行考虑，是一种具有系统性要求的、各方面协同组织和开展的、具有一定前瞻性和可预测性的教学活动。

1. 建好纳入"四史"教育的学科体系

推动将"四史"教育纳入思政课教学，需要注重相应学科体系建设。这是因为，马克思主义理论学科是支撑思政课的核心学科，其本身具有科学性、人民性、实践性、开放性特征和与时俱进的理论品质。理论来自实践。马克思主义理论以及这个学科就是在社会主义伟大实践，当然包括中国共产

---

① 习近平 . 在德国科尔伯基金会的演讲 [N]. 人民日报，2014-03-30：2.
② 靳诺 . 围绕立德树人加强"四史"教育 [J]. 思想政治工作研究，2020（5）：24.

党领导中国革命、建设和改革的伟大实践中产生的伟大的理论。"四史"所讲述的伟大实践催生了伟大的马克思主义理论以及马克思主义理论学科。因此，马克思主义理论学科具有同"四史"相一致的实践基础，我们完全可以以马克思主义理论为学科基础，将"四史"教育纳入思政课教学。这样不仅丰富了马克思主义理论学科的内容，而且为"四史"教育找到了学科支撑。如习近平新时代中国特色社会主义思想在对"三大规律"深化认识的基础上，形成了关于治国理政的新理念新思想新战略，也进一步丰富和发展了中国特色社会主义理论体系。要讲清这一重要理论，必须有一种大的历史观，而"四史"就是这个大的历史观的主要组成部分。实践创新没有止境，理论创新也没有止境。在改革开放和社会主义现代化建设的不断推进中，党正在领导人民进行着宏大的实践。将马克思主义理论学科体系建设与"四史"教育结合起来，可以起到相互印证、补充和促进彼此发展的作用，开辟马克思主义理论学科新境界、"四史"教育新天地。

2. 培养纳入"四史"教育的教师队伍

推动将"四史"教育纳入高校思政课教学，思政课教师是关键性因素，发挥他们的积极性、主动性和创造性尤为重要。因此，根据"四史"教育的需要，必须培养一支能够开展"四史"教育并将其纳入思政课教学的教师队伍。高校思政课教师要讲好"四史"，需要的重要能力就是真懂马列，贯通"四史"，并能将两者有机融合。办好思政课，关键在教师，同样，学生把"四史"学得怎么样，能不能做到真听、真学、真信，也取决于学生的思想引路人和信仰铸魂者——思政课教师。他们不仅应该自己懂"四史"，而且更应该是"四史"的教育家，要通过当前综合素质的提升，树立正确的历史观，增强历史思维能力，也要在拓宽历史视野中提高马克思主义理论素养，真正按照习近平总书记对广大思政课教师提出的政治要强、情怀要深、思维要新、视野要广、自律要严、人格要正的要求将"四史"教育贯穿在各自的思想政治理论课教学中。可见，思政课教师要真正成为马克思主义者，引导和激励学生坚定马克思主义信仰，就要有深厚的马克思主义理论基础。思政课教师也必须要在深厚的马克思主义理论基础之上，通过"四史"学习深刻把握历史发展规律，然后再去教育学生认识历史发展规律，把握从经典马克思主义到当代中国马克思主义的理论逻辑，把握中国特色社会主义的实践逻辑，把握中国共产党的历史使命和时代任务，使他们进一步坚定"四个自信"。

3. 改进纳入"四史"教育的教学方法

高校思政课教师要提升将"四史"教育纳入思政课教学的能力和水平，除了要提高自身的理论水平、历史思维能力等以外，还要有把"四史"讲生动、讲明白、讲清楚，让学生爱听、爱学，即调动大学生学习"四史"积极性的教学方法。"四史"教育的教学方法应该是灵活多样的，可以走，可以听，可以看，可以讲。"走"即到有关"四史"教育场所或遗址，身临其境地感受和思考"四史"；"听"即通过思政课教师自己讲，或请革命前辈、英雄模范、专家学者等人就某一方面的内容讲，来让学生倾听和思考"四史"；"看"即通过读经典理论文本、文学著作和看影视资料等，让大学生直观思考"四史"；"讲"即让大学生在学习、感悟和思考"四史"之后，讲出他们自己对社会主义发展史、中国共产党史、新中国史、改革开放史某一方面或片段的认识和领悟。当然，方法还有很多，而且不同的课程方法也不一样。如在"中国近现代史纲要"课程中，有老师就形成了"学习'四史'、体验'四史'、写作'四史'、分享'四史'"的"四位一体"教学方法。这种方法既能创新教育学生的模式，也能增强课程教学的实效性，使"四史"教育与课程教学在内容上和教育主旨上都能相通，使两者更能相辅相成、相互促进，有助于达到课程目标和增强学生对课程本身与"四史"教育的认同感。[①] 总之，无论用什么教学方法，都应该引导学生在学习历史中深刻理解马克思主义理论，讲清楚历史逻辑，懂得中国共产党为什么"能"的问题，中国特色社会主义为什么"好"的问题，马克思主义为什么"行"，特别是中国化时代化的马克思主义为什么"行"的问题，立志在中华民族伟大复兴中建功立业。

---

① 参见宋青红."四史"教育融入中国近现代史纲要课程实践路径探究 [J]. 河南教育学院学报（哲学社会科学版），2021（4）：15-19.

4. 加强纳入"四史"教育的组织领导

要推动将"四史"教育纳入高校思政课教学，必须做好组织领导，特别是发挥学校党委主体统领作用。高校思政课办得好不好，从根本上讲取决于学校党委重视不重视、组织充分不充分、能不能发挥对思政课的领导作用。只有把思政课建设摆在了关键位置，才能坚持和贯穿好党的教育方针，把握好社会主义办学方向，落实好立德树人的根本任务。能不能把"四史"教育很好地纳入思政课教学中也不例外。从具体做法来讲，首先是强化学校党委的主体责任，把"四史"教育纳入高校思政课教学应被放在学校总体发展规划中谋划和部署。书记、校长同责，需认真调研和指导。其次是学校要有"大思政"工作格局，建立健全党委统一领导、宣传部门牵头协调，相关部门和学院各负其责、齐抓共管的工作格局。为保证各项工作顺利展开，还要有监督机制，并采取有效措施促进将"四史"教育纳入高校思政课教学。最后是要制定有效的制度，切实做好保障工作。如制定将"四史"教育纳入思政课教学在科研、实践等方面的条件、经费等的保障制度，制定将"四史"教育纳入高校思政课程和课程思政等的政策制度，打造一流课程、精品课程、特色教案等，系统展示"四史"中所蕴含和具有的内涵精髓、光辉历程与丰功伟业。可见，"四史"教育效果怎样与其组织领导有密切关系。在这方面 M 校的工作有可借鉴之处。

（三）将"四史"教育纳入教学的长效机制

在高校思政课中如何建立起"四史"教育的长效机制确实是一个需要认真研究的问题。由于"四史"教育早已不限于思政课范围，因此，"四史"教育长效机制的建立事实上已成为涉及思想政治教育各领域的问题。鉴于此，西部许多高校都根据各自的实际做出了不同的探索和研究。如陕西师范大学把开展"四史"教育作为贯彻习近平新时代中国特色社会主义思想、坚持正确办学方向的内在要求，作为落实立德树人根本任务、培养新时代"四有"好老师的实践需求，通过加强组织领导、注重协调联动、突出载体创新，建立思政课教学的长效化机制。该校有一些有效的具体做法，如发挥课程优势，做到以史弘道，使"四史"学习教育有深度。该校积极推进"四史"教育的"三进"工作，把鲜活丰富的"四史"教育内容融入思政课教学中，同时建起了相应的课程体系，紧密联系党的历史，依托陕西的红色资源优势，开设"延安十三年"通识选修课。组建由学校党政负责同志、知名教授、中青年教学骨干组成的高水平教学团队，面向全校学生开设"四史"系列讲座，采取模块化设计，从社会主义的500多年历史到中国共产党的100多年历史，从新中国的70多年历史到改革开放的40多年历史，从延安精神到新时代脱贫攻坚，按照线上线下相结合的方式进行系统授课，引导学生在认识历史、感悟历史中把握历史规律。又如培育深厚情怀，做到化史成风，使"四史"学习教育有效度。该校将"四史"教育融入校园文化建设，形成大思政，特别是持续开展"西部红烛精神"宣传践行活动，发挥"红烛校史馆"育人作用，深入挖掘红色教育元素，让红色基因成为铸魂育人的精神力量。将"四史"教育融入学风建设，通过举办读书节、开展线上读书打卡活动、组建博士生宣讲团等形式，培养读书习惯，营造良好学风。将"四史"学习融入研学实践，组织青年学子赴延安、照金等地开展"四史"主题教学实践，组织公费师范生骨干赴西部基础教育一线开展教育实习和义务支教，深入安康市岚皋县等地亲身感受决战脱贫攻坚、实现乡村振兴的巨大成就，在实践中激励学生奋发成才。

在高校思政课中建立起"四史"教育的长效机制可以从以下四方面考虑。

一是将"四史"教育全面纳入课程评价体系。从课程教育目标来讲，"四史"教育不仅是思政课的教学内容，而且应该融入所有课程的教学过程中。社会科学自然不用说，自然科学也可以把"四史"教育中的相关内容融合进教学过程中并将其体现出来，如为人类发展、国家富强、民族独立、人民幸福而奋斗的自然科学家的献身精神、钻研精神和忘我精神，都可以用来教育和鼓励青年大学生奋发学习、积极向上。把"四史"教育全面纳入课程评价体系可以促进和规范其长效机制的形成，帮助其取得实际的教育效果。

二是将"四史"教育全面融入"三全育人"全过程。为配合"四史"教育进教材、进课堂、进头脑，必须要将"四史"教育全面融入管理、环境、服务等育人领域中。在管理育人上要将"四史"教育融入行政管理、教学管理、科研管理、班级管理、服务管理以及其他管理中，管理者本身要通过"四史"教育增强管理意识以及管理的科学性、目标性等。在环境育人中要将"四史"教育通过环境营造融入立德树人全过程，创造出有益于"四史"教育的各种有形和无形环境，提高育人效果。服务育人虽不涉及直接进行思想教育，但起着潜移默化的作用，具有一定的影响力和持久作用。各服务部门的工作人员通过"四史"教育不但要提高自身对社会主义、新中国、改革开放和党的历史的认识，而且还要将这些正确的认识传递到学生身上去，要让学生知道我们取得的各项成就都来之不易，现有服务设施和服务水平的提高等都是如此。

三是将"四史"教育全面渗透到校园文化中来。将"四史"教育全面渗透到校园文化及其建设中，努力打造"四史"教育品牌。如通过看党史展馆、讲红色故事、唱红色歌曲、学英雄人物、扬革命精神，开设"四史"学术大讲堂，开展"四史"主题党、团日活动和"四史"演讲宣讲等方式，让"四史"教育更加突出、更加形象，营造出随时可感、随时可学的浓厚氛围，不断教育青年大学生赓续红色血脉，增强自身的志气、骨气、底气。四川大学在"四史"教育中面向青年大学生开展的专家学者讲理论、革命前辈讲人生、党员干部讲践行、英雄模范讲精神、青年学生讲收获的"五讲"活动很有代表性。

四是将"四史"教育全面贯穿到社会实践中来。用"四史"教育推动青年大学生不断明确和深化社会实践活动主题，持续、广泛开展"我与祖国共奋进"等主题实践活动，瞻仰革命遗址，参观红色景点，学习先烈事迹，重温入党誓词，调研城乡巨变，组建青年大学生研究、宣讲、爱心服务、志愿活动等社团，不断在实践体悟和行为训练中理解社会、感悟真理，提升能力和水平，增强历史使命感和时代责任感。要让青年大学生从服务他人和社会中感受"四史"教育的精神力量，并成长为社会主义事业的建设者和接班人。

总之，构建高校"四史"教育的长效机制是巩固深化思想政治教育成果的应有之义，是建设高质量高校思想政治教育体系的现实需要，是不断提升高校思政课教学质量和水平的内在要求，具有其重要的教育意义和现实价值。对西部高校来讲，更需要通过"四史"教育长效机制的构建，让青年大学生感悟发展社会主义事业的不易，感悟中国特色社会主义道路的艰辛，感悟马克思主义理论真理的伟力，感悟西部的发展离不开党的领导，成为有扎根西部决心与毅力的有理想、敢担当、能吃苦、肯奋斗的新时代好青年。

下面是 M 校"四史"教育实践安排。

M 校关于 2021—2022 学年第一学期 "四史"课程教学安排的通知

各教学单位：

为全面贯彻党的教育方针，深入贯彻落实中共中央办公厅、国务院办公厅《关于深化新时代学校思想政治理论课改革创新的若干意见》《甘肃省深化新时代学校思想政治理论课改革创新实施方案》的要求，结合学校开展"四史"即党史、新中国史、改革开放史、社会主义发展史学习教育工作总体安排，现就开设"新青年·习党史"课程做如下安排。

一、教学安排

（一）课程名称

"新青年·习党史"

（二）学习对象

1. 2018 级、2020 级（含第二学士学位）、2021 级（含第二学士学位）本科生；

2. "新青年·习党史"课程总评成绩不及格且本学期报名重修者。

（三）时间安排

学生根据自身实际，合理安排学习进度，于 2021 年 12 月 12 日（第 15 周周日）前完成网络课程的学习任务。

（四）学习要求

学生进行网络课程学习时，需按修读要求观看学习视频，完成课程章节测验和考试等学习环节。观看视频未达 95% 者取消考核资格，总评成绩按 0 分记。

（五）考核时间及方式

2021 年 12 月 13 日至 12 月 19 日进行线上期末结束性考核。

（六）课程成绩构成

总评成绩 = 视频观看成绩（30%）+ 课程测验考核成绩（20%）+ 线上期末结束性考核成绩（50%）。

总评成绩按百分制记。大于 60（含 60）分为及格。总评成绩不及格者须重修。

二、系统登录办法

（一）系统登录界面

学生从以下三种方式中任选其一进入登录界面。

第一种：在学校主页"教学资源"界面，点击"泛雅网络教学平台"即可进入系统登录界面。

第二种：打开网页浏览器，在地址栏中输入网址即可进入系统登录界面。

第三种：手机下载并安装"超星学习通"（"超星学习通"二维码如下），进入系统登录界面后点击下方"其他方式"，使用"机构账号"登录。

（"超星学习通"二维码）

（二）进入系统

在系统登录界面输入用户名和密码即可进入系统（注：学生首次登

录系统后，请点击左侧的设置修改密码，基本资料信息务必填写准确）。

三、其他注意事项

学生每次学习结束后，退出系统时应点击界面右上角的"退出登录"按钮，关闭浏览器，以保护个人信息，防止被其他人篡改选课记录。

为了维护良好的教学秩序，端正学风，保证教学质量，通过刷课、课程代看等不良途径学习、考核者，按考试违规处理，总评成绩按0分记。

第十章

地方红色资源融入教学是提升西部高校思政课教学质量和水平的有益实践

如何提升思政课教学质量和水平，培养和激发起学生内心深处对祖国、对党、对人民、对社会主义的热爱之情，对党的优秀儿女、对革命烈士、对英雄模范的崇敬之心以及对我们悠久的历史、繁荣的文化，对党领导人民所取得的伟大成就的自豪之感是思想政治理论课教师以及思想政治教育工作者需要研究的一个重大问题。根据对这个问题的研究，将红色资源，特别是学生们所熟知的地方红色资源融入思政课教学无疑是一种有益实践。

一 红色与红色资源、红色基因

要研究如何将地方红色资源融入西部高校思政课教学，必须首先要清楚几个相关概念，包括红色、红色资源、红色基因。

（一）红色与精神标识

红色代表着热烈、勇敢和斗志。在中国，红色更是被赋予了特殊意义，它是中国革命、建设和改革的最鲜亮的底色，是中国共产党人的精神标识。所谓精神标识可以理解为一种文明内在精神的"身份证"和"识别码"，它凝结着一种文明的精神内核，传递着亘古至今的精神血脉，鲜明投射出其文明的精神特质。深入理解一种文明的精神标识，需要把握其基本原则，明确其重要价值，厘清其主要来源。红色作为中国共产党人的精神标识就标志着中国共产党的鲜明政治立场和为人民谋幸福、为民族谋复兴的无悔初心与使命；标志着中国革命、建设和改革伟大胜利与巨大成就的来之不易；标志着革命先辈、英雄模范、改革先锋的鲜血和汗水不会白流且已化作一代代中国共产党人不屈的精神与品格；标志着新时代中国共产党人将继续沿着中国特色社会主义道路把国家建设得更加富强、民主、文明、和谐、美丽。中国共产党人钟爱用自己的理想信念、坚强意志、价值追求和不屈奋斗创造出的红色，就是因为红色昭示着中国共产党人不会忘记过去。中国共产党人深知来时的路是付出了生命代价的，深刻懂得"为什么战旗美如画，英雄的鲜血染红了它；为什么大地春常在，英雄的生命开鲜花"。红色昭示着中国共产党人更加珍惜现在，因为伟大成就的取得、伟大转折的实现是付出了英勇顽强的奋斗的，中国共产党人深深懂得为什么"五星红旗你是我的骄傲，五星红旗我为你自豪"，为什么"你的名字比我生命更重要"。红色昭示着中国共产党人将持续以中国式现代化全面推进中华民族伟大复兴，因为中国共产党人的"一切奋斗、一切牺牲、一切创造，归结起来就是一个主题：实现中华民族伟大复兴"①。中国共产党人深深懂得"五星红旗迎风飘扬，胜利歌声多么嘹亮，歌唱我们亲爱的祖国，从今走向繁荣富强"的历史根源。中国共产党人对红色的深刻认识和理解已融入了他们的精神和血脉，成为中国共产党人代代相传的红色基因，红色象征着中国共产党的先进性纯洁性和始终不变的精神品质与理想追求。

（二）红色资源及其在教学中的作用

红色资源是中国共产党领导人民在革命、建设和改革的伟大实践中创造的具有中国特色的文化资源，它内容丰富、数量众多而又弥足珍贵，记

---

① 习近平．在庆祝中国共产党成立 100 周年大会上的讲话 [M]．北京：人民出版社，2021：3．

录着中国共产党和中国人民的奋斗历史，是党的性质宗旨和初心使命的具体体现与集中反映。红色资源在思想政治理论课教学中具有十分重要和特殊的作用，它的运用会对人的思想和心灵产生强大的感染力和震撼力，在触动人的心灵的过程中为其注入强大的正能量，塑造灵魂，改造三观，使人以深厚的情感和极大的热情投入对党、对国家、对社会、对人民的无限忠诚、热爱、奉献与服务中。正如习近平总书记所说："每到井冈山、延安、西柏坡等革命圣地，都是一次精神上、思想上的洗礼。每来一次，都能受到一次党的性质和宗旨的生动教育，就更加坚定了我们的公仆意识和为民情怀。"[①] 习近平总书记还说："历史是最好的教科书。对我们共产党人来说，中国革命历史是最好的营养剂。多重温我们党领导人民进行革命的伟大历史，心中就会增加很多正能量。"[②] 在高校思想政治理论课教学中，思政课教师要合理充分地利用这些红色资源，使红色资源"活起来"，增强思想政治理论课的感染力。如用红色资源所包含的党的光荣传统和优良作风使大学生坚定理想，砥砺品格；以其中所包含的革命传统和崇高风范使大学生振奋精神、凝聚力量。这样，可以让学生勇往直前、奋勇争先，无愧于时代的嘱托，无愧于党和人民的期望，让革命事业薪火相传、血脉永续。这是提升思政课教学质量和水平的重要方法，也是持续增强思政课教学效果的有效途径。

怎样将红色资源有效地运用于思政课教学？思政课教师首先要根据教学需要深入挖掘红色资源，在准确把握党的历史发展主题主线的基础上，旗帜鲜明地反对历史虚无主义，让学生形成正确的历史观、政治观。其次要根据红色资源的政治性、思想性与教学内容、目标相统一的原则，认真选择红色资源，通过用史实说话，增强思政课的教学效果。最后要根据学生的认知特点恰当设计红色资源教学案例，引导他们逐渐理解与认识中国革命、建设和改革过程中的内在历史逻辑以及其中我们做出的重大抉择及其重要意义。

---

① 习近平 . 论中国共产党历史 [M]. 北京：中央文献出版社，2021：24.

② 习近平 . 论中国共产党历史 [M]. 北京：中央文献出版社，2021：24.

（三）红色基因及其传承和弘扬

红色基因作为一种革命精神的信仰和传承是中国共产党人的精神内核，同时也成为中华民族的精神纽带之一。具体而言，红色基因就是中国共产党人对马克思主义的无比信仰、对中国共产党的无比忠诚、对共产主义远大理想的无比向往、对伟大国家和人民的无比爱戴，以及在实现中华民族伟大复兴的斗争中所表现出来的无比勇敢等无数种可歌可泣的崇高精神和优秀品格。红色基因让中国共产党人青春永远驻留，生命之花永恒绽放。中国共产党人的红色基因源自中国共产党的先驱们创建党时所形成的伟大建党精神，即习近平总书记所讲的"坚持真理、坚守理想，践行初心、担当使命，不怕牺牲、英勇斗争，对党忠诚、不负人民"[1]32个字，也体现在由此而形成的精神谱系和锤炼出的政治品格当中。

习近平总书记高度重视红色资源的作用发挥与红色基因的传承弘扬。党的十八大以来，习近平总书记立足于新的历史方位和时代特征，以科学的唯物史观和深厚的红色情怀，对传承和弘扬红色基因做出了一系列重要论述，他指出，"革命博物馆、纪念馆、党史馆、烈士陵园等是党和国家红色基因库。要讲好党的故事、革命的故事、根据地的故事、英雄和烈士的故事，加强革命传统教育、爱国主义教育、青少年思想道德教育，把红色基因传承好，确保红色江山永不变色"[2]；"让信仰之火熊熊不息，让红色基因融入血脉，让红色精神激发力量"[3]；"要从红色基因中汲取强大的信仰力量，增强'四个意识'，坚定'四个自信'，做到'两个维护'，自觉做共产主义远大理想和中国特色社会主义共同理想的坚定信仰者和忠实实践者，真正成为百折不挠、终生不悔的马克思主义战士"[4]。

---

① 习近平.在庆祝中国共产党成立100周年大会上的讲话[M].北京：人民出版社，2021：8.
② 习近平.论中国共产党历史[M].北京：中央文献出版社，2021：111.
③ 人民日报评论部.中国为什么能——新中国70年巨变的内在逻辑[M].北京：人民出版社，2019：82.
④ 习近平.用好红色资源，传承好红色基因　把红色江山世代代传下去[J].求是，2021（10）：9.

做好红色资源的作用发挥与红色基因的传承弘扬工作具有深刻意义，而这种意义的展现又要求充分发挥高校思政课的主阵地作用。党的十八大以来，党和国家先后印发了《关于加强和改进新形势下高校思想政治工作的意见》《关于深化新时代学校思想政治理论课改革创新的若干意见》《高校思想政治工作质量提升工程实施纲要》《新时代爱国主义教育实施纲要》等多个文件，对持续深化爱国主义教育，推进革命传统文化教育，传承红色基因，深入开展思想政治工作提出了明确而具体的要求。党的十九届五中全会又强调要加强"四史"教育。时任教育部部长陈宝生同志代表教育部在人民日报发表的《从历史中汲取智慧和力量》一文提出，教育系统要把加强党史、新中国史、改革开放史、社会主义发展史教育作为贯彻落实党的十九届五中全会精神的重要抓手。^①2020 年教育部对全国教育系统做出重要部署，提出要着眼于推动各地各高校深化"四史"学习成果，以"网上重走长征路"为切入点，探寻红军长征的伟大历程和宝贵资源，深入挖掘各地红色基因，深入研学习近平总书记在各地的考察故事、重要讲话精神，开展"四史"学习教育。2021 年全党开展党史学习教育，习近平总书记在党史学习教育动员大会上强调要学史明理、学史增信、学史崇德、学史力行，学党史、悟思想、办实事、开新局。^②这些认识和措施对红色资源的作用发挥与红色基因的传承弘扬都是十分重要的。

二　地方红色资源与思政课教学

在中国共产党的领导下，中国经过长期的革命、建设和改革，留下的红色资源数量众多、分布广泛。在所有红色资源中，地方红色资源又具有一定的特殊性。其一，地方红色资源被当地人所熟知，故此，在资源所在地区的学校，教师对这些红色资源较为熟悉，且具有一种亲切感、自豪感，学生

---

① 　参见陈宝生 . 从历史中汲取智慧和力量 [N]. 人民日报，2021-02-19：9.

② 　习近平 . 在党史学习教育动员大会上的讲话 [J]. 求是，2021（7）：4-17.

听了、看了这些红色资源也容易产生亲切感和自豪感，便于师生双方产生共鸣。其二，地方红色资源具有一定地理和区位优势，便于教师组织实践教学，学生在身临其境的教学中也更易产生深刻感触，这种效果是课堂教学所无法达到的。下面以甘肃省为例，探索地方红色资源如何融入思政课教学，提升教学质量和水平。

（一）地方红色资源概述

甘肃省是红色资源大省。从分布上讲，甘肃省红色资源分布广泛，有遍布全省的 700 余处红色遗址遗迹，它们记录了中国革命、建设和改革时期发生在陇原大地上的许多重大历史事件和历史活动。从内容上讲，甘肃省的红色资源内容丰富，而且还具有很强的独特性和不可替代性，是中华大地上的宝贵财富和党的红色资源中的重要组成部分。2019 年 8 月，习近平总书记视察甘肃时指出："甘肃是一片红色土地，在中国革命历史进程中发挥了不可替代的重要作用。"[①] 习近平总书记的这一重要指示，充分肯定了甘肃省红色资源在中国革命历史进程中的重要地位和作用，为甘肃省高校研究、挖掘、应用红色资源，传承弘扬红色基因，将甘肃省红色资源融入本地高校思政课教学指明了方向。

甘肃省地域广阔、历史悠久、文化厚重、人民勤劳，不仅是中华民族的发祥地之一，也是中华文明的发祥地之一，更是一片红色土地，有着光荣的革命传统。从河西走廊到黄土高原，从黄河之滨到甘南草原，红色资源富集。在革命战争年代，毛泽东等老一辈革命家在这里留下了闪耀足迹。新中国成立以来，一代代中国共产党人在建设和改革的伟大实践中于甘肃创造出了辉煌业绩，也留下了许多弥足珍贵的红色印记。

1921 年 7 月，中国共产党的成立是中国历史上开天辟地的大事，给苦难深重的中国人民带来了光明和希望。此后，地处我国西北的甘肃省也有了党的早期活动。如甘肃第一个党组织——中共甘肃特别支部，甘肃民族地

---

① 习近平.论中国共产党历史 [M].北京：中央文献出版社，2021：256.

区第一个党组织——中共导河（临夏）特别支部，甘肃第一个农村基层党组织——中共邠（现陕西省彬州市）宁（现甘肃省宁县）支部的成立为甘肃省成为中国革命、建设和改革中一片不可或缺的红色土地播下了火种。从此以后，甘肃在中国革命、建设和改革不同时期都发生了不同历史性变化，取得了不同历史性成就。如革命时期，在甘肃曾组织成立了党领导的工人工会组织和农民协会；发生了具有十分重要和特殊意义的两当兵变；创建了土地革命战争后期"硕果仅存"的陕甘革命根据地；由党中央做出了将红军长征的落脚点放在陕北和以陕北为领导中国革命大本营的战略决策，实现了红军长征中规模最大、影响最广、意义最为深远的三大主力的胜利大会师和两万五千里长征的伟大胜利；彰显了红西路军艰苦征战、英勇顽强的大无畏革命精神；打通了国际援华大通道，为抗战物资的转运做出了贡献；打响了解放战争西北战场上最大最艰难的兰州战役，为解放大西北奠定了基础。再如新中国成立以后，甘肃成为国家"一五"计划和"三线建设"的重点地区，诞生了一批工业战线上的"共和国长子"，建成了新中国第一个石油化工基地、最早的有色金属基地、最大的卫星发射基地和一批国防工业基地；造就了铁人精神，庄浪精神，八步沙"六老汉"三代人的奋斗精神，敦煌研究院文物保护利用群体几代人坚守大漠、甘于奉献、勇于担当、开拓进取的莫高精神；打赢了脱贫攻坚战，同全国人民一道步入全面小康社会；在改革开放中让甘肃人民不断增强获得感和幸福感，努力开创出富民兴陇的新局面；等等。这些发生在陇原大地上的难忘历史，都与中国共产党人冲锋在前、起到了模范带头作用分不开，彰显着中国共产党人的使命与担当，体现出中国共产党人"我将无我，不负人民"的公仆情怀。在党的领导下，甘肃人民与全国人民一道共同铸就了以爱国主义为核心的，团结统一、爱好和平、勤劳勇敢、自强不息的伟大民族精神。这些宝贵精神，成为中国共产党人的精神血脉，如滔滔江河，汇聚成奋进新时代、开启新征程的无比强大的精神力量。

党的十八大以来，以习近平同志为核心的党中央带领全国人民"解决了许多长期想解决而没有解决的难题，办成了许多过去想办而没有办成的大事"①，推动党和国家事业取得了历史性成就，发生了历史性变革。同样，甘肃也在党的领导下呈现出经济运行总体平稳以及稳中向好的发展态势，实现了持续增进人民生活福祉、各项社会事业繁荣发展，为全面建设社会主义现代化奠定了基础。

（二）地方红色资源融入教学的实践探索

如何将甘肃红色资源融入甘肃高校思想政治理论课中，是一个值得思政课教师思考和研究的重要问题。对此，我们当然不能采用千篇一律的办法，因为不同的课程有不同的要求，针对不同问题也会从不同的角度得出不同的结论。在"马克思主义基本原理"课程中，通过对甘肃红色资源的利用，如对南梁革命根据地的红色资源在历史唯物主义教学中加以应用与讲解，我们可以得出一个基本结论，这就是甘肃红色土地的创建、发展离不开党的领导。由此也证明，中国的发展离不开中国共产党，中国特色社会主义最本质的特征是中国共产党领导，中国特色社会主义制度的最大优势是中国共产党领导。这是中国共产党在领导中国人民的伟大实践中对马克思主义理论的新发展，具有重大的理论和实践意义。回顾党的历史我们可以清楚看到，百余年来，"党坚持把马克思主义写在自己的旗帜上，不断推进马克思主义中国化时代化"②，马克思主义的科学性和真理性、人民性和实践性、开放性和时代性都在中国得到了充分检验、贯彻和彰显。正因如此，习近平总书记强调，我们党的历史，就是一部不断推进马克思主义中国化的历史，就是一部不断推进理论创新、进行理论创造的历史。③

事实胜于雄辩。中国共产党的百年历史已充分证明中国共产党的领导是中国各项事业从胜利走向胜利的根本保证。事实也确实如此，中国共产党是

① 习近平.决胜全面建成小康社会　夺取新时代中国特色社会主义伟大胜利——在中国共产党第十九次全国代表大会上的报告 [M].北京：人民出版社，2017：8.

② 中共中央关于党的百年奋斗重大成就和历史经验的决议 [M].北京：人民出版社，2021：63.

③ 习近平.在党史学习教育动员大会上的讲话 [J].求是，2021（7）：4-17.

中国革命的领导者和新中国的缔造者。她以马克思主义为指导，选择了社会主义道路，领导中国人民完成了新民主主义革命，推翻了三座大山，成立了新中国。中国共产党是中国社会主义建设的探索者和中国特色社会主义道路的开创者。她领导中国人民完成了社会主义革命，确立了社会主义制度，经过伟大的社会主义建设成功探索出一条适合中国国情的发展道路。中国共产党是中国改革开放的设计者和中华民族迈向伟大复兴的引领者。她领导中国人民开启了改革开放和社会主义现代化伟大征程，使中国特色社会主义进入新时代，也使中华民族伟大复兴的中国梦呈现在世人面前。

历史告诉我们，中国的发展必须要坚持中国共产党的领导，中国共产党是领导我们事业的核心力量。我们靠党举起旗帜，靠党把好方向，靠党凝聚力量，靠党组织保障，靠党团结人民战胜重重艰难与险阻，从胜利走向胜利。坚持和加强党的领导，我们的事业就向前，就有希望，就能行稳致远。

在"马克思主义基本原理"课程中通过应用和学习红色资源，我们不仅应该懂得上述道理，而且也更应该明确认识到坚定党的领导与道路、理论、制度和文化等方面自信的形成具有不可分割性，即道路是党领导人民开创的中国特色社会主义道路；马克思主义理论早已成为党的指导思想并不断与时俱进、丰富发展；坚持党的集中统一领导是我们国家制度和国家治理体系的显著优势之一，且被摆在第一位；党在革命、建设、改革等不同时期创造的革命文化和社会主义先进文化都已成为中国特色社会主义文化的重要组成部分，并不断繁荣发展。

在"马克思主义基本原理"课程中通过应用和学习红色资源，我们还应该更加自觉坚持唯物史观，旗帜鲜明地反对历史虚无主义，用敏锐的眼光、辩证的思维正确识别和判断各种所谓的"历史揭秘"，指出它们肆意编造、断章取义、以偏概全、张冠李戴、偷梁换柱的手法，揭露它们丑化、妖魔化中国共产党，混淆是非，乱人耳目，动摇思想以达到否定马克思主义理论、否定中国共产党的领导的目的的险恶用心。讲历史必须尊重客观事实。把握住铁的事实和基本历史线索，才能讲好党的故事，才能在党史学习教育中实现明理、增信、崇德、力行。要让学生确实明白马克思主义是我们立党立国的根本指导思想，是我们党的灵魂和旗帜。中国共产党坚持马克思主义基本原理，坚持实事求是，从中国实际出发，洞察时代大势，把握历史主动，进行艰辛探索，不断推进马克思主义中国化时代化，指导中国人民不断推进伟大社会革命。"中国共产党为什么能，中国特色社会主义为什么好，归根到底是马克思主义行，是中国化时代化的马克思主义行。"[①] 关于此，该课程教师可以从南梁革命根据地的创建讲起，可以以中国共产党在陕甘宁边区的革命斗争实践为例向学生讲明道理。

同样，将红色资源融入思政课其他课程也有不同的要求，会得出不同的结论，但无论怎样教学目的都是完全一致的。在"毛泽东思想和中国特色社会主义理论体系概论"课程中，通过在讲授党把马克思主义基本原理同我国具体实际和中华优秀传统文化相结合产生的马克思主义中国化的两大理论成果的过程中融入红色资源，学生会更加具体而直观地认识到党的历史就是对马克思主义的继承与发展，就是一部马克思主义中国化的历史。如在党的领导下，甘肃的脱贫攻坚就是党对马克思主义反贫困理论的生动实践和丰富发展。在"思想道德与法治"课程中，通过把红色资源融入马克思主义人生观、价值观、道德观、法治观，社会主义核心价值观、社会主义法治建设以及相关理想信念的培育或践行中，让学生深刻地认识到共产党人具有高尚的道德情操和严谨的法律精神，他们身上集中体现着中华民族优秀传统道德与无产阶级优秀道德品质。在此课程中，我们还可以把铁人精神、八步沙"六老汉"三代人的奋斗精神等融入教学。在"中国近现代史纲要"课程中，更需要将红色资源融入教学，特别是实践教学，除了在课堂上讲授中国近代以来争取民族独立、人民解放和实现国家富强、人民幸福的历史过程以及其中的道理之外，必须要紧密结合甘肃红色资源，如红西路军艰苦征战、英勇顽强的大无畏革命精神开展教育。在这门课的教学中，教师一定要把习近平总书记所讲的"新中国是无数革命先烈用鲜血和生命铸就的。要深刻认识红色

---

① 习近平.高举中国特色社会主义伟大旗帜　为全面建设社会主义现代化国家而团结奋斗——在中国共产党第二十次全国代表大会上的报告 [M]. 北京：人民出版社，2022：16.

政权来之不易，新中国来之不易，中国特色社会主义来之不易。西路军不畏艰险、浴血奋战的英雄主义气概，为党为人民英勇献身的精神，同长征精神一脉相承，是中国共产党人红色基因和中华民族宝贵精神财富的重要组成部分。我们要讲好党的故事，讲好红军的故事，讲好西路军的故事，把红色基因传承好"[①] 这段话讲深讲透。再如，可以联系兰州石化等一批工业战线上的"共和国长子"诞生的艰苦奋斗过程，让学生真正看到历史和人民选择中国共产党，选择社会主义道路，选择改革开放的必然性。在"形势与政策"课程中，我们也可以结合历史，特别是中国共产党创造的红色历史，同时关注现实，关注在党的领导下，所取得的伟大成就和新的历史性贡献，生动讲授党的理论创新成果和新时代中国特色社会主义的生动实践，通过认识国情、认识现实，把握党的路线方针政策、国内外形势、基本国情和省情，帮助学生准确理解当代中国马克思主义，深刻领会党和国家事业取得的历史性成就、面临的历史性机遇和挑战，特别要引导学生正确认识世界变局与中国发展、中国特色与国际比较、时代责任与历史使命、远大抱负与脚踏实地。综上所述，我们完全可以得出：将红色资源，特别是地方红色资源融入思政课教学是提升思政课教学质量和水平的有益实践。

（三）地方红色资源融入教学的方式方法

现在，各地高校就将地方红色资源融入思政课教学的方式方法已做了许多探索。在课堂教学中，可以讲授红色案例、观看红色视频等，分析其中所蕴含的革命精神、高尚品质、人格魅力以及红色资源所折射出的历史逻辑、理论逻辑和现实意义。在网络教学中，可以应用现代科学技术，让学生更加直观、更加真切地体验地方红色资源的吸引力和感染力，给学生们留下更大的观察视角和思维空间，并给他们带来更加强烈的心灵震撼，让学生身临其境，置身"现场"般地接受红色资源带来的教诲与洗礼。在实践教学中，方

---

① 习近平.用好红色资源，传承好红色基因　把红色江山世世代代传下去 [J].求是，2021（10）：10.

式方法更是多样，完全可以突破传统的模式和方法，而且一定要积极鼓励和激发学生的创造性，以丰富多彩形式为载体，营造浓厚的学习红色资源，进而传播和继承红色基因的氛围，提高红色故事的传播力、引导力和影响力，提高学生对红色文化学习的兴趣，促使他们从中学习到崇高精神和优秀品格，帮助他们扣好人生第一粒扣子，收到最大的教学效果。青海省 S 校原创话剧《永怀之歌》的创作、编排、演出就是很好的证明。这部话剧以"两弹一星"元勋郭永怀一生的学研之旅、情感之旅和奋斗之旅为素材，通过"绝微移栽桢干质""赤子归时抵百师""英雄仗剑入昆仑""留取丹心照汗青"四幕，分别讲述了郭永怀求学、归国、在青海投身"两弹一星"研制和为保护资料壮烈牺牲的英雄故事，集中展示出了"热爱祖国、无私奉献、自力更生、艰苦奋斗、大力协同、勇于登攀"的"两弹一星"精神。该话剧是学生们自编、自演的，也确实教育了青年大学生自己，让他们懂得了我们今天的和平来之不易。红色资源是文化、思想与精神的宝库，在我们为之赋予一定的艺术性、感染力之后，其教育意义也会更大。

改进教学方法 / 第五编

第十一章

改进教学方法是提升西部高校思政课教学质量和水平的重要措施

习近平总书记说："改革创新是时代精神，青少年是最活跃的群体，思政课建设要向改革创新要活力。"① 上好思政课一定要发挥好课堂教学主渠道作用。要保证和实现这一主渠道的作用，教学方法的改革是思政课改革创新的重要方面。现在，在思政课教学方法改革上有许多积极的探索，在探索中不仅继续使用案例教学法、讨论式教学法、研究性教学法等明示教学法，展开使用体验式教学法、暗示教学法等基本教学方法②，而且还形成了不少好的方法，如对分教学法、情景教学法、分众教学法、心理疏导法以及慕课、微课、翻转课堂等都取得了积极成效，都值得学习和借鉴。

一　关于思政课的教学特点与方法改革

要改进思政课教学方法，必须对思政课教学特点及存在的问题做出客观、正确的分析，这是改进思政课教学方法的基本前提和认识依据。同时，

---

① 习近平. 思政课是落实立德树人根本任务的关键课程 [J]. 求是，2020（17）：12.
② 佘双好. 思想政治理论课程教学法探析 [M]. 北京：中国人民大学出版社，2018：237-263.

还要准确了解和把握思政课教学方法改革的基本遵循，以此可以保证思政课教学方法改革方向不走偏、效果更显著。

（一）思政课的教学特点与存在问题

在我国，思想政治理论课是高校学生的公共必修课，要深刻认识到思想政治理论课在培养大学生成为社会主义事业的建设者和接班人方面发挥着比其他课程更为重要的作用，是中国特色社会主义大学教育教学中不可或缺的重要组成部分，也是办好人民满意的大学的重要政治前提和思想保证。所以，从理论上讲思想政治理论课的重要性毋庸置疑，对此学界已形成共识。在教学实践中，思想政治理论课同其他课程相比又有其自身特点，由于认识不足还存在一定问题。

1. 教学对象相对复杂

由于思想政治理论课是公共必修课，所以，它的教学对象是各专业各年级的学生，这就给思政课教师的授课带来了一定困难，教师必须要针对不同专业和年级学生的特点，设计授课内容与进度，时时贯彻"因材施教"的原则，这也决定了思政课教师的教学过程绝不是一种简单重复。

2. 教学内容不断更新

思想政治理论课教学不是远离现实的纯粹理论思辨，而是要以现实为基础，并随着社会发展和时事变化对教学内容不断做出新的必要的调整和补充。如将"毛泽东思想概论"和"邓小平理论与'三个代表'重要思想概论"两门课程先合并为"毛泽东思想、邓小平理论与'三个代表'重要思想概论"，后又调整为"毛泽东思想和中国特色社会主义理论体系概论"。从内容上看，该门课程 2021 年版教材做了重大调整，特别重点强调和提升了习近平新时代中国特色社会主义思想的内容和占比。该教材 2023 年版又有了新的修订。这样做不仅考虑了理论的继承性，更突出和强调了理论的时代性和创新性。再如为更好地体现道德与法律的内在一致性、互补性和不可分割性，更有利于学生成长，将"思想道德修养"和"法律基础"两门课合并为"思想道德修养与法律基础"一门课，现在该课程又改为"思想道德与法治"。这些调整和补充不仅仅是一种课程结构的变动，更是教学内容的完善和深化，因此，思政课教师在教学过程中需要根据思想政治理论课时效性原则，及时调整教学内容和方法，否则很难跟上时代要求和保证教学效果。

3. 教学条件较为有限

教学条件的有限性表现在两方面。一是思想政治理论课的教学时数按规定通常为每周 3 课时（"形势与政策"为每周 2 课时，"毛泽东思想和中国特色社会主义理论体系概论"为每周 5 课时），有些学校在执行过程中将每门课程都取出 1 课时为不上课表的实践教学，实际执行每周 2 课时。在这种情况下，由于教材内容较多，课堂教学容量大、速度快，从而容易造成学生一知半解，特别是在"马克思主义基本原理"中这种情况相对较为突出。二是思想政治理论课的教学手段还有待进一步改进。由于学校经费有限且投入不足等原因，思想政治理论课教学手段也往往显得简单。教学手段的简单，又往往需要教师八仙过海、各显神通加以弥补。虽然现在多媒体教学和网络技术得到普遍运用，但是思想政治理论课教学还不能完全依赖于此，要能吸引学生，还得在教学手段上持续改进，其中采用思政课虚拟仿真教学体验技术就是一种尝试。

4. 教学内在认识不足

思想政治理论课教学存在的内在认识不足问题主要来自两方面。一是从教师角度看，有的教师思想认识不清，认为思想政治理论课教学专业性不强，长期教学必将荒废自己的专业；还有的教师虽然讲授的是思政课，但是自己的研究却与思政课无关，对马克思主义理论和思政课本身认识、研究都不够。二是从学生角度看，有一部分学生认为只要能做到爱国、爱党、爱人民、爱社会主义制度，能讲求道德、遵守纪律就可以了，不需要再去学习思想政治理论课，相比之下，他们认为专业课更重要；还有一部分学生为课程考试、考研或考公务员来学思政课，功利性很强，遇到考试重点则认真听、认真记，但对理论或问题本身包含的逻辑关系、做人道理、思想真谛等不去深入理解，使思政课起不到应有的教育目的。这些内在认识上的不足，导致的直接后果就是理论和实践相脱离。由于教师不愿意多投入，学生也缺乏学习热情，课堂教学过程往往会陷入照本宣科或依赖其他技术性的教辅手段的困局，教师做不出过多深刻讲解，教学内容也与当下时事联系不紧密，因此，思想政治理论课的教学内容与现实常常出现脱节甚至矛盾，从而造成了学生对理论的迷惑乃至怀疑，久而久之学生也就失去了对思想政治理论课的学习兴趣。

（二）思政课教学方法改革的基本遵循

通过对思政课的教学特点与存在问题的研究，以及思政课教学方法改革案例分析，我们可以提出进行思政课教学方法改革的六条基本遵循。一是要遵循党的教育方针。这是思政课教学方法改革首要的根本遵循，它明确了思政课干什么、为什么、怎样做等基本问题，也保证了思政课的教学立场、观点和方法的正确性。二是要遵循思政课的本质。这就为思政课教学方法改革指明了方向，让思政课教师明确了思政课是什么，其教学方法该怎样改、向何处改等问题。无论怎样改，都必须把道理讲明。三是要遵循学生认知规律。凡违背规律的事都行不通，任何教学方法改革都要遵循学生本身的认知规律，符合学生认知规律的改革，就有提升教学质量和水平以及获得良好教学效果的可能。当然，从更大的范围讲，思政课教学方法改革还要遵循思想政治教育规律与思想政治教育过程规律。[①] 四是要遵循课程目标和内容。思政课教学方法改革要以教材为依据，根据课程目的和教学内容设计教学方法改革，不能千篇一律，不能一成不变，不能生搬硬套，也不能搞花架子，这就需要思政课教师认真研究教材，精心设计方案，选择合适教法。五是要遵循学校、教师和学生实际。教学方法改革一定要从实际出发，要根据学校条件，教师教学能力和水平，学生学习态度、基础和专业特点等来进行，否则就会脱离实际，或者犯形式主义的错误，或者犯教条主义的错误，对教师和学生都没有任何好处。六是要遵循时代特征和创新精神。思政课最具时代

---

① 参见马建青，李晓娟 . 思想政治教育规律研究三十余年发展探析 [J]. 思想教育研究，2019（2）：132-137.

性，也最需要创新，时代性和创新性可以使思政课富有活力，体现出与时俱进的特征和要求，所以，思政课的生命力就在于不断根据时代发展回答时代之问，不断用创新精神探求新的教学方法。如果没有这些，思政课将会落伍，被时代淘汰，失去其存在的意义和价值。这是一个十分需要予以关注的问题。

思政课教学方法改革除了本着以上六条基本遵循深入思考、研究和设计以外，还要注意针对性、综合性和创造性。[①] 要通过教学方法改革，更好教育学生"用辩证唯物主义、历史唯物主义、中国特色社会主义的立场观点方法，实事求是分析问题，明辨是非，解决学生思想疑惑与偏差，培育学生的科学认知，弘扬社会主义核心价值观"[②]。总之，提升学生的自我分析、正确识别和科学判断能力很重要，也应是教学方法改革的目的所在。

二 "六步教学法"探索与实施

为提高思想政治理论课教学质量和水平，需要面对新形势、新情况、新问题、新要求，就高校思想政治理论课教学方法进行再认识、再探讨，需要立足当下，结合实际。各高校都在这样做，西部高校也不例外，以甘肃省C校马克思主义学院为例可见一斑。该学院持续进行思政课教学方法改革。在探索思想政治理论课"四步教学法""五步教学法"的基础上，又提出了"问题设置→理论讲解→资料分析→组织讨论→社会实践→总结反思"的思想政治理论课"六步教学法"，并在实践中取得了良好效果。

（一）"六步教学法"的理论基础

根据思想政治理论课课程性质和教学目的，针对思想政治理论课教学特点和存在问题，思想政治理论课教学要有突破性进展，除了提升思想认识和

---

① 参见陈万柏，张耀灿.思想政治教育学原理（第3版）[M].北京：高等教育出版社，2015：228-229.

② 文君.全面落实高校思想政治理论课建设新要求[J].思想理论教育导刊，2017（3）：15.

改进教学条件、教材内容等之外，剩下的就是教学方法的优化了。通过长期的教学实践，C校马克思主义学院探索和总结出思想政治理论课"六步教学法"，即"问题设置→理论讲解→资料分析→组织讨论→社会实践→总结反思"。思想政治理论课"六步教学法"的提出不仅有事实依据，还有其理论基础。

1. 思想政治理论课"六步教学法"符合大学生的认识规律

"实践、认识、再实践、再认识"是人的一般认识规律，而大学生在入校以前，都已接受了10多年的教育，具有了一定的知识结构、认识能力和实践经验。所以，他们进入大学以后，完全具有直接接受理论教育的基础，同时，他们也有对思想和现实的不解与迷惑，以及对理论学习的渴望。因此，面向他们开设思想政治理论课是十分必要的。当然，大学生在初步接受理论之后，未必能马上理解或运用，这还需要一个过程，而这个过程又需要在教师的帮助下才能完成，也就是说教师要帮助学生学会运用理论去分析问题。因此，大学生在校期间，不仅要学好理论，而且还要培养自己的实践意识和创新精神，必须要学会独立运用理论去分析和研究事物并得出正确结论，要让个人具有坚实的理论基础和较强的实践能力以实现学以致用。这些都需要经过社会实践与及时总结反思才能完成。由此可见，思想政治理论课"六步教学法"与大学生的认识规律是完全一致的。

2. 思想政治理论课"六步教学法"符合一定的教学原则

无论何种课程的教学活动，都应遵守一定的教学原则，思想政治理论课教学也不例外。但是由于思想政治理论课教学的特殊性，它更强调遵守启发创造原则、师生协同原则、因材施教原则和理论联系实际原则。就启发创造原则来讲，虽然在对大学生进行理论传授的过程中以教师讲解为主，但教师又不能唱"独角戏"，要注意调动学生学习的积极性和自觉性，通过理论讲解和资料分析，培养他们的创造性思维。就师生协同原则来讲，在思想政治理论课教学中，一方面要发挥教师的主导作用，另一方面要考虑到学生的主体地位，充分调动学生的学习主动性和积极性，形成一种师生互动、互助的教与学过程。这一原则可以贯彻到理论讲解、资料分析和组织讨论等教学活动过程中。因材施教原则对于思想政治理论课来讲更为重要。教师面对不同专业和年级的学生，应设计一些不同的讨论问题，这样才有针对性，才能收到良好的教学效果。对于所有课程来讲，都应贯彻理论联系实际的原则，而思想政治理论课教学更应如此。思想政治理论课教学是否成功，最终体现学生是否具备了判断是非善恶的标准，是否养成了法律观念和道德意识，是否建立了科学的世界观、人生观和价值观等方面上。所有这些都不能只表现在课堂上，最终要落实在实践中，体现在行为上。

3. 思想政治理论课"六步教学法"符合大学生的学习心理特征和学习活动规律

从大学生学习心理特征来讲，一方面，他们的智力发展水平达到了最佳状况，各种认识能力普遍提高，这是他们能接受较为系统且深刻的理论教育的根本原因。另一方面，他们的求知欲和认识力之间又有矛盾。大学生有很强的求知欲，特别是对理论学习更是如此。但是由于他们理论水平有限，辨别能力较低，对理论良莠不分、瑕瑜不辨，容易造成思想上的混乱。因此，对他们进行正确的理论灌输和指导，并辅以事实分析，是十分必要的。这有助于他们最终学会选择理论，运用理论去分析问题、认识形势，确定自己的行为方式。从大学生的学习活动过程来讲，大学生的学习活动过程大体可分为四个阶段，即依赖教师指导与逐步理解和掌握学习阶段、相对自主学习阶段、基本独立学习阶段、完全独立和创造性学习阶段。可以看出，思想政治理论课"六步教学法"符合大学生学习心理特征和学习活动规律。

4. 思想政治理论课"六步教学法"符合我国高等教育目标

当代大学生是建设中国特色社会主义，发展社会生产力，全面建设社会主义现代化国家的主力军。他们是否有坚定的政治方向、高尚的道德品质、强烈的使命感和责任感，关系到我国社会主义现代化建设能否成功、中华民族伟大复兴能否实现。所以，大力加强和改进思想政治理论课教学，充分发挥其思想政治教育主渠道和主阵地的作用，是培养"四有"新人，并使之理论扎实、信仰坚定、求真务实、品质高尚的重要保证。思想政治理论课"六步教学法"正是为这样一种教育目标而设计的，它旨在培养大学生的理论素质和实践精神，即既要提高大学生的理论修养，又要让大学生运用理论去分析问题和指导实践，成为德智体美劳全面发展的社会主义建设者和接班人。

（二）"六步教学法"的内容和步骤

1. 问题设置

思想政治理论课教学与现实联系得很紧密。事实上，学生在接受思想政治理论课的教育之前，就已经对许多社会现象或理论问题有过自发的或朦胧或充满疑惑的思考和探讨。因此，思想政治理论课教师要经常深入学生，了解学生的思想动态，抓住学生当中普遍存在的、似懂非懂的、渴望解决的问题。这些问题对教师来讲无论是幼稚、浅显，还是其他，对学生来讲都非常重要，它甚至可以影响和决定他们世界观的形成、人生态度的确立、人格品质的培育。所以，教师在课堂上进行理论讲解之前，可以先设置一个具有新颖性、代表性、挑战性的问题，这样做的目的在于激发学生的求知欲望，激活学生的理性思维，有利于以后教学活动的展开。

2. 理论讲解

在思想政治理论课教学中要进行必要的理论讲解，这是由课程体系和学生实际所决定的。教师在进行理论讲解时要做到观点鲜明、内容正确、推导合理、论证有力，把具有一定逻辑性、系统性和前瞻性的理论与真理的魅力和力量尽可能充分展示给学生。在理论讲解过程中，教师应根据学生实际尽量进行有条不紊、深入浅出、透彻明了的分析，提高他们的理论水平，帮助他们建立起相应的理论结构，并促使他们自己认识到学习理论的必要性和重要性，从而在理论学习上由被动接受转变为主动索取，最终师生达成共识，为下一步教学奠定理论基础。

3. 资料分析

在大学生具备了一定理论基础之后，教师可及时列举一些相关材料（来自正规新闻媒体的正式报道，并以正面材料为主），与学生们一道进行分析、研究，帮助他们进一步理解理论，着重培养他们分析问题的能力，让他们准确得出预设的问题答案。在这一步中，首先应注意选用的材料要有典型性、针对性、教育性和逻辑性，以便更好地帮助学生理解理论，提高认识。其次在材料分析过程中要注意把知识传授、能力培养和思想教育有机结合起来，把科学的思维方式和研究方法教给学生，从而使学生在资料分析中得到较为全面的提高和尽可能大的收获。总之，教师教书、育人的作用应在这一步教学过程中得到最大限度的发挥。

4. 组织讨论

在完成前面三个教学步骤后，教师要结合社会和学生实际，提出相应讨论问题，组织学生进行讨论。这一过程实际上是学生进行自我教育的过程，其目的在于让学生运用所学的理论知识和分析问题的方法，在自我教育中通过相互讨论，提高理论知识和思维水平，并形成一定的观点，得出一定的结论。在这一过程中，教师可通过一定的教学情景设计或教学手段运用，激发学生的主体意识，尽可能创造出一个宽松、和谐、民主，但又不会偏离教学目的的教学氛围。组织讨论虽然以学生为主，但教师的作用仍然不可忽视。教师除了选题和设计情景以外，还应在讨论结束时做出必要的概括总结，以起到画龙点睛的作用，进而激发学生学习理论的兴趣和自觉性。通过这样的讨论可以将原来"我讲你听"的被动思维变成"你说我评"的主动思维，从而收到事半功倍的效果。实践证明，组织讨论是思想政治理论课"六步教学法"中非常重要的步骤。

5. 社会实践

社会实践是思想政治理论课课堂教学的必要延续和补充，是针对思想政治理论课教学中理论与实践脱节的问题而提出的。思想政治理论课社会实践的作用主要有：第一，检验课堂学习效果，并进一步使学生坚信理论的正确性。在思想政治教育中，会说不等于会做，因此，教学效果评价必须要做到"听其言，而观其行"；第二，重新认识自己，发现和弥补自己的不足。理论学习和道德修养都具有无止境性，在课堂上感到已理解、学懂、会用的理论，在实践中有可能会出现不理解、不够用、不会用等情况，这说明认识与实践之间存在着差距，理论掌握得还不够好，道德修养还不够高，这些问题都有待于在实践中进一步得到解决。

6. 总结反思

总结反思既是思想政治理论课"六步教学法"的最后一步，也是思想政治理论课整个教学过程的升华。中国古代讲自我修养时特别主张"反身内省"，认为只有通过"反身内省"才能正确认识和评价自我，并实现查漏改过。因此，根据"反身内省"的自我修养方法，在思想政治理论课教学中，在经过课堂与课外、理论与实践的教育、学习之后，教师和学生都需要做总结反思。教师通过总结反思可以进一步领会教学大纲，改进教学方法，提升教学质量，使教学更富有目的性、科学性、创造性和预见性。学生通过总结反思则可能有一种"拨开云雾见青天"的感觉，充分认识到理论学习和社会实践的重要性，进一步懂得只有将理论学习和社会实践二者统一起来，反复学习与实践，才能使自己成为既有理论知识，又有实践能力，既有远大理想，又有道德修养的合格人才，从而最终实现自我人生价值。

思想政治理论课"六步教学法"是一个针对性和目的性都很强的多阶段、多层面、多角度的教学方法。它将教与学、学校与社会、理论与实践、教育与自我教育等紧密结合起来，形成了一个有机的互动整体。经过多年实验证明，在思想政治理论课教学中，思想政治理论课"六步教学法"的运用有助于提高教学效果和人才培养水平。当然，由于思想政治理论课的特殊性和复杂性，思想政治理论课"六步教学法"还需进一步探索与研究。

三 "三全育人"教学方法创新与实践

中共中央、国务院印发的《关于加强和改进新形势下高校思想政治工作的意见》强调，坚持全员全过程全方位育人，即把思想价值引领贯穿于教育教学全过程和各环节，形成教书育人、科研育人、实践育人、管理育人、服务育人、文化育人、组织育人长效机制。高校思政课是对大学生进行思想政治教育的主渠道和主阵地。加强和改进思政课教学，提升思政课教学质量和水平是培养又红又专、德才兼备、全面发展的建设者和接班人的重要环节。然而，方式单一、手段落后的传统教学模式与在"互联网+"时代成长起来的大学生不相适应，影响和制约着思政课的实效性、说服力和育人功能。

全员全过程全方位育人的思想政治理论课教学方法创新与实践是基于"互联网+"提出的，就是探索将传统思想政治理论课课堂教学与网络课堂相融合的新模式、新思路，实行"线上线下""课内课外""校内校外"交互式育人，增强课堂教学实效性，培养学生共产主义远大理想、中国特色社会主义共同理想和社会主义核心价值观。同时，结合多种实践教育途径，打造全员全过程全方位育人空间，打破传统思想政治理论课重知识传授轻能力培养、重理论说教轻实践操作、重智育轻德育的现状，旨在增强思想政治理论课的吸引力、说服力和实效性，实现智与德、情与理、认识与能力、思想与行动的协调发展，以达到立德树人的目的。这是"三全育人"理念在思政课中的延伸应用。"人创造环境，同样，环境也创造人。"[①] 马克思主义关于人与环境关系的论述，为我们在思想政治教育中建构起有利于培养人的教育教学环境奠定了思想基础，也为我们通过教育教学环境的改善来提升教学质量和水平提供了理论指导。当然，思想政治教育的环境具有一定的特殊性，其特殊之处就在于"只有当它对思想政治教育活动和教育对象的思想品德产生影响时，才会被看作思想政治教育环境。换言之，思想政治教育环境是整个环境中那些与思想政治教育活动和人的思想品德形成和发展密切关联的因素构成的"[②]。为提高思想政治教育育人效果，全员全过程全方位育人的思想政治理论课教学方法在很大程度上就是着眼于思想政治教育环境的改善以求教学效果的提升。在这方面，甘肃省C校马克思主义学院也做了一些探索性实践。

（一）提高"三全育人"的教学实效性

任何一种教学方法的改革都要有助于充分发挥教师的主导性作用和尊重学生的主体性地位，实现二者的统一，即"在发挥教师主导性、发掘学生主体性的同时，需要打通彼此间的'壁垒'以消除隔膜感，需要教学双方相互

---

① 马克思恩格斯选集（第1卷）[M]. 北京：人民出版社，2012：172-173.

② 陈万柏，张耀灿. 思想政治教育学原理（第3版）[M]. 北京：高等教育出版社，2015：101.

作用、相互带动、相互启发。因此，要立足教师与学生这一对基础性教学关系的创新性建构，找准高校思想政治理论课主导性与主体性相统一的核心支点"①。本着这一认识，在将传统思政课课堂教学与网络新媒体发展的成果有效融合的基础上，C校马克思主义学院思政课教师积极开展多渠道、多层次的思政课教学探索，努力提高"三全育人"的教学实效性。

第一，根据该校不同专业学生的具体实际，该学院陆续自主开发出了本科阶段几门课程的多媒体课件，其中"思想道德修养与法律基础""毛泽东思想和中国特色社会主义理论体系概论"课程课件分别荣获2014年、2015年全国多媒体课件大赛高校文科组二等奖。同时，该学院还组织陆续自主开发了"马克思主义基本原理""毛泽东思想和中国特色社会主义理论体系概论"校级精品课程和网络课程。这些成绩的取得为该学院深化教学改革、提升教学质量和水平打下了良好基础，得到了学校和学生的好评。

第二，该学院将自建的网络课堂与公共网络资源合理结合，尝试以思政课授课班级为单位建立QQ群、微信群、思政网络研修工作坊，采用雨课堂等辅助教学手段，逐步形成了以课堂教学为主的，网络课程、精品课程、精品课件、精彩一课、微课堂等多元并存的教学组合体。构建"线上线下""课内课外"等适应学生需求的多元并存的教学组合体后，经过一段时间的教学实践，思政课教师和学生都发现这种教学模式确实拓展了思政课教育教学渠道，改变了思政课传统教学中存在的"没意思""枯燥乏味""睡觉课"的现象，以及思政课教师用"强制"手段提高到课率、抬头率等尴尬局面。实践证明，这些尝试是必要的，它们符合该校大学生对思政课的认识以及多方面要求，使思政课教学既具吸引力，又具时代感，增强了思政课教学实效性，提升了教学质量和水平。

（二）增强"三全育人"的教学说服力

习近平总书记指出："'大思政课'我们要善用之，一定要跟现实结合起

---

① 张翼.高校思想政治理论课主导性和主体性相统一论析[J].山西高等学校社会科学学报，2021（2）：39.

来"，"思政课不仅应该在课堂上讲，也应该在社会生活中来讲"。① 思想政治理论课不是抽象的，而是具体的，思政课的说服力就在于通过把理论与实际相结合，把思政小课堂同社会大课堂结合起来，让学生懂理、明事，并自觉用理论指导自身实践。所以，实践教学是思政课不可或缺的重要环节。在全员全过程全方位育人的思想政治理论课教学方法创新与实践中，该校集中各部门、学生社团、社会实践基地以及家庭教育等方面力量，通过形成积极拓宽思想政治理论课的联动实践教学途径，增强思想政治理论课的说服力。"实践教学作为高校思想政治理论课课程建设的重要组成部分，是教学过程中不可或缺的重要环节"，其"形式主要包括基地教育、社会实践、案例教学、阅读实践、校园文化、研究实践、情感体验、情景再现八大基本类型"②。该校马克思主义学院根据这些认识，主要从以下五个方面进行实践教学，不断增强"三全育人"的教学说服力。

1. 开展思想政治理论课校内系列实践教学活动

马克思主义学院积极与各部门联动，开展主题鲜明、形式多样、丰富多彩的校园思想政治教育活动，具体包括新闻播报、学生论坛、学术沙龙等活动。如在文理基础类专业开展学生论坛、新闻播报、校园模拟法庭等活动；在艺术专业开展"我心中的祖国""祖国的过去、现在和未来"等艺术创作竞赛、原创小话剧表演等活动，以此充分调动学生学习理论的热情和积极性。

2. 开展爱国主题演讲比赛、爱国歌曲歌咏比赛、课件制作大赛、思政课知识竞赛等活动

举办能体现爱国主义和符合时代主题的特色鲜明的竞赛，激发学生热爱祖国的情感，提高学生的学习兴趣，调动学生学习思想政治理论课的积极性和主动性，既能够使学生坚定在党的领导下走中国特色社会主义道路、实现中华民族伟大复兴的共同理想和信念，又能够丰富学生的精神世界，使他们

---

① 杜尚泽 ."'大思政课'我们要善用之" [N]. 人民日报，2021-03-07：1.

② 邹建平，陈静，陈君 . 高校思想政治理论课实践教学研究 [M]. 北京：北京理工大学出版社，2018：4.

实现理论与实践、理性与情感的融合与统一。

3.开展思想政治理论课校外系列教学实践考察

与学校其他部门联动,组织学生开展主题突出、内容丰富、寓教于乐的校外思想政治教育活动。近年来,该学院开展"重走长征路"、参观爱国主义教育基地等活动。在活动中,学生们体悟红色文化,在接受长征精神和爱国主义教育中实现自我成长、自我发展。此外,该校马克思主义学院还通过开展"走基层""三下乡""体验社会主义新农村建设""我看到的精准扶贫"等主题活动,帮助学生了解社会、认识国情,加深对理论的理解,深化对党的路线方针政策的认识,增强历史使命感和社会责任感。这些活动有助于学生锻炼毅力、培养品格,增长才干、服务社会,也有助于学生提高认识、分析和解决问题的能力与培养创新精神,为他们成为社会主义事业建设者和接班人打下基础。

4.组织学生社团开展"走近社区,感受生活"主题活动

大学生积极参与学生社团各项实践活动可以扩大他们的社会接触面,使他们更好地认识自己和社会,并进一步激发起他们的学习、创业激情。迄今为止,该学院已先后组织学生社团开展走进省高院和学校周边多个社区的实践活动,也开展了为甘南藏族自治州一乡村村民和小学生捐助衣物和学习用具的实践活动。

5.开展"感受魅力金城,建设生态文明"校外考察

为了鼓励大学生学以致用,该学院教师多次组织该校化工学院环境专业的学生以及环保人士,开展"感受魅力金城,建设生态文明"的校外考察。通过考察,学生亲身体验魅力城市和良好生态,加深对生态文明思想的理解,培养自身用马克思主义的立场、观点和方法去观察和思考生态问题的能力。活动开阔了大学生的视野,深化了大学生对加强生态文明建设的认识,坚定了大学生践行生态文明思想的信念,为建设美丽中国注入了新的活力。

总之,该学院通过开展形式多样的"校内校外""课内课外"社会实践活动,让大学生在火热的社会实践中感受到了国家的现实发展,提高了他们自身对马克思主义立场、观点和方法的理解与运用能力，体验到了思想政治理论课的真谛，他们由此懂得了道理，思考了人生，了解了社会。这就使思想政治理论课成为他们在校期间难忘的课程。现在，该校学生对思想政治理论课以及思想政治理论课教师的认识普遍发生了改变，学校其他学院的教师也逐渐认可了思政课教师，有的还与思想政治理论课教师成为知心朋友。

（三）凸显"三全育人"的育人主功能

建立完善的思想政治理论课体系，不仅是马克思主义学院的事，还是一个举全校之力、聚全校之智，实现学科联动、校际联动、部校联动的系统工程。这就需要强化党委主体责任，做好顶层设计，构建全员全过程全方位育人的工作体系。要通过教学目标、教学内容、教学评价等过程把思政课程和专业课程结合起来，实现思政课程和课程思政的统一，让学校各学科各专业教师、各级各类工作人员都从无意识参与转变为有意识进行思想政治教育，体现出学校的一切工作都贯穿着以培养人和教育人为目标的工作理念。

1. 进一步拓宽全员全过程全方位育人视阈

在学校党委的主持下，以思想政治理论课教学为主渠道和主阵地，C 校全校各部门大力支持和通力配合，以网络、学生宿舍、社会实践基地等为载体，通过教书育人、实践育人、环境育人、科研育人、服务育人，形成全员全过程全方位育人视阈，突出思想政治教育育人功能。

2. 在教学科研中探索全员全过程全方位育人理论

C 校马克思主义学院在课程教学与实践过程中，已形成一系列教学成果，如《现代思想政治教育的构建方法与创新研究》《大学生人文素养概论》等著作和教材，《高校思想政治理论课"六步教学法"探构》《网络化背景下高校思想政治理论课教学模式研究》《基于网络新媒体提升高校思政课实效性的研究》《浅议思想道德修养与法律基础课程内容的整体性——教育教学实践中的思考》等论文，并将其中的理念运用于全员全过程全方位育人教学实践中。

总之，全员全过程全方位育人的思想政治理论课教学方法创新与实践，是探索适应"互联网+"时代大学生成长的一种新思路，是集思想政治教育各种力量于一体的系统联动，旨在形成同构同向、同频共振、同心协力的育人环境氛围、体制机制。在实践过程中，该学院也逐渐认识到全员全过程全方位育人需要坚持系统观念，做好整体设计，不断完善思想政治理论课教育教学体系，形成了由党委统一领导、党政齐抓共管、部门协同配合的工作格局，即在全校范围内形成合力、协同发力，实现了教学资源互联互通、教学经验互学互鉴、协同沟通互促互进，营造出学校努力办好思政课、教师认真讲好思政课、学生积极学好思政课的良好氛围。经过该学院实践，确已证明这种教学方法有助于实现思政课理论与实践的互补，理想和现实的互通，思想政治教育主渠道、主阵地与全员全过程全方位育人环境的互联，提高了育人效果，实现了育人目的。这种教学方法值得在推广应用中再研究再改进，如何应用系统思维、协同理念做好全员全过程全方位育人是一个大课题，本身具有一定的复杂性，各地各类学校还具有一定的特殊性。这些问题解决得好将极大提升思想政治理论课的教学效果。

四 其他教学方法分析

在思政课教学方法改革中，西部高校同东部高校一样都在充分发挥着探索教学方法改革创新的积极性、主动性、创造性，不断提高思政课教学水平。例如，西部高校通过采用主题教学、互动教学、情景教学、案例教学、实践教学、网络教学、微课教学等创新方法取得了较好的教学效果，也确实在教学方法改革中重塑了教学理念，增强了创新意识，提高了教学能力，使得思政课逐渐成为西部高校学生真心喜爱、终身受益、毕生难忘的课程。下面具体分析两个教学方法，并通过分析这些方法进一步把握思政课教学方法改革的基本遵循。

（一）基于大数据与云计算平台的学习型组织教学模式

贵州省F校马克思主义学院的"基于大数据与云计算平台的学习型组织

教学模式"在探索研究中取得了很好的教学效果，并成功入选教育部高校思政课教学方法改革项目——"择优推广计划"。高校思政课既要面向学生群体发展，也要关注学生个体成长。近年来，贵州大数据产业推动贵州高质量发展，也为思政课教学方法改革提供了更加精准的选择。现在大数据与我们的学习、工作、生活密切相关。在"大数据时代背景下，高校思政课教学与考核模式面临着前所未有的机遇和挑战"。例如，"高校思政课教学必须改革，尤其是理论性较强的课程"，"考核模式必须改革，以'考'促'教'、以'考'促'学'，'平时成绩和期末笔试按一定比例构成'这种思政课考核模式已经不能适应大数据背景下高校思政课考核的需要"①。在思政课教学方法改革中，"大数据有助于教育者通过对教育数据的客观分析，准确把握学生个体的特征和需求，实施差异化、个性化教育和教学"②。故此，高校思政课要以学生为中心，围绕学生，因势利导，充分挖掘大数据的功能，构建多元化、差异化课程和实时评价体系来满足学生个性化全面发展的需求，进而提高思政课的针对性和实效性。总之，利用大数据助推思政课教学方法改革，是一项很好的探索。

（二）思政课实践教学的"三化"模式

实践教学是思政课理论教学的现实跟进，是思政课不可或缺的重要环节。因为"思想政治理论教育的成败关键在于是否知行统一，在于学生能否自觉运用正确的思想和理论去指导自己的行为，去观察社会，分析问题、解决问题，这是检验思想政治教育教学是否落到实处的重要标准"③。针对思政课实践教学难题，四川省 D 校马克思主义学院基于马克思主义实践观和现代

---

① 吕海滨.高校对大数据相关知识了解与思政课考核模式现状的调查——以贵州省五所高校为例 [J]. 现代职业教育，2017（3）：36.

② 张宝君，崔译文.大数据与高校思政课有效"聚合"的实践路径 [J]. 东华理工大学学报（社会科学版），2021（2）：168.

③ 王学俭.思想政治教育理论与实践问题的研究视角 [M].北京：中国人民大学出版社，2017：138.

教育学实践育人观，进行了"高校思想政治理论课实践教学'三化'模式"探索，也取得了很好的教学效果。该教学方法旨在使思政课实践教学着力于"三化"，即"探索实践教学的课程化、探索实践教学教材体系的标准化和探索实践教学活动的规范化"[①]。实践教学课程化建设为实践教学奠定了基础，它为实践教学设置了特定的教学计划、教学大纲、教学目标等，通过课程化的方式将实践教学活动有机地构建为一个集系统性、指导性和可操作性于一体的科学体系。结合普遍性与特殊性、共性教育与个性培养的基本原则，使实践教学教材体系得到标准化建设，让实践教学有章可循，并达到理论教学与实践教学相结合的教学目的。实践教学活动规范化建设让实践教学并然有序，在教学内容上实现"三贴近"（贴近实际、贴近生活、贴近学生），在教学方式上力图通过"三动"（动脑、动口、动手）确保思想政治理论课教学实现"三入"（入脑、入信、入行）目标。为将思政课实践教学"三化"模式落到实处，D 校在成立"学校思想政治理论课建设领导小组"的基础上，建立健全了包括专职管理机构、指导教师管理机构和学生自主管理机构在内的实践教学组织实施平台，认真制订和选择实践教学活动的设计方案和实施方式，专门整合设置有 3 个总学分、48 个总学时，分六个学期开设的"思想政治理论实践教学课程"，为思政课实践教学活动提供了一个坚实稳固的保障。总之，这种实践课教学方法的探索，极有利于思政课教学质量和水平的提升，也具有很强的可操作性和可推广性。

---

① 范小青，张春和，韩绍杉.高校思想政治理论课实践教学"三化"模式探析[J].学校党建与思想教育，2016（8）：41.

第十二章

指导学生理论社团是提升西部高校思政课
教学质量和水平的间接助力

思政课"最主要的是培养学生对马克思主义、对中国特色社会主义、对中国共产党的认同"①，而这些任务的完成又绝不能单靠教师唱独角戏，教师在发挥好主导作用的同时，还必须要尊重学生的主体地位，尽可能调动起学生的积极性、主动性和研究兴趣。事实上，任何课程教学质量和水平的提升都不是教师一人完成的，都需要在教学过程中师生双方的共同配合，思想政治理论课教学更是如此，因为它除了知识的传授之外，更重要的是情感和心灵的交流，是思想的共振、道德的共建。这样，思想政治理论课在师生双方共同配合下，才能取得好的教学效果，也才能真正显示出一定的教学质量和水平。在这方面，甘肃省C校马克思主义学院通过组织学生成立马克思主义经典著作研读会取得了一些成果。该学院组织成立学生的马克思主义经典著作研读会，旨在帮助和促进学生学习、领会和初步研究马克思主义及其他相关理论，让他们主动配合课堂教学，自觉深化对理论的理解，巩固课堂的理论学习成果，也使思想政治理论课教学质量和水平有了明显提升，教学效果得到改善。

---

① 孙蚌珠.思想政治理论课要着力培养学生"三个认同"[J].思想理论教育导刊，2019（5）：19.

一 学生理论社团在思想政治教育中的作用

甘肃省 C 校马克思主义学院马克思主义经典著作研读会成立于 2013 年 10 月。该研读会以"探究伟人心路，感悟经典魅力"为目的，通过引导学生阅读马克思主义经典著作，旨在提高学生的马克思主义理论水平、辩证唯物主义和历史唯物主义的思维能力以及对社会的认识与判断能力。该学院老师长期担任研读会的指导教师，并做了许多义务工作和无偿讲座。马克思主义经典著作研读会主要采取两种活动方式，一是请校内外老师做讲座，二是研读会成员自己学习交流和举办辩论会、知识竞赛、征文等活动。这两种方式相互交错，使教育和自我教育得到有机结合。通过几年的持续工作，取得了一定效果，也确实助推了思政课教学。

成立学生理论社团是思想政治理论教育的一种载体和延伸，在提高思想政治理论课教学效果、推动马克思主义大众化在高校发展等方面发挥着不可替代的作用。

（一）学生理论社团是推动马克思主义大众化的一种有效途径

学生理论社团具备德育教育的功能，是对马克思主义大众化的主渠道——思想政治理论课的有效补充。社团成员既是马克思主义理论学习的接受客体，也是该理论的传播和自我教育的主体，实现了马克思主义大众化过程中理论和实践、主体和客体的有机统一。在理论社团学习活动中，社团成员自己制定或选择学习计划、内容、方式、方法，力求自己解决理论学习中存在的问题，在相互讨论、探讨中实现对问题的澄清和解答。这种自我教育带来的学习体会和思考不会轻易丢失，作用和效果更大更好，是推动马克思主义大众化的一种有效途径。之所以这样就是因为就一般情况而言，"人到青年阶段，自我意识趋于成熟，能够比较客观、正确地评价自己和别人，能够发表独立见解，能够从行为的动机和效果的一致性上进行评价，形成自己的看法"[①]。

---

① 郑永廷.思想政治教育方法论（修订版）[M].北京：高等教育出版社，2010：154.

（二）学生理论社团为学生实践活动夯实理论基础

伟大的实践需要伟大的理论。理论与实践是相辅相成的，高校青年学生需要在广泛的社会实践活动中理解和接受马克思主义。学生理论社团致力于学习真理真谛，感悟真理魅力，把握真理力量，凸显其思想政治教育功能，有效提升青年学生的思想政治素质，更好地服务于社团成员的学习实践活动，使社团成员实践活动在正确理论的指引下，不偏离中国特色社会主义方向，真正达到培养社会主义现代化建设者的目的。要成为合格的社会主义现代化建设者，必须有正确的理论武装，即马克思主义理论的武装。这是由多方面的因素决定的，在这件事上不能含糊。理论的先导作用也体现在这里。

（三）学生理论社团为马克思主义的传播奠定群众基础

一般来讲，学生社团大多数都以丰富多彩的社会实践为生命线，理论社团也不例外。注重社会实践的作用、提倡实践性也正是理论社团的特色。学生理论社团通过广泛而深入的实践活动成为有效联系高校、学生和社会的纽带，为马克思主义理论宣传和马克思主义大众化实现起到了奠定群众基础的作用。所以，学生理论社团不仅是属于部分学生的，还要吸引更多的青年学生积极参与，只有在广泛的群众性活动过程中才能彰显学生理论社团的独特作用。所以，学生理论社团的每一位成员，不仅应该成为理论学习达人，还应该是宣传员、组织员，把更多的马克思主义理论传播到学生中去，让更多的青年学生加入理论社团中。

（四）学生理论社团是推动校园文化发展的积极因素

学生理论社团不仅应成为活跃校园文化的渠道，还应成为高校思想政治教育和素质教育的有效载体。学生理论社团和其他社团一样，首先肩负着拓展校园文化活动形式、彰显校园文化活力的使命。但是，学生理论社团在通过开展丰富多彩的活动来吸引学生的基础上，更应为丰富校园文化内涵、加强校园文化建设注入新的、独特的血液与活力，引导更多的大学生成为爱思想、会思想、有思想的思想者。所以，学生理论社团不同于学校其他学生社团之处就在于它以先进的理论为共同旨趣，以共同的学习与研究为组织方式，在实际社团活动中实现用学到的理论知识与科学方法去思考和解决一些现实问题，力求提升开拓力和创造力，并用理性的眼光、辩证的思维去观察世界，规范言行。

（五）学生理论社团是培养青年马克思主义者的重要载体

人的精神境界得到极大提高，每个人都能自由而全面地发展是马克思主义追求的根本价值目标。学生理论社团应帮助和促使社团成员真学、真懂、真信、真用马克思主义理论，积极引导每一个社团成员树立正确的"三观"，形成良好的思想品德，全面提高自身综合素质，其要求较高。在活动中，成员们相互分享自己的学习心得，从内心深处真正感知和认识到"马克思主义是科学的理论、人民的理论、实践的理论、不断发展的开放的理论。这一理论创造性地揭示了人类发展规律，创立了人民实现自身解放的思想体系，指引着人民改造世界的行动，成为共产党人为全人类解放而奋斗的思想武器、理论基础和行动指南"[①]。在这些认识中不仅包含着思想的升华，还蕴含着对成长的渴望，社团成员愿意成为，也一定能够成为党和人民所需要的坚定的青年马克思主义者，并为此通过在理论社团中的自觉学习逐渐形成以后专门从事理论工作的潜质和素养。这种更深层次的作用非理论社团一般难以具有。

二 马克思主义经典著作研读会的发展与收获

C校马克思主义学院马克思主义经典著作研读会作为该校唯一的学生理

---

① 徐光春. 马克思主义中国化百年发展历程和成功经验 [J]. 马克思主义理论学科研究，2021（5）：8.

论社团，自成立以来，开展了报告、讲座、演讲、辩论、读书分享与交流、经典篇章诵读、参加校外联谊等多种形式的活动，同学们在其中有付出的辛劳，也有收获的喜悦。

（一）马克思主义经典著作研读会辅导讲座汇总

该学院马克思主义经典著作研读会从 2013 年 10 月起，举办了一系列辅导讲座，截至 2020 年 12 月，其举办的辅导讲座汇总见表 12-1。

表 12-1 2013 年 10 月至 2020 年 12 月马克思主义经典著作研读会辅导讲座

姓名	职称/学位	讲座题目	讲座时间
张新（中国人民大学）	教授	《共产党宣言》及其当代意义	2013 年 10 月 15 日
王定君	讲师	神会马克思	2013 年 11 月 19 日
雒季	副教授	伟人诞生	2013 年 12 月 3 日
姚爱琴	副教授	实践决定认识亦改变信念——谈对马克思主义信仰的认识	2013 年 12 月 5 日
杨建毅	教授	毛泽东对马克思主义哲学中国化贡献	2013 年 12 月 16 日
杨建毅	教授	关于《哥达纲领批判》解析	2014 年 4 月 11 日
张红岩	教授	大学生该如何读理论经典书籍	2014 年 5 月 7 日
杨建毅	教授	马克思的马克思主义观	2014 年 5 月 12 日
何继龄（西北师范大学）	教授	重读经典名篇，切实履行宗旨——从《为人民服务》中看中国共产党人的人民情怀	2014 年 11 月 5 日
杨建毅	教授	解读《巴黎手稿》	2014 年 11 月 25 日
马志丽	副教授	《矛盾论》解读	2014 年 12 月 10 日
米江霞	副教授	《1857~1858 年经济学手稿》解读	2015 年 4 月 1 日
付雨鑫	讲师	《关于费尔巴哈的提纲》解读	2015 年 4 月 17 日
杨建毅	教授	关于社会主义核心价值观的当代中国马克思主义经典论述解读	2015 年 4 月 28 日
杨建毅	教授	谈马克思主义的科学魅力	2015 年 10 月 20 日
陈维荣	教授	关于哲学基本问题相关知识	2015 年 12 月 4 日
王学俭（兰州大学）	教授	关于社会主义核心价值观的几个问题	2015 年 12 月 7 日

续表

姓名	职称/学位	讲座题目	讲座时间
王维平（兰州大学）	教授	《共产党宣言》的时代解读（第一场学术讲座）	2016年5月23日
杨建毅	教授	毛泽东工作方法哲学谈	2016年5月26日
马进（甘肃政法大学）	教授	哲学何用——以马克思主义伦理思想中国化建设问题为例	2016年6月29日
陈维荣	教授	习近平总书记论社会主义核心价值观	2016年7月1日
连珩（兰州大学）	教授	实践的本质以及对社会历史的解读	2016年9月21日
胡金野（兰州财经大学）	教授	毛泽东对马克思主义中国化的贡献	2016年10月21日
杨建毅	教授	马克思恩格斯论共产主义	2016年11月24日
李娜	讲师	选择与信仰	2016年12月23日
赵甲明（清华大学）	教授	科学实践与方法	2017年4月15日
雒季	副教授	马克思恩格斯的城乡理论学说	2017年4月19日
杨建毅	教授	开启社会主义现代化新征程——习近平总书记"7·26"重要讲话学习辅导	2017年8月31日
王维平（兰州大学）	教授	《共产党宣言》的时代解读（第二场学术讲座）	2017年9月22日
杨建毅	教授	关于《中国共产党章程》的学习	2017年10月12日
杨建毅	教授	新时代新思想新征程新篇章——党的十九大报告学习辅导	2017年11月20日
安启念（中国人民大学）	教授	《关于费尔巴哈的提纲》时代解读	2017年11月30日
王学俭（兰州大学）	教授	正确认识新时代我国社会主要矛盾的历史性变化	2017年12月21日
王向明（中国人民大学）	教授	站在新时代的地平线上——学习领会党的十九大精神	2018年1月9日
杨建毅	教授	"三个意味着"与《共产党宣言》	2018年4月3日
魏胤亭（天津商业大学）	教授	用马克思的范式纪念马克思	2018年5月10日
甄喜善（西北民族大学）	教授	从世马大会看马克思对中国和世界的重大影响	2018年6月27日

续表

姓名	职称/学位	讲座题目	讲座时间
叶进（兰州理工大学）	教授	大数据时代高校思想政治教育研究	2018 年 11 月 2 日
蔡中宏（兰州交通大学）	教授	学习全国教育大会，提升教师人才培养能力——高校思想政治理论课教师的自信和使命	2018 年 11 月 30 日
王广（中国社会科学院）	博士	改革开放 40 周年与中国学术成长——新时代的学术表达	2018 年 11 月 30 日
陈维荣	教授	马克思主义理论中难理解的几个问题	2018 年 12 月 28 日
杨建毅	教授	五四运动与马克思主义在中国的传播	2019 年 5 月 9 日
杨建毅	教授	总结过去，珍惜现在，展望未来——习近平总书记在庆祝改革开放 40 周年大会上的重要讲话学习辅导	2019 年 6 月 4 日
胡金野（兰州财经大学）	教授	重温经典，牢记使命，不忘初心——纪念毛泽东《论人民民主专政》发表 70 周年	2019 年 6 月 14 日
杨建毅	教授	关于习近平新时代中国特色社会主义思想的五个问题	2019 年 10 月 23 日
王永斌（兰州交通大学）	教授	深入学习习近平关于教育的重要论述	2019 年 12 月 4 日
杨建毅	教授	在疫情防控斗争中深刻领会习近平治国理政理念	2020 年 6 月 23 日
杨建毅	教授	绘就新蓝图，开启新征程——深入学习党的十九届五中全会精神学习辅导	2020 年 12 月 15 日

（二）马克思主义经典著作研读会成员学习心得摘编

1. 学生 LY

正确的主义乃推动人类社会向前发展之不竭动力。贯穿于马克思主义的一条红线就是追求人类解放，实现人自由而全面的发展，这是马克思的毕生追求。

马克思曾说过："哲学家们只是用不同的方式解释世界，问题在于改变世界。"① 马克思主义真正做到了这一点，提出我们不仅要认识世界，更要改

---

① 马克思恩格斯选集（第 1 卷）[M].北京：人民出版社，2012：136.

造世界。马克思主义已经成为我们生活的哲学、行动的哲学，正在改变着世界。

作为一名思政专业的学生，研读马克思主义是我学习的专业，更是我的兴趣所在。我很庆幸选择了思想政治教育这个专业，去系统深入地学习马克思主义。它的辩证唯物主义和历史唯物主义的世界观方法论给我们提供了认识世界和改造世界的一把"金钥匙"，为我们开启了通往智慧之门。我觉得马克思主义经典著作研读会这个社团办得很有意义，不同于其他社团，它是学术交流性的社团，可以培养兴趣，提高学术水平，我觉得这种社团才真正有大学的学术气息。我一直追随着研读会的脚步，也见证了研读会的发展。

对于研读会我印象最深的就是，每个给我们开讲座并与我们交流的老师都学识渊博，认真耐心，无不让人深深折服，每个老师的思想都有独特之处，都能让人收获到不同的智慧，每次讲座都犹如一场视听盛宴，真的让人的精神和灵魂都受到很大的洗礼和震撼！记得我听过姚爱琴老师关于树立马克思主义信仰的讲座后，我对马克思主义有了一个新的正确认识，也产生了一些积极想法。当姚老师很坚定地说她是一个忠实的马克思主义信仰者时，我内心被深深地震撼了。我在想，马克思主义究竟是一种什么力量，可以让人当成一种虔诚的信仰去终身信奉，可以将自己的精神完全交付和寄托给它！

还看今朝，敢问梦何在？我们的梦就是中华民族伟大复兴的中国梦，它是国家富强的梦、民族振兴的梦、人民幸福的梦。要实现中国梦，必须走中国特色社会主义道路，弘扬中国精神，凝聚中国力量。而"打铁必须自身硬"，试问我们的力量又何在？力量就在于马克思主义的坚定信仰。梦想不可能一夜成真，只有"实干"才能成就梦想，所以要认真学习掌握马克思主义理论，坚定马克思主义信仰，充分发挥我们的道路自信、理论自信、制度自信、文化自信，不断地去求真务实，改革创新，攻坚克难，勇往直前，只有这样，才能"长风破浪会有时"，中华民族才能实现伟大复兴的中国梦！通过马克思主义经典研读会的学习和交流，我受益颇多，它使我们思想的野马自由驰骋，学术的火花尽情绽放，启发着我们真正地去思考人生，思考信仰，也让我坚定地去追寻一个真正的信仰——马克思主义！

2. 学生 HLJ

研读会作为一个理论社团，是学生社团中一支不可或缺的力量。理论社团是大学生求学方式由被动转变为主动的重要载体，能够提高学生理论联系实际的能力、运用所学知识解决现实问题的实践能力。所以，研读会的发展壮大，能够活跃校园学术氛围，引导学生主动学习，弥补课堂教学的不足，提高学生的素质。

我们学习马克思主义经典著作，有利于进一步提高自身水平。正如 2011 年，习近平同志所指出的"阅读经典著作，本身就是增长知识、开阔眼界、增加思想深度和训练思维方式的过程，就是培养高瞻远瞩的战略洞察力和脚踏实地的工作作风的过程，会使我们在潜移默化中受到他们崇高风范和人格力量的熏陶，从而实现自己思想境界和道德情操的升华"[①]。我们学习马克思主义经典著作，还有利于进一步汲取知识，把思想方法搞正确，增强工作学习中的科学性和全面性，不断创造新佳绩。作为研读会的一员，我衷心希望研读会能够强大起来，发挥它本身不可或缺的作用，真正做到功在当下，造福学子。

3. 学生 LCJ

自参加马克思主义经典著作研读会以来，我已经接触和学习了不少的马克思主义经典著作，虽然在刚开始学习的时候感觉马克思主义经典著作很深奥，学习起来还很困难，但是后来接触得多了，自己也慢慢地能够理解其中的精华和魅力所在。下面是我在学习经典著作中的一些感受。

第一，学习马克思主义经典著作的必要性在于它能让我们把握方向、明辨是非。第二，青年大学生学习马克思主义理论，可以获得正确认识世界的思维方法，了解科学的辩证法，正确掌握和应用思维工具。第三，青年大学生学习马克思主义理论，可以培养为人民服务的思想意识，提高思想政治素质，解决

---

① 周英峰. 认真学习马克思主义经典著作　不断推进中国特色社会主义事业 [N]. 经济日报，2011-05-14：1.

为谁学习、为谁工作的问题。第四，青年大学生学习马克思主义理论，可以获得不断奋斗前行的动力以及学会正确处理学习与工作中的各种矛盾。第五，青年大学生学习马克思主义理论，可以让我们敬仰伟人的人格魅力。

习近平总书记强调，一个国家、一个民族的强盛，总是以文化兴盛为支撑的。① 没有文明的继承和发展，没有文化的弘扬和繁荣，就没有中国梦的实现。中华民族创造出了灿烂辉煌、源远流长的中华文化。今天，我们要坚持走中国特色社会主义文化发展道路，建设社会主义先进文化，推动社会主义文化大发展大繁荣，以此不断丰富人民精神世界，增强人民精神力量，努力建设社会主义文化强国。作为当代中国青年大学生，阅读马克思主义经典著作就是对实现文化强国战略的一种积极响应。

历史已证明，马克思主义经典著作魅力无穷，作用重大。我们青年大学生学习马克思主义经典著作，不仅要加强基本理论学习，而且还要注重社会实践与锻炼，做到学以致用，真正实现学习经典著作，完善自我人格，为建成文化强国发挥出自己的力量。

4. 学生 WWL

马克思主义经典著作研读会是我校唯一的一个理论学习型社团，其结合世界文明史、中华文明史、世界社会主义发展，立足中国特色社会主义实际，注重运用现代思维和观念，全面系统、深入浅出地研讨马克思主义经典著作以及习近平总书记系列重要讲话，旨在培养和增强学生对于经典的学习能力和感悟能力，同时将其贯穿到我们学习生活中。

社团自成立以来通过开讲座、办研讨班、做学术交流等多种形式开展活动。特别是邀请校内外多位老师来做讲座，帮助我们多方位理解马克思主义经典著作。师生之间展开热烈讨论，提出了许多富有创见的观点、论断，我自己也在研读会感受到了马克思主义思想的魅力。

马克思主义既是世界观，又是方法论，它给我们的是科学的思想方法和工作方法，为我们认识问题、分析问题、解决问题提供了"钥匙"。因此，

---

① 参见人民日报社评论部．"四个全面"学习读本 [M]．北京：人民出版社，2015：80．

对马克思主义理论的坚持和发展、继承和创新，可以指导和推动中国特色社会主义伟大实践。

在研读会学习的这段时间，我懂得了"天下兴亡，匹夫有责"的真正含义，懂得了作为当代大学生的神圣使命。我也要让自己成为一个真正有梦的青年，为实现中国梦而努力。

相信在研读会，全体成员都会感受到不一样的伟人思想、不一样的心路历程、不一样的原著风采，更会有对原著的独到见解。

5. 学生 LYH

作为马克思主义经典著作研读会的一名干事，下面谈一谈对马克思主义经典著作研读会的认识。

记得学长学姐来我们教室纳新时，我的心不禁为之一颤。因为我在高中时就对马克思主义产生了浓厚的兴趣。那时的我根据教科书对共产主义社会的理解是没有贫穷、饥饿、战争。我想，如果这样的社会真正实现，那对人类来说是多大的幸事啊！那时的我尽管对马克思主义理论有兴趣，但受制于高中课本的局限性和课外阅读量的匮乏，对马克思主义的理解也仅停留在表面。而如今，马克思主义经典著作研读会却为我搭建了学习、交流马克思主义理论的平台。

习近平总书记指出，一个国家、一个民族的强盛，总是以文化兴盛为支撑的。[①] 没有文明的继承和发展，没有文化的弘扬和繁荣，就没有中国梦的实现。中华民族创造了源远流长的中华文化，也一定能够创造出中华文化新的辉煌。马克思主义经典著作研读会作为一个理论性的社团在弘扬社会主义文化方面发挥着作用。

作为新时代的大学生，我们应该熟悉马克思主义基本原理，坚持社会主义道路。习近平总书记说："道路问题是关系党的事业兴衰成败第一位的问题，道路就是党的生命。"[②] 我们党和人民在长期实践探索中，坚持走自己的

---

① 参见人民日报社评论部．"四个全面"学习读本 [M]．北京：人民出版社，2015：80.

② 习近平谈治国理政（第 1 卷）[M]．北京：外文出版社，2018：21.

路，取得革命、建设、改革伟大胜利，开创和发展了中国特色社会主义。中国特色社会主义，是党和人民团结的旗帜、奋进的旗帜、胜利的旗帜，是当代中国发展进步的根本方向。马克思主义经典著作研读会为大学生提供了熟悉马克思主义基本原理的平台，使我们更深刻地理解了中国为什么要走社会主义道路。

马克思主义经典著作研读会不定期举行学术座谈会，并且举办马克思主义经典阅读交流会，使同学们分享阅读马克思主义经典的不同感受，丰富同学们的视野。这无论是对提高我们的理论水平，还是对增强我们的综合能力都十分重要。

我对我们的研读会充满以下期待：

（1）希望学长、学姐们以传帮带的方式对大一新生进行指导。因为大一新生专业知识相对缺乏，对一些深奥的原理难以理解。

（2）多一些参加学习交流的机会。可以让同学们一起参加交流，然后把切身体会与同学分享。学生之间的交流在一定程度上意义大于老师们的说教。

（3）多样化、多视角、多方式学习。可以通过看电影、社会实践、读名著小说等途径从侧面理解马克思主义。

相信通过我们的努力，能使更多的同学对马克思主义感兴趣，提高自己的学习能力，也会使我们的研读会越办越好。

6. 学生 ML

"青春的光辉，理想的钥匙，生命的意义，乃至人类的生存、发展……全包括在这两个字之中——奋斗！只有奋斗，才能治愈过去的创伤；只有奋斗，才是我们民族的希望和光明所在。"每当我读到这句话的时候，我就会感到热血沸腾。马克思是一个改变了世界历史的伟人，多少人因为马克思主义而有了理想奋斗的目标？多少人因为马克思主义而破解了一个个难题，在命运的海洋上扬帆起航？作为一个中国大学生，马克思主义对我们有很大影响，学习马克思主义让我们站在了更高的起点，站在了巨人的肩膀上，我们看到的是更辽远的风景。

我对马克思主义并不陌生，我是文科生，高中时就学习过相关知识。在大学更深入地探讨马克思主义，又给我带来了不一样的经历和感悟。在以前的学习中，我认为马克思主义仅限于书本知识，并不懂其在现实中的体现和应用，而经过现在的学习，认识完全不一样了。

马克思主义哲学蕴含的道理是正确的、深刻的。辩证的唯物论、唯物的辩证法、辩证唯物主义、历史唯物主义等每一个方面都有着发人深省的真理。对我而言，其最大益处就是帮助我树立了积极的人生观。习近平总书记曾强调，辩证唯物主义是中国共产党人的世界观和方法论，我们党要团结带领人民协调推进全面建成小康社会、全面深化改革、全面依法治国、全面从严治党，实现"两个一百年"奋斗目标、实现中华民族伟大复兴的中国梦，必须不断接受马克思主义哲学智慧的滋养，更加自觉地坚持和运用辩证唯物主义世界观和方法论，增强辩证思维、战略思维能力，努力提高解决我国改革发展基本问题的本领。①

人是由生理因素、心理因素和社会因素构成的，是自然存在的物、社会存在的物和理性存在的物的统一，具有自然属性、社会属性和精神属性。正确认识人的本质应该从认识人与动物的区别开始。没有正确人生观的人也许会成功一时，却难以成功一世。对于我也一样，我学习了物质与意识的原理、联系的观点、矛盾的原理、质量互变的原理等，每经过一点点的学习，就会对自己和世界多一分认识。如质量互变原理告诉我们，量变是质变的前提，质变是量变的必然结果，然后循环往复，周而复始。"千里之行始于足下""绳锯木断，水滴石穿"，没有什么事是一蹴而就的，也没有"天上掉馅饼"的事，所以，我要靠自己去努力，坚持不懈，从小事做起，最终获得成功。

学习马克思主义，掌握其中的立场、观点和方法，有了一定分析和解决问题的能力，为我树立共产主义信念打下了坚实的基础。总之，我们青年大学生只有坚持马克思主义，才能肩负起祖国和人民的希望，才能复兴中华民族，让中国巨龙腾飞。

---

① 人民日报社评论部．"四个全面"学习读本 [M]．北京：人民出版社，2015：22.

7. 学生 SMM

以下是《关于费尔巴哈的提纲》学习笔记。

（1）世界上最伟大的事物不是人的生命，而是人的思想。人的生命不可能万古长青，但他的思想可以流芳百世。马克思的思想是人类思想海洋中泛起的一朵耀眼的浪花，当且仅当我们如此认为时，我们才能理性地走近马克思。历史车轮的辗转，验证了马克思思想的科学性。只有思想的伟大，才能造就人的伟大。

（2）"哲学家们只是用不同的方式解释世界，问题在于改变世界。"[1] 马克思思想首要的基本观点是实践，马克思所追求的自由是现实的人的自由，是消灭资产阶级剥削的无产阶级的自由，是消除人的异化的人类解放的自由，是实现共产主义，实现人的自由而全面发展。认识世界是一个漫长的过程，改造世界更是艰辛，只有真正有良知、忧国忧民、顶天立地的马克思主义学者才会撑起中国思想的脊梁。

习近平总书记深刻指出："空谈误国，实干兴邦。我们这一代共产党人一定要承前启后、继往开来，把我们的党建设好，团结全体中华儿女把我们国家建设好，把我们民族发展好，继续朝着中华民族伟大复兴的目标奋勇前进。"[2] 从通往民族复兴的道路来看，我们付出了巨大的代价，华夏儿女身体力行，知行合一，不断创造着近代以来民族复兴可歌可泣的英雄篇章。毛泽东同志曾说："世界是你们的，也是我们的，但归根结底是你们的。你们青年人朝气蓬勃，正在兴旺时期，好像早晨八九点钟的太阳。希望寄托在你们身上。"[3] 由此可见，青年人是民族复兴的希望所在。在民族复兴的奋斗历程里，青年要担起历史使命。

（3）"人的思维是否具有客观的真理性，这不是一个理论的问题，而是一个实践的问题。"[4] 实践是有说服力与科学性的，实践是检验真理的唯一标

① 马克思恩格斯选集（第1卷）[M].北京：人民出版社，2012：136.
② 习近平谈治国理政（第1卷）[M].北京：外文出版社，2018：36.
③ 毛泽东邓小平江泽民论青少年和青少年工作[M].北京：中央文献出版社，2000：120.
④ 马克思恩格斯选集（第1卷）[M].北京：人民出版社，2012：134.

准。当然，我们也不能忽视科学论证、数理推算、逻辑推理等方法。理论是灰色的，而生活之树长青。人民群众是历史的创造者，精神文化的缔造者，生产力发展的推动者。历史证实了这一点。

8. 学生 HLX

马克思是家喻户晓的大政治家、博学多识的学者、充满智慧的哲学家，受人敬仰，令人钦佩。但是，他绝对不是一方神圣，而是一个活着、爱着、思考着的人。

他活着，活出了哲人的智慧，活出了流浪者的坚毅。他徜徉在知识的长廊里，对知识的尊重与热爱使他凌驾于一切凡夫俗子之上，但他不是神。

他是刻苦勤学的人，他翱翔在书籍的海洋里。对《荷马史诗》的热衷，对莎士比亚的独钟，对古希腊文学的解读……但是，他不是神。

他是冷静沉思，充满智慧的哲人，奔波在自由的天堂里。他在自由面前从未畏惧过，就算被几度驱逐，就算海角天涯地流浪，他依然誓死捍卫他说话的权利，《共产党宣言》见证着他流浪的艰辛，但他不是神，他是崇尚自由的流浪者。

他爱着，他是热情浪漫的美男子，他是矢志不渝的追求者。他的爱意表达在给燕妮的每一封书信里，他的爱意表达在送给燕妮的镜子里，他的爱意表达在"一个真正热烈的罗兰"的自我描写里，他们的爱情充满了诗意和浪漫，令人羡慕。

他思考着，拉法格在回忆马克思时说："思考是他无上的乐事，他的整个身体都为头脑牺牲了。"①唯物史观的创立不是偶然，是他思想的结晶；剩余价值的发现不是偶然，是他思想的结晶；对资本的深刻分析不是偶然，是他思想的结晶。他思考着，他行动着，他用一生实践着。

恩格斯曾这样评价他的革命伙伴："至于马克思所做到的，我却做不到。马克思比我们大家都站得高些，看得远些，观察得多些和快些。马克思是天才，我们至多是能手。没有马克思，我们的理论远不会是现在这个

---

① 〔法〕保尔·拉法格等.回忆马克思恩格斯[M].马集译.北京：人民出版社，1973：7.

样子。"① 正是因为他站得高看得远，正是因为他艰苦卓绝的研究，正是因为他身体力行的实践，广大工人阶级才能够用思想的"武器"认识世界、改造世界，无产阶级才能够登上历史的大舞台。

马克思主义是博大精深的理论体系，是工人阶级的世界观，是人类优秀文化遗产的结晶，更是马克思毕生心血的凝结。

党的十八大以来，习近平总书记强调，坚持用马克思主义哲学教育和武装全党。② 马克思主义作为强大的思想武器不能丢，必须要提高掌握马克思主义的本领。马克思主义始终是我们坚持发展中国特色社会主义，实现中国梦伟大战略构想，全面深化改革开放，坚定不移推动科学发展，促进经济社会持续健康发展，走和平发展道路的理论基础和思想基石。

我们不奢望做天才身边的能手，但我们坚决继承和发扬天才留给我们的宝贵财富，这是我们对天才的致敬！每个时代都需要而且能够创造出自己时代的伟大人物。马克思不仅是他们那个时代的伟大人物，更是我们这个时代及后代的思想巨人。他的思想对历史有着深远影响，对未来发展有重大意义。

9. 学生 WZY

自大一起，我就参加了马克思主义经典著作研读会，对我们思政专业学生来说，学习、讨论、研究马克思主义经典著作有潜移默化的影响，不仅提升了我们的思想素养，还提高了我们的专业素质，能让我们更好地践行社会主义核心价值观，对我们的综合能力的提升有很大的推进作用。马克思主义经典著作研读会本着引导阅读的宗旨，帮助同学们理解、思考马克思思想，给予同学们力量，让同学们寻找属于自己的方向。

习近平总书记指出："没有远大理想，不是合格的共产党员；离开现实工作而空谈远大理想，也不是合格的共产党员。"③ "我们一些同志之所以理

---

① 马克思恩格斯选集（第 4 卷）[M]. 北京：人民出版社，2012：248.

② 习近平. 坚持历史唯物主义不断开辟当代中国马克思主义发展新境界 [J]. 求是，2020（2）：4-11.

③ 习近平谈治国理政（第 1 卷）[M]. 北京：外文出版社，2018：23.

想渺茫、信仰动摇，根本的就是历史唯物主义观点不牢固。"① 我们只有把思想认识根植于马克思主义哲学土壤之中，从灵魂深处确立马克思主义世界观、方法论，才能真正发自内心地信仰马克思主义、追求共产主义远大理想，才能在党爱党、在党为党、在党忧党、在党言党，满怀信心地为党的事业发展凝聚力量。

10. 学生 ZL

以下是阅读《深入理解新发展理念》的感想。

习近平总书记提出："绿水青山就是金山银山"②。这究竟是为什么呢？随着经济的快速发展，人们对物质资源的需求量不断增大，环境问题亦日益凸显出来。人们在享受生活快速发展的同时却要承受空气里雾霾的增多、水质下降等生态问题。关于生态环境，习近平总书记一直强调要"算大账、算长远账、算整体账、算综合账"③，他明确指出："绝不能以牺牲生态环境为代价换取经济的一时发展。"④

说实话，我第一次听到"绿水青山就是金山银山"时，就有感触。就拿我的家乡来说吧！我是来自农村的一名学生，在那里，农民为了获取更多的利益，无休无止地开垦，儿时门前有一个大大的池塘，夏天晚上可以听到呱呱的蛙声，但是十几年后，那片池塘早已不见了，土地缺水干涸了许多。其实这只是一个小例子，类似的事情还很多。如果把经济的高速发展建立在生态破坏上，终有一天，花再多的钱也修复不了千疮百孔的大自然，而大自然肯定也会给人类相应的惩罚。说到底，生态环境的问题往往是经济发展模式的问题。环境污染、生态破坏，很大程度上来源于从前过多依赖增加物质资源消耗、粗放规模扩张、高能耗高排放的发展模式。

习近平总书记强调："必须把生态文明建设摆在全局工作的突出地位，坚持节约资源和保护环境的基本国策，坚持节约优先、保护优先、自然恢复为主

---

① 习近平.关于坚持和发展中国特色社会主义的几个问题 [J]. 求是，2019（7）：11.

② 习近平谈治国理政（第2卷）[M]. 北京：外文出版社，2017：209.

③ 习近平关于全面建成小康社会论述摘编 [M]. 北京：中央文献出版社，2016：176.

④ 习近平关于全面建成小康社会论述摘编 [M]. 北京：中央文献出版社，2016：171.

的方针，形成节约资源和保护环境的空间格局、产业结构、生产方式、生活方式，努力实现经济社会发展和生态环境保护协同共进，为人民群众创造良好生产生活环境。"[①] 尊重自然、顺应自然、保护自然，这是一个漫长的过程。习近平总书记提出了指导思想，还需要我们每一个公民做出相应的努力。保护自然生态环境，其实就是在保护着我们生存的家园，保护我们自身及子孙后代。当人人都明白这个道理的时候，未来定会有清新的空气、清澈的河水和蓝天白云。绿水青山将不再遥远，人类将营造出自然优美和谐舒适的幸福生活空间。

11. 学生 JDR

以下是《共产党宣言》学习笔记。

怀着无比崇敬的心情，我对《共产党宣言》进行了初步的阅读。由于自身阅历的原因，理解肯定会有不足，但在此次研读会学习交流中还是收获了许多。

这本书共有四部分：资产者和无产者、无产者和共产党人、社会主义的和共产主义的文献、共产党人对各种反对党派的态度。在引言中我看到了"幽灵"二字，慢慢觉得很有深意，是希望，是期盼，是隐隐的担忧，还有其他一些意味。共产主义在广阔的欧洲大地萌芽、生长，世界燃起了新的希望，无产阶级有了自己的理论指导，世界的面貌开始改变。

书中详细论述了资产阶级和无产阶级的形成和各自特点，分析了当时的社会形势，明确指出了无产阶级的奋斗目标。其中充分体现了辩证法的思想，肯定了资产阶级的积极作用，如对人类社会发展的促进作用，同时也指出资本主义固有的缺陷和弊端已逐渐暴露出来，揭露了资产阶级的罪行，猛烈抨击了各反动派对共产党人的攻击。最后，在《共产党宣言》结尾发出了伟大的号召：全世界无产者，联合起来！

自 1848 年以来，在马克思主义指导下，欧洲大陆上，无产阶级与资产阶级的斗争不断，终于俄国人民取得了十月革命的胜利，建立了苏维埃俄国，成为无产阶级的榜样，引导着全世界一切为人类进步事业而斗争的人们

---

① 习近平谈治国理政（第 2 卷）[M]. 北京：外文出版社，2017：394.

团结一心，反抗压迫，消灭剥削。回想中国，自 1921 年 7 月起，中国共产党人以马克思主义为指导思想，不断奋斗，完成了民族独立和人民解放，取得了新民主主义革命的伟大胜利，成立了中华人民共和国。《共产党宣言》的星星之火在中华大地以燎原之势，指引中华民族从积贫积弱奔向繁荣富强，乃至成为世界强国。

社会在进步，时代在发展。我深深觉得作为一名思想政治教育专业的学生，更加应该深入地学习马克思主义，做到理论联系实际，做到与时俱进，以敏锐的眼光看待新变动。

12. 学生 ZN

以下是《青年在选择职业时的考虑》学习笔记。

《青年在选择职业时的考虑》是一篇由伟大思想家卡尔·马克思于 1835 年秋撰写的中学毕业论文，是马克思主义发展史上的一篇重要文章。文章主要对青年选择职业时的必要性、方式以及选择何种职业做出论述，得出了青年在选择职业时应该追求人类的幸福和自身的完美的结论。文中充满了理想主义和坚定的信仰，对当代青年选择职业具有极大的指导意义。其中有一些问题需要思考：人类的幸福和我们自身的完美有没有冲突？冲突后是以一种需求消灭另一种需求，还是怎么办？马克思说："人的本性是这样的：人只有为同时代人的完美、为他们的幸福而工作，自己才能达到完美。"①

13. 学生 GX

以下是阅读《习近平的七年知青岁月》的感言与体会。

习近平的群众观点、实践精神、调查研究方法，值得我们认真学习。习近平的学习精神以及他博览群书的积淀过程，值得我们认真学习。

读书要读史，读经典；读书要思考，要交流；读书要尽心读，用心读，耐心读。习近平是这样读书的，我们也需要认真体会这一点。

---

① 马克思恩格斯全集（第 1 卷）[M].北京：人民出版社，1995：459.

推进一体化建设 / 第六编

第十三章

推进大中小学思政课一体化建设是提升西部学校思政课教学质量和水平的必由之路

在我国，大中小学开设思政课是中国特色社会主义教育的优势所在，思政课是党和国家进行意识形态教育的主渠道、主阵地。党的二十大报告提出："用社会主义核心价值观铸魂育人，完善思想政治工作体系，推进大中小学思想政治教育一体化建设。"[①] 推进大中小学思政课一体化建设对提升西部学校思政课教学质量和水平十分必要，这"关系到立德树人根本任务的落实，关系到德智体美劳全面发展的社会主义建设者和接班人的培育"[②]。

一　统筹推进大中小学思政课一体化建设是学校教育的一项重要工程

习近平总书记在学校思想政治理论课教师座谈会上指出："思想政治理

---

① 习近平. 高举中国特色社会主义伟大旗帜　为全面建设社会主义现代化国家而团结奋斗——在中国共产党第二十次全国代表大会上的报告 [M]. 北京：人民出版社，2022：44.

② 王易，田雨晴. 推进大中小学思想政治教育一体化建设的思考 [J]. 思想理论教育，2023（3）：48.

论课是落实立德树人根本任务的关键课程"①，它为培养一代又一代热爱祖国、拥护党的领导和社会主义制度以及德智体美劳全面发展的社会主义建设者和接班人做出了不可磨灭的贡献，具有其他课程不可替代的重要作用。但是，长期以来在大中小学思政课中确实存在着相互割裂、各自为政、衔接错位、递进不够、认识有误区、用力不同向、目标不聚焦等问题，再加上以前我们重视不够、措施不力、机构不健全、组织研究不到位、思政课教师素质提升不及时等其他原因，思政课长期呈现出教学设计总是不合理、教学内容总是不鲜活、教学目标总是不能充分实现、教学效果总是不令人满意等问题。出现这些问题的原因是多方面的，但是其中一个重要原因，就是思政课教学没有或很少根据青少年学生的认知变化和规律、切身体验和感受来科学设计教学目标与过程，以及科学选择教学内容与方法，致使出现对小学生讲共产主义听不懂，对大学生讲行为规范不愿听等违背教学和认知规律的事。

针对思政课存在的问题，习近平总书记在学校思想政治理论课教师座谈会上指出，要把统筹推进大中小学思政课一体化建设作为一项重要工程。②总书记的这一重要指示不但为思政课改革指明了方向，而且为提升思政课教学质量和水平指出了一条必由之路。根据习近平总书记的这一重要指示，中共中央办公厅、国务院办公厅印发了《关于深化新时代学校思想政治理论课改革创新的若干意见》，明确提出统筹大中小学思政课一体化建设指导性意见。根据这份文件，可以从以下五个方面考虑具体落实习近平总书记关于统筹推进大中小学思政课一体化建设的重要指示，以达到提升思政课教学质量和水平的目的。

（一）整体规划思政课一体化课程目标

在大中小学循序渐进、螺旋上升地开设思政课，引导学生立德成人、立

---

① 用新时代中国特色社会主义思想铸魂育人　贯彻党的教育方针落实立德树人根本任务 [N]. 人民日报，2019-03-19：1.

② 用新时代中国特色社会主义思想铸魂育人　贯彻党的教育方针落实立德树人根本任务 [N]. 人民日报，2019-03-19：1.

志成才，树立正确世界观、人生观、价值观，坚定对马克思主义的信仰，坚定对社会主义和共产主义的信念，增强中国特色社会主义道路自信、理论自信、制度自信、文化自信，厚植爱国主义情怀，把爱国情、强国志、报国行自觉融入坚持和发展中国特色社会主义事业、建设社会主义现代化国家、实现中华民族伟大复兴的奋斗之中。其中大学阶段重在增强使命担当，引导学生矢志不渝听党话跟党走，争做社会主义合格建设者和可靠接班人。高中阶段重在提升政治素养，引导学生衷心拥护党的领导和我国社会主义制度，形成做社会主义建设者和接班人的政治认同。初中阶段重在打牢思想基础，引导学生把党、祖国、人民装在心中，强化做社会主义建设者和接班人的思想意识。小学阶段重在启蒙道德情感，引导学生形成爱党、爱国、爱社会主义、爱人民、爱集体的情感，具有做社会主义建设者和接班人的美好愿望。这样的目标设计体现了一致性和渐进性特征，也符合教育教学规律和青少年成长的认知过程。在这方面西部学校没有例外。

（二）调整创新思政课一体化课程体系

《关于深化新时代学校思想政治理论课改革创新的若干意见》提出，要加强以习近平新时代中国特色社会主义思想为核心内容的思政课课程群建设。在保持思政课必修课程设置相对稳定基础上，结合大中小学各学段特点构建形成"必修课＋选修课"的课程体系。全国重点马克思主义学院率先全面开设"习近平新时代中国特色社会主义思想概论"课。博士阶段开设"中国马克思主义与当代"，硕士阶段开设"中国特色社会主义理论与实践研究"，本科阶段开设"马克思主义基本原理概论"（"马克思主义基本原理"）、"毛泽东思想和中国特色社会主义理论体系概论"、"中国近现代史纲要"、"思想道德修养与法律基础"（"思想道德与法治"）和"形势与政策"等5门必修课，专科阶段开设"毛泽东思想和中国特色社会主义理论体系概论"、"思想道德修养与法律基础"（"思想道德与法治"）和"形势与政策"等3门必修课。高校还要重点围绕习近平新时代中国特色社会主义思想，党史、国史、改革开放史、社会主义发展史，宪法法律，中华优秀传统文化等设定课程模块，开设系列选择性必修课程。高中阶段开设"思想政治"必修课程，围绕学习习近平总书记最新重要讲话精神开设"思想政治"选择性必修课程。初中、小学阶段开设"道德与法治"必修课程，可结合校本课程、兴趣班开设思政类选修课程。课程体系是大中小学思政课一体化建设的重要载体。以上的课程体系设计呈现出主线贯通、前后衔接的特点。在具体实践中，有些地方或学校还在此基础上探索出了很好的"实践课程体系＋理论课程体系"的模式，其极有利于青少年学生培养思维能力、储备理论知识、塑造思想品德、坚定理想信念。这一课程体系西部学校也必须遵守。

（三）统筹推进思政课一体化课程内容建设

大中小学思政课一体化建设，课程内容的选择非常重要，能不能选择符合课程目标的、科学的、鲜活的、充满正能量的、富有感染力和说服力的教学内容，将直接影响和决定教学质量与效果。为此，《关于深化新时代学校思想政治理论课改革创新的若干意见》明确提出要坚持用习近平新时代中国特色社会主义思想铸魂育人，以政治认同、家国情怀、道德修养、法治意识、文化素养为重点，以爱党、爱国、爱社会主义、爱人民、爱集体为主线，坚持爱国和爱党爱社会主义相统一，系统开展马克思主义理论教育，系统进行中国特色社会主义和中国梦教育、社会主义核心价值观教育、法治教育、劳动教育、心理健康教育、中华优秀传统文化教育。遵循学生认知规律设计课程内容，体现不同学段特点，研究生阶段重在开展探究性学习，本专科阶段重在开展理论性学习，高中阶段重在开展常识性学习，初中阶段重在开展体验性学习，小学阶段重在开展启蒙性学习。在大中小学思政课一体化建设中，各级学校思政课课程内容的选择还一定要适合学生的年龄阶段、接受能力、认知水平，既不能拔得过高，也不能降得太低；既要容易读懂，也要适当深刻；既要能入耳，也要能入心。西部学校在严格遵守国家教学内容规定的基础上，可选择一些西部在我国革命、建设和改革时期的案例对学生进行教育，如南梁精神、湘江战役、红岩故事、兵团光荣历史，西迁精神、时代楷模闽宁对口扶贫协作援宁群体事迹、汶川抗震救灾精神、原子城"两弹一星"精神、玉麦乡两姐妹数十年如一日放牧巡边守护祖国领土事迹、世界上最牛的"中国天眼"、人民的"红色文艺轻骑兵"等，以增强思政课教学的亲和力、针对性以及说服力。

（四）加强建设思政课一体化教材体系

建设符合大中小学思政课一体化要求的教材体系是一项非常重要的工作，是落实课程目标、课程体系、课程内容建设的关键环节，也是实现思想政治理论体系向教学体系转化的重要因素。因此，在大中小学思政课一体化建设中对其的认识必须要明确，否则就会走偏。基于这一认识，《关于深化新时代学校思想政治理论课改革创新的若干意见》提出国家教材委员会统筹大中小学思政课教材建设，科学制定教材建设规划，注重提升思政课教材的政治性、时代性、科学性、可读性。国家统一开设的大中小学思政课教材全部由国家教材委员会组织统编统审，在教材中及时融入马克思主义中国化最新成果、坚持和发展中国特色社会主义最新经验、马克思主义理论学科最新研究进展。地方或学校开设的思政课选修课教材，由各地负责组织审定。《关于深化新时代学校思想政治理论课改革创新的若干意见》还提出要研究编制习近平新时代中国特色社会主义思想进课程教材指导纲要，研究编制中华优秀传统文化、革命文化、社会主义先进文化、科技创新文化及总体国家安全观等进课程教材指南，编制中华民族古代历史和革命、建设、改革时期英雄人物和先进模范进课程教材图谱，分课程组织编写高校思政课专题教学指南等。总之，要以为党和人民高度负责的态度严把教材质量关。在这方面西部学校也必须严格执行，按照统编教材进行思想政治理论课教学，精心组织编好思政课选修课地方乡土教材和学校校本教材，严把教材关，这也是提升思政课教学质量和水平的基础性环节。

（五）继续加强思政课一体化领导和师资培养

统筹推进大中小学思政课一体化建设作为一项重要工程，不仅要抓主体，还要抓基本；不仅要领导重视，还要群众配合，尤其是各级思政课教师要心知肚明，自觉践行。从上至下都要形成共识、凝聚心智、同频共振、产生合力。故此，《关于深化新时代学校思想政治理论课改革创新的若干意见》除了对统筹推进大中小学思政课一体化建设的主要工作提出十分具体的要求之外，还对加强党对该建设的领导、思政课教师的培养提出了十分具体的要求。在加强党对思政课建设的领导方面，提出严格落实地方党委思政课建设主体责任。中央教育工作领导小组要把思政课建设纳入重要议事日程，教育部成立大中小学思政课一体化建设指导委员会，加强对不同类型思政课建设分类指导，推动建立高校党委书记、校长带头抓思政课机制，积极拓展思政课建设格局。坚持开门办思政课，推动思政课实践教学与学生社会实践活动、志愿服务活动结合，思政小课堂和社会大课堂结合，鼓励党政机关、企事业单位等就近与高校对接，挂牌建立思政课实践教学基地，完善思政课实践教学机制。在思政课教师的培养方面，提出建设一支政治强、情怀深、思维新、视野广、自律严、人格正的思政课教师队伍，建立健全大中小学思政课教师一体化备课机制，并真正使其运行起来以不断增强思政课的思想性、理论性和亲和力、针对性等。此外，在大中小学思政课一体化建设中，大中小学思政课教师还需要在立德树人的共同价值追求、教学实践蕴含的系统衔接性、教师队伍隶属的共同的组织体系及其所具有的环节联动性等方面不断加强建设。① 西部地区及其学校在这些方面更需要加强，补齐短板，增强教学效果。

综上所述，大中小学思政课一体化建设责任重大、使命光荣，是新时代提升思政课教学质量和水平的必由之路。虽然其前行道路充满复杂性，还会面临各种各样的问题，但是只要我们坚持党的教育方针，做到解放思想、实事求是，尊重教育教学规律和青少年成长成才规律，充分运用系统性思维，西部各级教育行政管理部门和思政课教师同心协力，西部地区与其他地区同步实现大中小学思政课一体化建设指日可待。

---

① 参见刘先春，佟玲.新时代大中小学思想政治理论课教师队伍一体化建设的若干思考[J].马克思主义理论学科研究，2021（3）：109-111.

二 大中小学思政课一体化建设存在的问题

现在，人们已普遍认识到在青少年拔节孕穗期发挥思政课立德树人关键作用，对扣好他们人生第一粒扣子起着不可替代的作用，这其中思政课教师又是责无旁贷的。与此同时，人们对大中小学思政课一体化建设的重要性的认识也几乎是一致的。虽然有这些认识上的一致性，但是对大中小学思政课一体化建设的认识还不够深刻，建设效果还不够显著，距离习近平总书记的要求与希望还有一定差距。现在，在大中小学思政课一体化建设上存在的问题主要有以下几点。

（一）教学衔接的整体性不强

目前，大中小学在思政课教学过程中虽然有着各自清晰的教学目标，也在教学大纲、教学内容、教学方法等一系列问题上做出了一定的相关探索和研究，但是在实际教学中大中小学思政课还是常处于各自教各自的，各自研究各自的的状态，一体化建设的整体性意识和效果还不尽如人意，其中主要的原因就是缺乏组织协调，从而导致虽有一体化建设的想法，然而又不知该如何做，缺乏实质性工作，也就是说，大中小学思政课教师对各学段的思政课教学横向思考得多，但是对大中小学思政课的纵向联系缺乏思考。要解决这一问题主要还要靠教育行政主管部门。教育行政主管部门要积极作为，牵线搭桥，穿针引线，要在教学衔接的整体性建设上起重要组织、领导和协调作用。通过组织大中小学思政课教师一起交流、学习、讨论、研究，使思政课教师明白在大中小学各阶段开设的思政课都要能体现出整体性，教师要在思政课的整体思维框架中把握自己所教学段的目标、任务和要求，同时又不能仅限于本学段，而是要将思政课的阶段性与整体性要求结合起来，使大中小学思政课教学更加连贯，切实体现出大中小学思政课一体化建设的整体性效果。

（二）保障机制的协调性不顺

大中小学思政课一体化建设需要有全面认识、上下联动、左右配合、协调一致的"一盘棋"思想，要认识到思政课的重要性，也要认识到其他课程在思想政治教育中所具有的不可忽视的作用，大中小学所开设的所有课程都要向立德树人聚焦和用力，而不是思政课唱独角戏，更不是不同课程作用相互抵消。这是构建大中小学思政课一体化建设保障机制需要考虑的一个方面，另一方面就是要在课程设置、组织沟通、运行机制上加强保障。各学段、各学校以及各级教育行政主管部门都要在有关思想政治教育各个方面加强协调、谋划和保障，加强沟通，打破壁垒，建立健全有助于推进大中小学思政课一体化建设的各项保障机制。此外，还要随着客观情况的变化和教学任务、教学方式的变化，协调好课堂教学与实践教学、线下教学与线上教学，保障各种教学有序有效开展；充分认识到课堂教学是大中小学思政课一体化建设的主渠道和主阵地，通过保障课堂教学为不同学段的学生接受相应的理论和知识以及形成良好品质打牢思想、知识和道德修养根基；充分认识到实践教学是大中小学思政课一体化建设的积极拓展和延伸，通过保障实践教学为不同学段学生的理论和知识学习以及道德修养增加体验，如走访爱国主义等教育基地、开展红色传承活动、排演历史情景剧等，其有助于课堂学习效果的巩固和加强；充分认识到线上教学是大中小学思政课一体化建设的重要手段，其使用的范围越来越广、频次越来越多，其所起的作用越来越大、越来越重要，所以要充分发挥网络资源作用，根据各学段的要求有针对性地选择和开发思政教育网络资源，组织各学段思政课教师齐心打造大中小学思政课一体化建设线上线下良好育人环境。

（三）教师工作的协同性不强

思想政治教育是一门完整而系统的科学，实际上对思政课教师的要求很高，需要教师有一定的专业素养、思想境界。但是由于历史和思想认识等方面的原因，有的思政课教师缺乏这方面的素质和能力，或者本身没有接受过思想政治教育专业学习和培训就承担思政课教学工作，因此较少有思想政治教育的协同性认识。如在有些小学，没有专业的思政课教师，许多都是讲授其他课程的教师兼教思政课。在许多中学也缺少思想政治教育专业的教师，思政课教师不仅数量不够，而且工作量很大，不可能有时间静下心认真琢磨一体化建设之事。虽然大学思政课教师有文件要求和一定的队伍建设标准，从数量上讲现在很多学校解决了思政课教师不足的问题，但是由于各个学校本身的编制等的限定和制约，实际上与标准还是有一些出入，再加上许多年轻的思政课教师本身刚走出校门，缺少历练和经验，对大中小学思政课一体化建设认识缺失或不足，这些都影响到了大中小学思政课一体化建设的有效实施。所以，在大中小学思政课教学过程中，各学段教师存在拘泥于教科书的情况，缺少源于教材或高于教材的解读，更缺少思想政治理论整体性分析。总的来看，大中小学思政课教师还缺乏对学生、教材、学段的协同认识。这就需要认真组织各学段的思政课教师集体备课，对不同学段的学生、教材、方法等进行认真研究，共同了解和掌握，在此基础上共同遵循各阶段课程所具有的共性的教学目的、教学原则、教学规律等，坚持课程的政治性、权威性不动摇不偏离。当然，要实现这些，还需要根据各学段的特点和要求，认真备课，在教育目标一致的基础上，在培养过程衔接中，加强大中小学思政课教师工作的协同性，让不同学校、不同学段的思政课教师都能知道对学生的思想政治教育从来都不是一个人的事，而是需要所有思政课教师的共同努力。事实上还不仅如此，思想政治教育还需要讲授其他课程的教师发挥潜移默化的作用，思政课程只有得到课程思政的配合和支持，才能取得思想政治教育的良好效果。

（四）课程规划的科学性不够

大中小学思政课一体化建设的课程规划非常重要，是一体化建设的重要体现和载体。要把课程规划做得科学，就要从育人目的、课程目标、教学内容选择、教学方法设计以及学生的认知能力、理解能力、年龄特征、心理因素等许多方面对其加以综合考虑，绝不简单，需要做长期深入的调查和研究，需要学生、思政课教师、专家学者、教育行政管理人员等共同研究和规划。如大中小学同样讲爱国主义，哪些是共同要讲的，大中小学应如何考虑各种因素做出不同的侧重，各学段之间如何衔接又如何深化，最后究竟应形成怎样的理论认知和行动自觉，等等。当然，大中小学思政课一体化建设课程规划的科学性最重要的考虑因素就是不能违背各学段学生的成长规律。如在小学阶段，学生的理性思维很薄弱，就要重视他们的情感体验和情感共鸣。在中学阶段，学生理性思维逐步萌芽，情感认识也渐丰富，在此基础上，可适当加入一些逻辑推演和理论阐释。在大学阶段，学生的理性思维发展较快，情感认知和理性思维融合得较快，需注意加强逻辑分析和理论引导，让理论说服人。所以，遵守大中小学思政课一体化建设的要求，提高课程规划的科学性，对大中小学思政课一体化建设很重要。此外，大中小学思政课一体化建设中，制订科学的课程规划，既需要凸显出共性的要求和内容，也需要贴近学生的生活实际，把一些学生熟悉或比较容易接受的教学内容，有效纳入思政课教育教学中，更好突出课程规划的科学性。

三 大中小学思政课一体化建设的复杂性与贯通性

改革开放以来，随着社会发展我国青少年道德状况发生了一系列变化，思想政治教育理念也发生了相应变化，并呈现出新的特点，主要体现在"规范性道德教育与德性道德教育的统一，道德教育的民族性与时代性的统一，道德教育的生活性与思想性的统一，道德教育与社会管理的统一"[①]上。这些变化本应体现在各学段的思政课教学中，且相互贯通，但由于大中小学思政课一体化建设工作的艰巨和它本身的复杂，要做到这些统一还有一定难度。因此，要做好这项工作，需要我们认真对待和研究，还需要从中探索出和揭示一定的客观规律。

---

① 吴潜涛.思想政治教育教学与研究[M].北京：中国人民大学出版社，2018：270.

（一）思政课一体化建设的复杂性

大中小学思政课一体化建设并非易事，它具有一定的复杂性。这种复杂性首先来自事物本身的复杂性，即思想政治理论课的复杂性。具体表现在以下几方面。

1.课程本质上的复杂性

思政课是在人的头脑里进行教化的一门课程，是关于做人的思想工作的一门课程。科学信仰和先进思想要被学生所认同、掌握和践行，都需要思政课科学而充分地开展灌输教育，而这种灌输又因内容、对象等而不同，需要讲求科学、遵循规律、把握精准和体现成效。

2.教育目标上的复杂性

思政课既要有一个整体规划的总体性目标，又要有各个阶段的分目标；既要完成和实现每一个阶段性目标，又要通过科学设置的阶段性目标的对接完成总体性目标。当然，这种目标设计是一般性的，绝非所有学生的培养过程都是如此。因为思政课教育对象是活生生的不断发展的人，其思想观念、心理特点、成长状态并不是一定能按照学段统一分类的，其中有许多差异性因素的存在。

3.教学内容上的复杂性

思政课建设的重点是整合和优化教育内容，以便提升教学的思想性、理论性和亲和力、针对性，要实现这种提升，就需要对思政课课程内容建设提出系统性要求，这也使得这项工作具有了复杂性。思政课既要传授科学理论知识，又要传播真理和信仰，更要引导学生成长成才，所以，教材设计非常复杂，既要满足政治性、科学性、道德性、时代性、可读性等多方面的共同性要求，还要满足研究生探究性学习、本专科生理论性学习、高中生常识性学习、初中生体验性学习、小学生启蒙性学习等分学段的一系列差异化要求。

4.教育过程上的复杂性

思政课教学过程贯穿于学生成长始终，它不仅发生在课堂上，更多的是体现在学生思想、行为和日常生活中，是一个受到的关注特别多、反应链特别长、辐射面特别广、影响力特别大的特殊的教学过程。因此，思想政治教育过程中的任何一个环节或因素都有可能对不同的教育对象产生不同的影响。

5. 教师队伍上的复杂性

要建设一支政治强、情怀深、思维新、视野广、自律严、人格正的思政课教师队伍不是一件容易的事。当前，思政课教师队伍是一个融合了大中小学全学段思政课教师的庞大组织，其在数量、布局、结构和能力等方面确实有着相当大的复杂性。如从师资结构看，就有学科背景的复杂性、学历结构的复杂性、知识水平的复杂性、教学能力的复杂性等不同复杂性的存在。

以上大中小学思政课一体化建设的复杂性分析也只是简单的具象化分析，事实上其中的复杂性还远不止于此，特别是教学对象的复杂性就很难把握，其中可能涉及地域、社区、家庭、校情、个性、喜好、人生态度、理想愿望等复杂因素，甚至如何分析本身就是一个难题。面对大中小学思政课一体化建设的复杂性，确实需要大中小学思政课教师携起手来，才能共同完成思政课一体化建设。

（二）思政课一体化建设的贯通性

正是大中小学思政课一体化建设复杂性因素的存在，才使得我们需要按照贯通性逻辑对大中小学思政课一体化建设进行设计、规划和构建。贯通性逻辑包括以下几种。

1. 思政课教师互知互学的贯通性认知逻辑

既然是大中小学思政课一体化建设，那么大中小学思政课教师就需要互知互学以便了解各自的教学及其特点，做到心中有数，吃透学情，防止教学中出现主观、教条以及片面等错误，消除不同学段的教师在教学上的隔阂与脱节，让彼此都能够做到心中有数，能够做到相互衔接、相互支撑。

2. 教学任务阶梯式发展的贯通性递进逻辑

要根据学生的知识水平、学习基础、思维能力等逐步加深充实教学内容，并使其以均衡递进方式分布在大中小学各阶段中。如小学阶段知道一些历史故事；初中阶段初步了解典型历史事件和人物；高中阶段从总体上把握中国近现代史的发展线索和核心观点，同时注意思维能力、历史意识的培养；大学阶段则凸显规律性、思想性和理论性问题的认知，使大学生以历史唯物主义基本观点认识近代以来中国社会历史进程和发展趋势。

3. 教学目标前后一致的贯通性衔接逻辑

按照立德树人的总体要求，大中小学各学段都要紧紧围绕这一目标展开教学活动，不得有偏离或脱节，必须要同向同行，同频共振。因此，大中小学各学段思政课教师都只有聚焦于这个教育"靶向"，才能取得立德树人的教育实效。如大中小学的爱国主义教育目标必须具有一致性和连续贯通性，从小学到大学持续开展且逐渐深化对学生的爱国情、强国志、报国行的培养，使爱国主义成为他们的坚定信念、精神力量并融入他们的自觉行动。如果分散了"靶向"，模糊了目标，就很难达到教育目的，甚至还会使教育走向失败。

4. 学校、家庭、社会三位一体的贯通性协同逻辑

思想政治教育不只是学校的事，它还需要家庭、社会的协同推动，营造共同教育氛围，把学校、家庭、社会的各方积极因素和正向力量都调动起来，用好各种有利的教育资源，如把学校教师的教育力、大众传媒的影响力、家风家教的感染力等不断凝聚起来，不断使各种思想政治教育因素在大中小学思政课一体化建设中得到持续升华，这样才会有教育效果的显现。

按照这些贯通性逻辑来开展，大中小学思政课一体化建设才有可能根据教育目标的一致性，统筹各学段实现无缝衔接，使思政课呈现出螺旋式的渐进上升，培养出社会主义建设者和接班人；才有可能设计出具有思想性、理论性和亲和力、针对性的教学内容，凸显出一体化建设的特征，呈现立体化建构成果，在大中小学思政课教学中逐渐地展现出马克思主义的理论魅力，打造出思想政治理论"金课"，做到因事而化、因时而进、因势而新，从而真正感染学生、赢得学生；才有可能使习近平总书记提出的政治性和学理性、价值性和知识性、建设性和批判性、理论性和实践性、统一性和多样性、主导性和主体性、灌输性和启发性、显性教育和隐性教育等八个方面的统一[①]贯穿整个教学过程，并坚持思政课在课程体系中的政治引领和价值引领作用，以及发挥各类课程与思政课建设的协同效应；才有可能提升教师素质，落实协同意识，打造一支政治强、情怀深、思维新、视野广、自律严、人格正的思政课教师队伍，发挥出思政课教师的积极性、主动性、创造性，让思政课教师成为真会、真用、真教的思政课教师，成为可亲、可爱、可敬的思政课教师，成为在学生心中埋下真善美种子、帮助他们扣好人生第一粒扣子、帮助他们筑牢逐梦圆梦根基的人，成为让学生真心喜爱、终身受益、毕生难忘的人生导师。

由此可见，提升高校，包括西部高校思想政治理论课教学质量和水平绝不是靠高校思政课教师单方面的努力就能实现的，要从根本上解决这个问题，必须要有大中小学思政课一体化建设。

[①] 用新时代中国特色社会主义思想铸魂育人　贯彻党的教育方针落实立德树人根本任务 [N]. 人民日报，2019-03-19：1.

· 第十四章 ·

发挥思政课名师作用为提升西部学校思政课教学质量和水平做出指导示范

近年来，在提升学校思政课教学质量和水平上各地各学校进行了许多探索与实践，其中一项举措就是建立思政课名师工作室，发挥名师传帮带以及示范、组织和研究等作用。这一做法对提升西部学校思政课教学质量和水平同样起到了积极作用，非常值得研究和推广。

一　名师工作室与思政课名师工作室

一般而言，工作室的建立为具有共同志趣、理想、愿望和目标的人提供了一个交流、合作的专业平台，便于创新，具有一定的灵活性和相应的高效性。将工作室的工作模式应用于思政课教学、科研活动当中，特别是在名师带领下，建立名师工作室，更是思政课改革发展的一个必然选择，这也为提升西部学校思想政治理论课教学质量和水平研究提供了新思路、新视野。

（一）名师工作室的构成

现在，各地都组建了不少思想政治理论课名师工作室，西部也不例外。如陕西、四川、重庆、贵州、新疆等省（区、市）都已相继成立了思想政治理论课名师工作室。工作室成员主要由本地本学科领军人才、专家学者、教学科研骨干等人构成。他们师德高尚，教学水平高，科研能力强，能准确把握本学科发展前沿和动向，具有较强的团结协作、组织管理能力和奉献精神，具有一定的影响力和示范、带动作用。此外，对思想政治理论课名师来讲，还有一个特殊要求就是必须是中共党员且有坚定的马克思主义信仰与扎实的马克思主义理论功底。正因如此，2019 年 10 月，甘肃省教育厅为深入贯彻落实学校思想政治理论课教师座谈会精神，加强学校思想政治教育工作，根据《教育部办公厅关于开展"一省一策思政课"集体行动的通知》（教社科厅函〔2019〕15 号），甘肃省教育厅印发了《关于组织申报甘肃省思想政治理论课名师工作室的通知》（甘教思函〔2019〕2 号）。经评审，省教育厅遴选确定了 10 个甘肃省思想政治理论课名师工作室，并提出了充分发挥名师工作室示范引领作用以及指导服务所在学校和当地学校思想政治教育教学的工作要求。根据对工作室以及思政课名师工作室的认识和要求，甘肃省教育厅将思想政治理论课名师工作室定位为一个集教学改革、教育科研、培训指导和成果推广于一体的工作机构，其宗旨是充分发挥思想政治理论课名师的政治引领、教学示范和科研带动作用，促进全省思政课中青年教师专业成长，造就一支高层次的思想政治教育学科教学团队，创新改革思政课教学方法，推动全省思想政治教育教学水平再上新台阶。

在名师工作室的遴选、组建、管理过程中，西部各地都精心组织谋划，精心设计方案，提出了明确目标，也进行了评价、考核、培训等工作。例如陕西省对拟报送的名师工作室遴选非常认真、严肃，在设定入选条件和要求的基础上，经过个人申报、学校推荐、专家评审以及结果公示之后方可正式命名。四川省 N 校马克思主义学院制定出的《思想政治理论课名师工作室建设方案（试行）》对工作室的建设目标、建设内容、申报条件、遴选程序以及组织和管理都做出了十分明确的规定，值得学习。重庆市入选的名师工作室有"培育家国情怀，坚定文化自信""提升大学生思政课获得感""高职思想政治理论课教学体系建设"等十分明确的主攻方向，这样既有利于打造思政课建设改革亮点，也有利于形成一定的影响力。甘肃省教育厅为提升名师工作室工作能力、加强名师工作室建设、学习借鉴东部高校名师工作室建设发展经验等，专门在浙江大学举办培训班。学员们通过"思想政治课教学实践创新""立德树人使命与德育创新——思政工作新形势和新任务""名师工作室建设与运作机制""学习习近平总书记在全国教育大会上和关于思政课讲话精神的思考""圆桌论坛：现场分享与探讨浙江省思政工作""'互联网＋'背景下教学模式创新研究"等理论课程，通过在嘉兴南湖红色教育基地重温党建历史、感受红船精神，在杭州城市大脑产业发展协同创新基地感受信息化促进城市治理创新的作用，在骆柏林名师工作室、潘新华名师工作室学习工作室建设经验等，切实开阔了视野、提高了认识、促进了工作室发展。现在，关于思政课名师工作室的理论研究也已有一些相应成果，如欧阳光明、岳柏冰等人所著的由上海大学出版社出版的《高校思想政治理论课名师培养机制研究》，该书根据国家对思政课教师队伍建设的要求，在对全国部分高校思政课教师进行抽样调查的基础上，分析了高校思政课名师培养现状及其存在的问题，并针对这些问题，立足高校实际，从高校思政课名师素质构成的分析出发，明确高校思政课的方向，提出高校思政课名师的培养目标，重点研究了思政课名师的培养措施和培养机制，继而形成高校思政课名师培养的政策建议和管理办法。这些也可为教育主管部门和各高等院校开展思政课师资队伍建设提供参考和借鉴。

（二）思政课名师工作室的职责与任务

依据思想政治理论课名师工作室的普遍要求，再结合实际，确定思想政治理论课名师工作室的主要职责与任务。一般而言，思政课名师工作室的主要职责与任务包括以下几个方面。

1. 承担新入职教师的培训任务

按照所在地区和学校年度培训计划，承担相应的培训任务，引导思政课新入职教师成为以德施教、以德立身的模范，增强职业认同感和荣誉感。立足师德培育，着力提升新入职教师文化素质和业务水平，使其不断改进教法，接受科研训练。

2. 承担思政课教学改革任务

积极承担各地各级教育行政部门和学校主导的思政课教学改革任务，按照大中小学思政课一体化教学目标要求，围绕提升课堂教学质量，努力探索课堂教学新模式，推进思政课程与课程思政的深度融合。开设和举办一定数量的公开课、学术讲座或集体备课活动并使之常态化，在思政课教学改革中起示范引领带动作用，促进思政课教学质量和水平提升。

3. 承担思想政治教育研究任务

围绕各地各级教育行政部门和学校制订的思想政治教育研究计划，梳理当前思想政治教育教学改革任务和教学实践中的重点、难点问题，组织开展专题研究，为各地各级教育行政部门和学校教学改革提供决策咨询服务。

4. 助力青年教师成长成才

充分发挥思想政治理论课名师的引领、示范和带动作用，承担青年思政课教师培养培训任务，探索在教学实践中培养青年骨干教师的新模式，促进思想政治理论课师资队伍建设。

5. 推广思政课教学成果

认真总结思政课教学经验，及时推广思政课教学成果，广泛开展学术交流活动，积极学习借鉴各地先进教育教学经验，结合当地和学校实际，经创造性转化、创新性发展，实现优质思政课教学资源共享。

以上五个方面的主要职责与任务基本可分为三类：一是教师培训，二是改革研究，三是成果推广。这些职责与任务的规定抓住了提升思政课教学质量和水平的关键，需要各名师工作室结合自身状况，认真思考和研究，制订出切实可行的工作方案并认真加以执行，从而为提升思政课教学质量和水平做出实际贡献。

二 关于名师工作室的工作与思考

按照以上职责和任务，从 2019 年 10 月开始，Y 名师工作室除了做好工作室自身的建设以外，还通过召开理论研讨会、示范教学（公开课）、红色宣讲、辅导讲座、培养骨干教师等为地方学校思想政治理论课教学质量和水平提升做了一定贡献，也通过不断总结和研究取得了一些认识。

（一）理论研讨有助于思政课教师打开思路和把握前沿

Y 名师工作室自 2019 年 10 月成立以来，先后举行了"大中小学思想政治理论课一体化建设理论研讨会""甘肃省红色资源融入大中小学思想政治理论课实践教学研讨会""思政课程与课程思政有机融合教学研讨会"等理论研讨会。这些研讨会探讨了怎样认识以及如何进行大中小学思想政治理论课一体化建设的问题，红色资源在思想政治理论课教学中的地位与作用以及怎样将甘肃省红色资源融入大中小学思想政治理论课的问题，在教学中思政课程与课程思政为什么要有机融合、怎样有机融合的问题。这些问题既有现实性，又有理论性，对它们的探讨，有助于思政课教师在认识上更加明确提升教学质量和水平的重要性，在行动上进一步增强提升教学质量和水平的自觉性。

在这三次研讨会上，参与者分别取得了如下共识。一是通过学习，领会习近平总书记关于"在大中小学循序渐进、螺旋上升地开设思想政治理论课非常必要，是培养一代又一代社会主义建设者和接班人的重要保障"[①] 的论述。过去教师在思政课教学中确实没有重视或不够注意大中小学思政课之间的衔接，从而导致各学段的思想政治教育衔接不够，效果自然也不尽如人意。通过理论研讨，教师们认为，大中小学思政课一体化建设是新时代提升思政课教学质量的必由之路。当然，这一过程具有一定复杂性，需要按照一定的教育原则和认知规律等之中的逻辑关系构建好一体化建设的管理体制、协同运行机制、平台载体以及教师队伍创新培养体系。二是红色资源是思想政治理论课的重要教学资源，对它的充分应用可以极大提升思想政治理论课的吸引力、针对性和教学效果。应用红色资源提升思政课教学质量和水

---

① 用新时代中国特色社会主义思想铸魂育人　贯彻党的教育方针落实立德树人根本任务 [N]. 人民日报，2019-03-19：1.

平，是思政课教学内容和教学方法改革的重要抓手。就甘肃省而言，红色资源不仅丰富，而且在中国革命、建设和改革历史上都具有许多独特意义和价值，可作为该省大中小学思想政治理论课实践教学的鲜活教材，具有重要的作用。三是虽然思想政治理论课是对学生进行思想政治教育，帮助他们树立正确"三观"的关键课程，但是我们又必须认识到思政课要起到教育作用，不能独立于其他课程之外，不能搞单打独斗，必须要与其他课程相互配合。"立德树人"不仅是思政课程的育人目标，也是各课程共同的教育目的。只有将思政课程与课程思政有机融合，在目标上层层递进，在方向上同向同行，在效果上同频共振，方能有效提高思想政治理论课的教学育人功效，培养出党、国家和人民所需要的"有理想、敢担当、能吃苦、肯奋斗的新时代好青年"[①]。

（二）公开课为思政课教学发挥示范效应作用

Y名师工作室成员阎海蓉老师和Y名师工作室邀请的杨惠萍名师工作室成员马丽老师分别在一所中学、一所小学上了公开课。这两位老师加入各自工作室后，由于原有基础都较好，再加上善于学习，虚心请教，进步很快。为这两次公开课，她们在各自认真准备的基础上，又在各自工作室内精心磨课，反复多遍，直至无憾。功夫不负有心人，她们带着工作室的期望和使命，圆满完成任务，取得了好的效果，确实为前来观摩的老师提升教学质量和水平起到了示范作用。

Y名师工作室成员阎海蓉老师公开课的教学内容是"公民的义务"。她首先引导学生回顾公民的概念，然后在与公民的权利的比较中引导出同权利相对等的义务的话题，让学生们在已有理论知识的基础上，通过联系和比较思维进入这节课所讲的内容。接着，阎海蓉老师以图片、视频和提前由学生们自编自导的情景剧等形式举例，让学生们通过自己思考、小组讨论来判断

---

① 习近平.高举中国特色社会主义伟大旗帜 为全面建设社会主义现代化国家而团结奋斗——在中国共产党第二十次全国代表大会上的报告 [M]. 北京：人民出版社，2022：71.

哪些是对的、哪些是错的，哪些应该、哪些不应该，条分缕析公民应该履行的基本义务，包括维护国家统一和民族团结；遵守宪法法律，保守国家秘密，爱护公共财产，遵守劳动纪律，遵守公共秩序，尊重社会公德；维护祖国安全、荣誉和利益；保卫祖国、依法服兵役和参加民兵组织；依法纳税；等等。最后，阎海蓉老师又回到公民概念，在讲清权利和义务的辩证关系后，特别强调履行公民义务的必要性和重要性。这样的讲解符合中学生的认知规律，在教学过程中既调动了学生的积极性、主动性，又发挥出了教师的主导作用以及对这个教学过程的控制能力。

杨惠萍名师工作室成员马丽老师的公开课是一堂别开生面的"网络新世界"。在公开课上，学生一方面在活动交流中感受到网络世界的精彩与便捷，另一方面也看到了网络世界里出现的个人信息泄露、诈骗、不良信息的散布和对他人的危害等，小学生们通过自己讲自己身边的故事，认识到了网络安全的重要性以及遵守网络道德的必要性。精彩的课堂设计，让课堂上的每一位小学生都深深地感受到网络有好的一面，也确实存在坏的影响，是一把"双刃剑"，同时学生们更懂得了只要我们克制自己，合理利用时间，善于利用网络，上正规网站，网络就是我们生活、学习上的好帮手。这次公开课传递的一种引导学生自我发现、自主学习的新的教学理念，让在场的思政课老师们受益匪浅。

一般来讲，但凡上公开课，必事先做一定的准备，磨课、讨论、试讲等过程少不了，这些过程实际上就是授课教师不断认识教学内容、不断明确教学目的、不断梳理教学思路的过程，在这一过程中教师的教学水平越来越高，教学方法越来越恰当，其示范作用也就发挥得越来越好。所以，公开课一定要精心准备，其示范作用也一定要充分发挥出来，容不得半点马虎和草率。

（三）红色宣讲进课堂为思政课教学注入活力

2021 年是建党 100 周年。这年上半年，Y 名师工作室在红色宣讲进课堂上做了一些探索性工作，旨在为提升思政课教学质量和水平注入活力。

1. 与甘肃省延安精神研究会合作到靖远县乌兰小学进行党史宣讲进校园活动

2021 年 3 月，Y 名师工作室与甘肃省延安精神研究会合作到靖远县乌兰小学进行"读经典诗文·学百年党史·承红色精神"党史宣讲进校园活动。

活动中，党史专家以"学党史·感党恩·跟党走"为主题做了党史宣讲。省延安精神宣讲团做了《不到延安誓不休》《南泥湾的故事》《铁人王进喜》等党史故事宣讲。乌兰小学的师生进行了《忆党史·颂党恩·跟党走》《西柏坡的土墙》等诗歌的朗诵，表演了课本剧《歌唱二小放牛郎》《长征》等。活动最后，全体人员在乌兰小学师生合唱团的带领下高唱《没有共产党就没有新中国》。

时任乌兰小学党支部书记、校长高清潮说，本次活动以更生动、形象、有生命力的方式，让广大师生进一步感受了党的历史，促进爱党爱国教育走深走实。学校将以此为契机，用好、用活百年党史这部厚重的教科书，带领师生走进中国共产党人的精神世界，继承党的优良传统、传承红色基因，推动学校铸魂育人工作迈上新台阶。

乌兰小学六年级五班的学生表示，这次"学党史·感党恩·跟党走"宣讲让同学们深深记在了心里。"践行红色精神、传承革命传统"使大家的爱国情怀更加厚重，"传承报国志、重走长征路"让大家感受到红色基因的强大力量。学生们作为新时代的阳光少年，会在红色精神的感召下，立下誓言、迈实脚步，为红领巾增添新的光荣，在努力学习、逐梦前行中争做国家的栋梁之材。

2. 指导兰州市第八十三中学开展"讲好百年党史，弘扬民族精神"课程思政融合展示活动

为让青少年一代传承好红色基因，从党史学习中汲取智慧力量，高质量讲好新时代思想政治理论课，2021 年 4 月，Y 名师工作室指导兰州市第八十三中学以学情、校情为基础，开展了一次以"讲好百年党史，弘扬民族精神"为主题的课程思政融合展示活动。这是一次推动思想政治理论课教学创新的有益尝试。

本次活动以"弘扬南泥湾精神，争做新时代少年"为主题，将党史学习、思政课程与课程思政有机融合，上了一堂创意十足的"大思政"课。本次课由兰州市第八十三中学的政治、语文、历史、地理和音乐老师以各学科特点为基础，从不同角度挖掘"南泥湾精神"。以诗歌共赏为导入，历史分析为背景，地理环境为载体，思想政治为核心，音乐合唱为升华，共同打造了一堂符合思想政治教育要求的富有新意的多学科"大思政"融合课。这次展示活动既创新了党史宣讲形式，激发了学生的学习兴趣，又形成了师生互动、情感共鸣，引导学生树立了正确的党史观。总之，该活动对提升教学质量和水平具有一定探索意义，获得了与会老师和学生的一致好评。

3. 在白银矿冶职业技术学院进行党史宣讲活动

2021 年 4 月，Y 名师工作室主持人来到白银矿冶职业技术学院做了题为"学习党的历史、坚持党的领导——甘肃红色土地上的难忘历史与经验启示"的宣讲报告。

Y 名师工作室主持人从开展党史学习教育的重大意义及目标任务开始，详细阐述了早期党的领导在甘肃这片土地上奠定的红色组织基础、党在甘肃社会主义建设中提供的领导伟力、党在脱贫攻坚中筑牢的发展根基等内容。报告内容丰富、视野开阔、思想深刻、说理透彻，既具有理论高度和思想深度，又具有很强的指导性、针对性。报告对该校师生深入领会习近平总书记关于党的历史的重要论述，加深对党的伟大历程、思想理论、精神谱系的理解把握，进一步站稳政治立场、坚定政治方向、发扬革命传统、传承红色基因具有一定意义。报告也对该校师生进一步开展党史学习教育，把从党史中汲取的精神力量转化为对党对人民忠诚履职的不竭动力，做到政治上升华、精神上洗礼、党性上锻造，进一步认识了解本省红色土地历史、坚持党的领导具有重要意义。

通过指导和探索红色宣讲进课堂活动，可以让思政课教师更加深刻地认识到在思想政治教育中加入红色资源的重要性、必要性和迫切性，这对青少年树立起对党对国家的正确认识具有重要作用，它可以让学生们感受到党的伟大、革命的艰辛、建设社会主义的不易。这样的教育要经常融入各年级思政课教学中，既能为提升思政课教学质量和水平注入活力，又能收到实际的教学效果，达到立德树人的根本目的。

（四）辅导讲座是提高教师素质和能力的有效手段

思想政治理论课教学质量和水平提升的关键在思政课教师。辅导讲座是提高思政课教师思想素质和教学能力的一种有效手段。所以，为思政课教师开设辅导讲座也就成为 Y 名师工作室的一项工作职责。从以下两个例子可以看到辅导讲座对提高思政课教师素质和能力的作用。

第一，Y 名师工作室主持人为甘肃政法大学新进教师做"新时代教师的使命与修养"报告。首先，报告讲了新时代人民教师的使命问题。当前，我国已进入一个新时代，这给教师提出了更高的要求。正如习近平总书记所说，教师是人类灵魂的工程师，是人类文明的传承者，承载着传播知识、传播思想、传播真理，塑造灵魂、塑造生命、塑造新人的时代重任。[①] 百年大计，教育为本；教育大计，教师为本。新时代教师要围绕传播知识、思想、真理，塑造灵魂、生命、新人的时代重任来教，要把中华民族所特有的"为天地立心，为生民立命，为往圣继绝学，为万世开太平"的知识分子精神发扬光大。其次，报告讲了新时代人民教师的修养问题。报告从马克思主义修养观讲起，认为马克思主义修养观是加强修养的理论基础，人的全面发展决定修养过程永无止境，中国特色社会主义事业要求不断加强修养。教师的修养直接关系到党和国家事业的兴衰与成败，尤其是思政课教师的修养更是关系到立德树人的根本任务能否落实。为此，习近平总书记对思政课教师提出了政治要强、情怀要深、思维要新、视野要广、自律要严、人格要正六点特殊要求。[②] 最后，报告讲了新时代人民教师的自我修养问题。报告从中国传统文化的"自我修养"一词讲起，认为要成为人类灵魂的工程师、人类文明的传承者，承

---

① 坚持中国特色社会主义教育发展道路　培养德智体美劳全面发展的社会主义接班人 [N].光明日报，2018-09-11：1.

② 习近平 . 思政课是落实立德树人根本任务的关键课程 [J]. 求是，2020（17）：4-16.

担起传播知识、传播思想、传播真理，塑造灵魂、塑造生命、塑造新人的时代重任需要认识和掌握自我修养的六条原则，即坚持共产主义道德的原则、继承传统和吸收创新相统一的原则、学习理论和勤于实践相统一的原则、内心修养和外在形象相统一的原则、渐进努力和终身修养相统一的原则、完善自身和服务学生相统一的原则。掌握了这些原则之后，必须还要有好的途径和方法，包括掌握修养规律，循序渐进提高；学习积累不断，充实完善不止；注意自我教育，培养完善人格；加强道德实践，规范自我行为；深入社会实践，完成能力提升。通过加强自我修养最后要达到解放思想、实事求是，紧跟时代、勇于创新，知难而进、一往无前，艰苦奋斗、务求实效，淡泊名利、无私奉献五种精神境界，进而成为习近平总书记希望培养的"四有"好老师。

第二，Y名师工作室邀请杨惠萍名师工作室主持人——兰州实验小学杨惠萍老师为靖远县乌兰小学的老师们做"动情入心，小学思政也精彩——小学'道德与法治'教学的思考与实践"专题讲座。在讲座中，杨惠萍老师提到"美德就是智慧"，只要动情入心，小学思政也精彩，并指出"道德与法治"课教学要紧密贴近生活实际，巧妙进行德育渗透。通过杨惠萍老师对"道德与法治"这门课的解读，在场的每一位老师都认识到"德"要"修于心、言于表、立于身"，只有这样，教师才能对孩子们身心健康成长做好引领指导。

思政课教师素质和能力的提高需要经常"充电"，其中参加辅导讲座就是一种直接输入，是十分便捷和有效的方法，它可以直接帮助思政课教师取长补短，也可以使他们把从辅导讲座中获得的理论、方法以及启示直接应用于教学、科研中。当然，辅导讲座需要有针对性，必须要针对思政课教师的所需所困所难来讲，只有帮助他们解决了这些方面的问题，或使他们从辅导讲座中受到一定的启发，才能帮他们提高思想素质和教学能力，进而提升思政课教学质量和水平。

Y名师工作室自2019年3月起，开展了一系列辅导讲座，现将截至2023年7月其开展的辅导讲座汇总见表14-1。

表 14-1　2019 年 3 月至 2023 年 7 月 Y 名师工作室开展的辅导讲座

题目	时间	地点	对象	场次
新时代人民教师（思政课）的使命与修养	2019 年 3 月 6 日	甘肃农业职业技术学院	教师	3
	2019 年 9 月 19 日	甘肃政法大学	新进教师	
	2023 年 7 月 24 日	湖北工业大学马克思主义学院	教师	
关于共产党员怎样做到"不忘初心，牢记使命"的几个问题	2019 年 9 月 17 日	甘肃交通职业技术学院	全体党员	3
	2019 年 9 月 26 日	兰州市公路局	干部	
	2019 年 10 月 17 日	兰州市第八十三中学	教师	
党的十九届四中全会精神宣讲报告	2019 年 12 月 20 日	兰州城市学院	机关党员干部、部分学院党员	2
	2020 年 5 月 29 日	祁连山水泥集团	支部书记	
习近平中国特色社会主义教育思想学习辅导报告	2020 年 4 月 28 日	兰州城市学院	教评中心党支部	1
彰显当代中国马克思主义真理力量 谱写新时代中国特色社会主义思想新篇章——《习近平谈治国理政》辅导报告	2020 年 10 月 30 日	兰州城市学院	全校学生干部	3
	2020 年 11 月 10 日	兰州市第八十三中学	全体教职工、晏家坪第二小学和七里河区幼儿园教师	
	2021 年 12 月 16 日	内蒙古科技大学马克思主义学院	教师	
学习党的历史 坚持党的领导——甘肃红色土地上的难忘岁月与经验启示	2021 年 4 月 16 日	兰州新区	干部	5
	2021 年 4 月 17 日	甘肃第一建设集团	干部	
	2021 年 4 月 19 日	兰州市七里河区晏家坪街道南院社区	工作人员、群众	
	2021 年 4 月 26 日	白银矿冶职业技术学院	教师、学生	
	2021 年 5 月 24 日	兰州市静宁路教育集团九州小学	教师	

续表

题目	时间	地点	对象	场次
《习近平总书记教育重要论述讲义》学习辅导报告	2020 年 12 月 3 日	靖远县乌兰小学	全校教师、县城中小学思政课教师代表	3
	2022 年 7 月 23 日	青海水电技师学院	青年教师	
	2023 年 4 月 23 日	河西学院	思政课国培学员	
从姓马到信马——关于马克思主义理论学科学生的培养问题	2022 年 3 月 26 日	西北民族大学马克思主义学院	研究生	3
	2023 年 4 月 23 日	河西学院马克思主义学院	师生	
	2023 年 7 月 17 日	湖北省思政课教师研修团	教师	
奋进新时代 谱写新篇章——中国共产党甘肃省第十四次代表大会精神学习辅导讲座	2022 年 6 月 16 日	甘肃省国有资产投资集团	干部	2
	2022 年 6 月 30 日	兰州市第八十三中学	教师	
读原文，悟原理，把握精神实质，领会精神要义——党的二十大报告学习辅导讲座	2022 年 11 月 13 日	甘肃省初中、小学"道德与法治"分教学指导委员会	甘肃省初中、小学思政课教师	1

（五）培养骨干教师是提升教学质量和水平的必然要求

思想政治理论课教学要培养一代代社会主义建设者和接班人，必须要有一代代师德师风高尚、学识扎实、愿意为党的教育事业奉献的人。所以，培养新的思想政治理论课教师是 Y 名师工作室的一项重要工作。

兰州市第八十三中学阎海蓉老师进入 Y 名师工作室以后，凭着对教育的热爱、对思想政治理论课的热爱、对学生的热爱，勤学好问，肯下功夫钻研业务。在 Y 名师工作室的指导下，通过学习专业理论，研究教学内容，改进教学方法，学着做课题研究，逐步成长为一名教学骨干，并担任了教研组长。

阎海蓉老师在教学上依据教学规律，在"互联网+"时代背景下，积极推动思政课改革创新，取得了一定成绩。她以学生为中心，开创了线上思政与线下社团相结合的思政新课堂——"石榴籽云课堂"，打造了师生身边的，将教育和自我教育相结合的，自编自导、教学相长的，没有空间和时间限制的思政课，创新了教学方法，提升了教学效果，发挥了思政课立德树人主阵地、主渠道作用。目前，"石榴籽云课堂"关注人数已有数千人。在党史学习教育中，她积极探寻思政课程、课程思政与党史学习教育相结合的新方式，与语文、历史、地理以及音乐课教师共同探讨和研究如何在党史学习教育中同频共振，共同上好一堂党史课。通过让思政课和其他学科从不同角度共讲一个话题，让党史学习教育拥有了新形式。这种教学形式受到学生喜爱和欢迎，既给学生留下了深刻印象，也让学生从多方面受到了来自多学科的共同教育，确实收到了很好的教学效果。阎海蓉老师还用带领学生参观名校、了解英雄事迹、参加社会实践、开展团体活动等其他教育形式，引导学生扣好人生第一粒扣子。阎海蓉老师在教学中善钻研、勤总结，能根据教学要求和学生特征探索教学方式，使思政课不仅育人，更能得心，成为学生们喜欢的一门课。

阎海蓉老师凭借其工作态度和作风得到了学生的爱戴、同事的称赞。她也把自己对教育的忠诚、对思政课的情怀熔铸在了工作中，把教书育人的责任心倾注到了对学生成长的关爱中，用实际行动践行着教师的使命与担当。2022 年，阎海蓉老师被光荣授予"甘肃省优秀共产党员"称号。

Y 名师工作室其他成员也都不同程度地取得了进步。如靖远县乌兰小学的哈丽娜老师，自 2020 年以来先后获得靖远县乌兰镇人民政府授予的"优秀教育工作者"称号、靖远县中小学教师观摩课一等奖、"靖远县教育系统优秀共产党员"称号、"靖远县十大杰出青年"称号等荣誉和奖项。2022 年 7 月，她完成了省教育科学规划课题"小学生文明礼仪习惯养成的有效途径研究"，并获得好评。通渭县平襄初级中学的卢力老师自 2019 年 10 月以来，先后获得学校教学设计活动一等奖、通渭县初中组"道德与法治""课堂教学能手"称号、通渭县 2020 年中考"智航"优秀单科成绩奖、通渭县教育系统"诵读红色经典 同庆百年华诞"党史学习教育演讲大赛三等奖、甘肃省首届中小学（幼儿园）教师微课大赛三等奖，申报的省教育科学"十三五"规划课题"运用知识结构提高初中'道德与法治'教学效果的策略研究"立项且已开始研究。其本人还被评为学校"优秀共产党员"。兰州科技职业学院的豆娟老师，通过参与 Y 名师工作室的工作，在教学、科研方面都取得了长足进步，2023 年初晋升为副教授，成为该校思政课教学骨干。

可见，思政课教师一定要接受有意识的培养，特别是骨干教师的成长更是如此。应在培养的过程中，提升他们的能力和水平，增强他们对思政课的认识、热爱和奉献精神，激发他们的潜力和创新意识。只有培养出更多的思政课骨干教师，提升思政课教学质量和水平才会成为可能，才能收到最大效果。所以，培养思政课教师是名师工作室一项责无旁贷的工作。

参考文献

一 文件

［1］中共中央，国务院. 关于进一步加强和改进大学生思想政治教育的意见 .2004.

［2］中宣部，教育部. 关于进一步加强和改进高等学校思想政治理论课的意见 .2005.

［3］中宣部，教育部. 关于进一步加强和改进高等学校思想政治理论课的意见实施方案 .2005.

［4］中宣部，教育部. 关于进一步加强高等学校思想政治理论课教师队伍建设的意见 .2008.

［5］中宣部，教育部. 普通高校思想政治理论课建设体系创新计划 .2015.

［6］教育部. 高等学校思想政治理论课建设标准 .2015.

［7］教育部. 高等学校马克思主义学院建设标准 .2017.

［8］中共教育部党组. 高校思想政治工作质量提升工程实施纲要 .2017.

［9］教育部. 新时代高校思想政治理论课教学工作基本要求 .2018.

［10］中共中央办公厅，国务院办公厅. 关于深化新时代学校思想政治理论课改革创新的若干意见 .2019.

［11］教育部. 普通高等学校马克思主义学院建设标准 .2019.

［12］中宣部，教育部. 新时代学校思想政治理论课改革创新实施方案 .2020.

［13］教育部. 新时代高等学校思想政治理论课教师队伍建设规定. 2020.

［14］中共中央，国务院. 关于新时代加强和改进思想政治工作的意见. 2021.

［15］中共中央办公厅. 关于加强新时代马克思主义学院建设的意见. 2021.

［16］教育部. 高等学校思想政治理论课建设标准. 2021.

［17］教育部等十部门. 全面推进"大思政课"建设的工作方案. 2022.

［18］教育部. 普通高等学校马克思主义学院建设标准. 2023.

二　著作

［1］马克思恩格斯列宁论教育 [M]. 北京：人民教育出版社，2000.

［2］毛泽东周恩来刘少奇邓小平论教育 [M]. 北京：人民教育出版社，2000.

［3］习近平谈治国理政（第 1、2、3、4 卷）[M]. 北京：外文出版社，2018，2017，2020，2022.

［4］习近平. 决胜全面建成小康社会　夺取新时代中国特色社会主义伟大胜利——在中国共产党第十九次全国代表大会上的报告 [M]. 北京：人民出版社，2017.

［5］习近平. 论中国共产党历史 [M]. 北京：中央文献出版社，2021.

［6］习近平. 高举中国特色社会主义伟大旗帜　为全面建设社会主义现代化国家而团结奋斗——在中国共产党第二十次全国代表大会上的报告 [M]. 北京：人民出版社，2022.

［7］中共中央宣传部宣传教育局. 守正创新的践行：新时代公民道德建设评论员文章和工作实践体会汇编 [M]. 北京：人民出版社，2020.

［8］人民日报评论部. 中国为什么能——新中国 70 年巨变的内在逻辑 [M]. 北京：人民出版社，2019.

［9］赵鸣九. 大学心理学 [M]. 北京：人民教育出版社，1995.

［10］顾海良，余双好. 高校思想政治理论课程教学改革研究 [M]. 武汉：武汉大学出版社，2006.

［11］胡德海. 教育学原理 [M]. 兰州：甘肃教育出版社，2008.

［12］郑永廷. 思想政治教育方法论（修订版）[M]. 北京：高等教育出版社，

2010.

［13］滕建勇．新时期高校思想政治教育探微 [M].上海：上海交通大学出版社，2011.

［14］黄蓉生，白显良，王华敏等．改革开放 30 年大学生思想政治教育论 [M].北京：中国社会科学出版社，2012.

［15］陈万柏，张耀灿．思想政治教育学原理（第 3 版）[M].北京：高等教育出版社，2015.

［16］欧阳光明，岳柏冰．高校思想政治理论课名师培养机制研究 [M].上海：上海大学出版社，2015.

［17］王树荫．中国共产党思想政治教育史（第 2 版）[M].北京：中国人民大学出版社，2016.

［18］刘建军．寻找思想政治教育的独特视角 [M].北京：中国人民大学出版社，2016.

［19］王学俭．社会主义核心价值观论纲 [M].北京：人民出版社，2016.

［20］张耀灿．思想政治教育学科建设研究 [M].北京：中国人民大学出版社，2017.

［21］王学俭．思想政治教育理论与实践问题的研究视角 [M].北京：中国人民大学出版社，2017.

［22］骆郁廷．思想政治教育引论 [M].北京：中国人民大学出版社，2018.

［23］吴潜涛．思想政治教育教学与研究 [M].北京：中国人民大学出版社，2018.

［24］佘双好．思想政治理论课程教学法探析 [M].北京：中国人民大学出版社，2018.

［25］邹建平，陈静，陈君．高校思想政治理论课实践教学研究 [M].北京：北京理工大学出版社，2018.

［26］蔡中宏，麻艳香．高校思想政治理论课教师专业化发展研究 [M].北京：人民出版社，2019.

［27］刘宏达，万美容等．高校思想政治工作前沿问题研究 [M].北京：人民

出版社，2019.

［28］冯刚 . 高校思想政治教育工作质量评价研究 [M]. 北京：人民出版社，
2020.

［29］冯刚，高山等 . 新时代高校思想政治教育治理论 [M]. 北京：中国社会
科学出版社，2021.

［30］邱仁富 . 新时代思想政治教育亲和力研究 [M]. 上海：上海大学出版社，
2021.

［31］冯刚 . 思想政治教育研究热点年度发布（2019、2020、2021、2022）
[M]. 北京：团结出版社，2020，2021，2022，2023.

三　文章

［1］习近平 . 思政课是落实立德树人根本任务的关键课程 [J]. 求是，2020
（17）.

［2］习近平 . 在十八届中央政治局第二次集体学习会上的讲话 [N]. 人民日报，
2013-01-02.

［3］习近平 . 在哲学社会科学工作座谈会上的讲话 [N]. 光明日报，2016-05-19.

［4］顾海良，张雷声 . 改革开放以来高校思想政治理论课教师队伍建设概论
[J]. 教师教育学报，2014（2）.

［5］郝立新 . 马克思主义学院建设的"三目标"与"三向度"[N]. 光明日报，
2015-01-08.

［6］艾四林 . 构建有效支撑思想政治理论课建设的学科体系 [J]. 思想理论教
育导刊，2015（11）.

［7］侯惠勤 . 意识形态话语权建设方法论研究 [J]. 中共贵州省委党校学报，
2016（2）.

［8］文君 . 全面落实高校思想政治理论课建设新要求 [J]. 思想理论教育导刊，
2017（3）.

［9］黄蓉生，崔健，唐斌 . 党的十八大以来思想政治理论课教学改革的实践
探索与经验启示 [J]. 中国大学教学，2018（8）.

［10］熊晓琳，任瑞姣.关于思想政治理论课用好课堂教学主渠道的思考［J］.思想理论教育，2018（6）.

［11］卢黎歌，岳潇.改革开放40年高校德育建设的基本经验［N］.中国社会科学报，2018-12-03.

［12］张雷声.新时代思想政治理论课教学的重要遵循［J］.马克思主义理论学科研究，2019（2）.

［13］孙蚌珠.思想政治理论课要着力培养学生"三个认同"［J］.思想理论教育导刊，2019（5）.

［14］吴家华."八个统一"：新时代思想政治理论课改革创新的根本遵循［J］.红旗文稿，2019（7）.

［15］李辽宁.新中国成立70年来思想政治教育的发展历程、成就与经验［J］.思想理论教育导刊，2019（8）.

［16］胡涵锦.深化"办好思想政治理论课关键在教师"理解的若干思考［J］.思想政治教育研究，2020（1）.

［17］靳诺.围绕立德树人加强"四史"教育［J］.思想政治工作研究，2020（5）.

［18］王易.高校思想政治理论课改革创新的多维解读［J］.马克思主义理论学科研究，2020（5）.

［19］王达品.发挥三个层面"主体"作用着力提升高校思想政治理论课建设质量［J］.思想理论教育导刊，2020（12）.

［20］沈壮海.办好思政课的根本遵循——写在习近平总书记主持召开学校思想政治理论课教师座谈会两周年之际［J］.国家教育行政学院学报，2021（1）.

［21］陈宝生.从历史中汲取智慧和力量［N］.人民日报，2021-02-19.

［22］张翼.高校思想政治理论课主导性和主体性相统一论析［J］.山西高等学校社会科学学报，2021（2）.

［23］佘双好，张琪如.高校思想政治理论课课程评价的特点及改革路径［J］.思想理论教育，2021（3）.

［24］刘先春，佟玲.新时代大中小学思想政治理论课教师队伍一体化建设的若干思考 [J].马克思主义理论学科研究，2021（3）.

［25］宋青红."四史"教育融入中国近现代史纲要课程实践路径探究 [J].河南教育学院学报（哲学社会科学版），2021（4）.

［26］徐光春.马克思主义中国化百年发展历程和成功经验 [J].马克思主义理论学科研究，2021（5）.

［27］冯刚.论新时代高校思想政治工作守正创新 [J].上海交通大学学报（哲学社会科学版），2021（5）.

［28］于安龙.高校思想政治理论课教师社会实践研修的价值意蕴与实践理路 [J].思想理论教育，2021（5）.

［29］孙熙国.党的十九届六中全会精神融入"马克思主义基本原理"课的教学建议 [J].北京教育（德育），2022（2）.

［30］刘建军.如何理解"思政课的本质是讲道理"[N].中国社会科学报，2022-05-20.

［31］杨晓慧.思想政治理论课的本质在于讲道理 [J].马克思主义理论学科研究，2022（6）.

［32］沈壮海.学习习近平总书记关于思想政治理论课建设的重要论述 [J].马克思主义研究，2022（6）.

［33］孙秀玲.新时代民族地区高校思想政治理论课改革创新的五重维度 [J].思想教育研究，2022（6）.

［34］王易，田雨晴.推进大中小学思想政治教育一体化建设的思考 [J].思想理论教育，2023（3）.

［35］杨建毅，贺泉江.高校思想政治理论课"六步教学法"探构 [J].河西学院学报，2010（6）.

［36］杨建毅.建立健全高校思想政治理论课教师作用发挥的四个机制 [N].光明日报，2014-08-18.

［37］杨建毅.当好新时代高校思想政治理论课教师的新要求 [J].思想政治课研究，2018（5）.

后 记

　　本书为2019年度教育部高校示范马克思主义学院和优秀教学科研团队建设项目"提升西部高校思想政治理论课教学质量和水平研究"（19JDSZK045）最终成果。在研究和写作过程中得到西部有关省（区、市）各级教育行政部门相关单位，部分高校（包括个别东部高校）、中小学及其领导、老师们的支持，得到西北民族大学引进人才科研项目（xbmuyjrc2023013）资助，得到社会科学文献出版社编辑大力帮助，在此一并致以衷心感谢！

图书在版编目 (CIP) 数据

提升西部高校思政课教学质量和水平研究 / 杨建毅
著 . -- 北京：社会科学文献出版社, 2024.4
  ISBN 978-7-5228-3350-7

Ⅰ.①提… Ⅱ.①杨… Ⅲ.①地方高校 - 思想政治教
育 - 教学研究 - 西北地区②地方高校 - 思想政治教育 - 教
学研究 - 西南地区 Ⅳ.①G641

中国国家版本馆CIP数据核字（2024）第051715号

提升西部高校思政课教学质量和水平研究

著　　者 / 杨建毅

出 版 人 / 冀祥德
组稿编辑 / 任文武
责任编辑 / 王玉霞
文稿编辑 / 陈彩伊
责任印制 / 王京美

出　　版 / 社会科学文献出版社
　　　　　地址：北京市北三环中路甲29号院华龙大厦　邮编：100029
　　　　　网址：www.ssap.com.cn
发　　行 / 社会科学文献出版社（010）59367028
印　　装 / 三河市尚艺印装有限公司

规　　格 / 开　本：787mm×1092mm 1/16
　　　　　印　张：19.5　字　数：290千字
版　　次 / 2024年4月第1版　2024年4月第1次印刷
书　　号 / ISBN 978-7-5228-3350-7
定　　价 / 98.00元

读者服务电话：4008918866